O TRÁGICO, O SUBLIME E A MELANCOLIA

Volume 2

O TRÁGICO, O SUBLIME E A MELANCOLIA

Volume 2

Verlaine Freitas
Rachel Costa
Debora Pazetto
(Orgs.)

Relicário

CIP -Brasil Catalogação-na-Fonte | Sindicato Nacional dos Editores de Livro, RJ

T765
v.2

O trágico, o sublime e a melancolia / Organização Verlaine Freitas, Rachel Costa, Debora Pazetto. -- Volume 2. -- Belo Horizonte, MG : Relicário Edições, 2016.

288 p / 2.v.
Inclui referências
ISBN: 978-85-66786-37-8

1. O Sublime. 2. Estética. 3. Arte – Filosofia. I. Costa, Rachel. II. Pazetto, Débora. III. Título.

CDD 100

COORDENAÇÃO EDITORIAL Maíra Nassif Passos
PROJETO GRÁFICO & DIAGRAMAÇÃO Ana C. Bahia
CAPA Caroline Gischewski
REVISÃO Lucas Morais e Pedro Furtado

RELICÁRIO EDIÇÕES
www.relicarioedicoes.com
contato@relicarioedicoes.com

PREFÁCIO

O 12º Congresso Internacional de Estética – Brasil teve como mote principal a discussão de três conceitos: o trágico, o sublime e a melancolia, todos eles muito significativos no panorama da reflexão filosófica sobre a arte e sobre a natureza, visto que apontam para movimentos de contradição, ultrapassagem e superação da negatividade no vínculo entre sujeito e objeto, dando origem a uma grande fortuna crítica na tradição dos escritos filosóficos sobre o fenômeno estético, desde os gregos até a contemporaneidade.

Esta coletânea de palestras e artigos selecionados do evento expressa essa fortuna crítica, trazendo à tona tanto o cenário oitocentista que orienta a discussão estética contemporânea quanto suas reverberações e releituras atuais. O primeiro volume dedicou-se diretamente aos três conceitos que deram nome ao evento; este volume, por sua vez, dedica-se também a outros temas da filosofia da arte que fizeram parte das valiosas discussões realizadas no congresso. Desse modo, o livro está dividido em três partes: a primeira refere-se aos conceitos de trágico e sublime; a segunda, à Teoria Crítica; a terceira, à estética contemporânea.

Na primeira parte, em uma abordagem inusitada e atual do trágico, o artigo de Mariana Lage Miranda, "*Gelassenheit* como experiência estética: uma contracatarse?", analisa a renovação do conceito da catarse nas teorias estéticas e literárias contemporâneas, que a concebem como aspecto comunicativo da arte. Em que medida seria possível pensar no reverso (ou avesso) dos efeitos da catarse como aquilo que pode deslocar (ou realocar) nossos sentidos e percepções nos dias atuais? No lugar do arrebatamento, efeitos de serenidade, suspensão e soltura. No lugar da comunicação estética, uma experiência epifânica de mudez e quietude. Pergunta-se, afinal, se, no mundo tecnológico-digital, a experiência de vazio, suspensão e quietude não seriam a forma possível de equalizar e/ou apaziguar o *pathos* de um cotidiano hiperexcitado e hiperconectado.

Em "Nelson Felix: o hiato e o sublime na arte contemporânea", Taisa Palhares investiga a atualidade do conceito de sublime para a teoria e a crítica de arte contemporâneas, a partir da análise do trabalho do artista brasileiro Nelson Felix (1954). O artigo mostra que Felix não procura restaurar uma noção fetichizada de transcendência como solução ao mundo instrumentalizado pela técnica, como ocorre em algumas manifestações artísticas contemporâneas que retomam as relações entre natureza, paisagem e arte. Na verdade, o artista parece recuperar o valor reflexivo da negatividade do conceito de sublime por meio da reposição constante de hiatos em seus trabalhos.

Nuno Ribeiro, em "Wittgenstein e Lyotard: jogos de linguagem estéticos e o sublime pós-moderno", mostra como Lyotard se apropriou do conceito de jogos de linguagem, de Wittgenstein, em seu pensamento acerca do pós-moderno. Após o retorno de Wittgenstein a Cambridge e à filosofia em 1929, encontramos uma reconsideração das temáticas relativas à Estética, que tornam possível se falar de um discurso da arte e sobre a arte. À luz desses desenvolvimentos, o autor empenha-se em elucidar a importância da obra de Wittgenstein para a contextualização que Lyotard apresenta do sublime pós-moderno no âmbito do conceito de jogos de linguagem.

O conceito de trágico também é pesquisado por Solange Aparecida de Campos Costa no artigo "O trágico em Hölderlin", que contextualiza o ambiente no qual o poeta se insere – Romantismo, Classicismo e outros movimentos que ganham força nessa época – e analisa como o trágico surge principalmente em seus textos e ensaios poetológicos. Examinando mais intensamente as *Observações sobre Édipo*, a autora assinala elementos que são singulares na definição do trágico, como a cesura, a dupla infidelidade e o retorno categórico do deus. Esses elementos permitem que Hölderlin trate o tema do trágico a partir de uma visão completamente nova para o seu tempo, a qual propiciou o surgimento de importantes reflexões posteriores na literatura e na filosofia.

De modo mais tangencial, o trágico reaparece no texto de Suely Aires, "Eco e Narciso: (in)finitudes". Por meio da teoria psicanalítica das pulsões e da necessária relação com a enunciação, a autora discute a dimensão trágica da relação entre corpo, voz e olhar a partir do mito de Narciso e Eco, narrado por Ovídio (43 a.C. - 18 d.C.) em seu clássico *Metamorfoses*. O artigo retorna aos ensinamentos de Freud e Lacan, em especial ao conceito de narcisismo em sua íntima relação com o corpo, para pensar um enlace entre arte e psicanálise em um trajeto que aproxima a arte e o domínio da pulsão de morte.

O conceito de sublime, por sua vez, é abordado por Barbara Bożętka, em "A dimensão do Sublime relacionada ao espaço: apreciação da paisagem, proteção da natureza e a perda do espaço", a partir da perspectiva de um domínio espacial relativo a interações entre o conceito artístico-filosófico e a forma (sem omitir o conteúdo) do meio ambiente. A autora argumenta que a ideia do sublime expressa a capacidade da natureza de gerar afeição humana, e, portanto, ultrapassou um conceito estritamente artístico, provocando várias tendências engajadas na mudança, composição e apreciação das entidades espaciais.

Em "Sobre o tempo trágico no Wagner de Badiou", Igor Baggio aborda a questão relativa ao tempo trágico na música e no drama musical wagneriano nos termos propostos por Alain Badiou em seu livro *Five Lessons on Wagner.* Contrariamente a Adorno, que afirma que Wagner não teria alcançado a formulação de uma experiência temporal nova na música, não sendo capaz de sustentar o conflito estético imanente entre o particular e o universal necessário à dramaticidade trágica a que almejava, Badiou visa mostrar como hoje podemos interpretar em outra chave o papel da relação entre repetição e metamorfose temporal em Wagner, o que o leva a refletir sobre o sentido estético e mesmo político de uma temporalidade trágica em obras como *Tanhäuser, Tristão e Isolda, Götterdämerung* e *Parsifal.*

Marcela Figueiredo Cibella de Oliveira, no artigo "Tragicidade antes da tragédia: a cegueira humana", mostra que há a presença de aspectos trágicos na primeira forma literária encarnada pela mitologia grega: a poesia épica de Homero. Tanto a loucura divina, como diz Helena na *Odisseia*, quanto a visão turvada por culpa de Zeus, como argumenta o chefe dos exércitos gregos na *Ilíada*, e a "cegueira" entendida como um limite instransponível à condição humana podem ser considerados aspectos trágicos da vida abordados pela arte grega antes mesmo do advento da tragédia.

Em "Olhar-se do ponto mais alto: sublime e identidade em Kant e Beckett", Gerson Luís Trombetta, considerando a força negativa do sublime kantiano, analisa o romance *O inominável*, de Samuel Beckett, como um dos casos em que é possível constatar os desdobramentos da experiência do sublime. Trombetta analisa os efeitos no "eu" do encontro estético com a sublimidade, tanto em Beckett como em Kant, mostrando suas proximidades e distanciamentos.

Paula Fleisner afirma, em "O sublime animal: uma leitura na contramão da experiência sensível da (in)dignidade humana", que é na filosofia transcendental de Kant que o sublime adquire o valor do princípio hominizador que separa o animal humano dos outros seres, ao permiti-lo experimentar na contemplação da natureza a impossibilidade de que ela expresse as ideias da razão. A irresistível força da natureza não pode nos expulsar do reino dos fins e nos permite entrever nossa natureza suprassensível. Dentro dessa perspectiva, Fleisner analisa algumas pinturas do século XIX e fotografias do XXI em que a interpretação kantiana desse conceito é colocada em xeque.

A segunda parte do livro remete-se à Teoria Crítica, que é discutida no artigo de Luiz Carlos Andrade de Aquino, Bruno Pucci e Artieres Estevão Romeiro, "A obra de arte como utopia". Os autores desenvolvem uma reflexão sobre a obra de arte como utopia na perspectiva da filosofia de Th. W. Adorno, a partir da leitura dos aforismos "Interpretação, comentário, crítica" e "Novo, utopia, negatividade", de sua *Teoria estética* (1982), além de outros elementos pontuais de seu pensamento. Esse exercício de reflexão é construído em diálogo com o poema "Perguntas em forma de cavalo-marinho", de Carlos Drummond de Andrade, buscando evidenciar como sua forma comporta o movimento do social, o movimento do espírito e, ainda, a expressão do particular e do universal.

Lia Tomás empreende um rigoroso exercício crítico em "Música como política na educação musical juvenil da Alemanha nazista", no qual analisa o importante lugar ocupado pela música durante o Terceiro Reich. Orquestras, coros e concertos realizados por amadores ou profissionais receberam amplo apoio do regime, assim como a educação musical ministrada nas escolas e nos movimentos musicais juvenis, nos quais o uso da música folclórica foi incentivado pelo Partido para inculcar sua ideologia. O artigo percorre a trajetória de parte desse movimento, bem como a recuperação, a construção e a subversão desse repertório musical para a confecção de um hinário patriótico.

Em "'O dom de interpolar no infinitamente pequeno': fantasia amorosa em *Rua de mão única* de Walter Benjamin", Francisco De Ambrosis Pinheiro Machado retorna a esse experimento poético-político benjaminiano, de inspiração surrealista, que se configura como uma resposta à crise cultural e política da República de Weimar. O livro abriria um espaço possível de crítica e de atuação do literato na medida em que mobiliza o potencial disruptivo da fantasia – definida por Benjamin como "o dom de interpolar no infinitamente pequeno, de encontrar para cada intensidade, como extensiva, sua nova plenitude comprimida". O artigo analisa algumas imagens de pensamento para mostrar que essa dinâmica, na fantasia amorosa, possibilita ao amante apreender sua aproximação à pessoa amada como uma profunda experiência de alteridade.

A *Teoria estética*, de Adorno, também é retomada por Robson Loureiro e Tamiris Souza de Oliveira em "O conceito de catarse na filosofia de Theodor Adorno". Os autores aproximam-se do conceito adorniano de catarse a partir de questões como: o que Adorno compreende por catarse? Sendo a catarse um conceito histórico e tradicionalmente vinculado à teoria aristotélica, em que sentido Adorno se aproxima e/ou se distancia dessa tradição? Qual a relação entre catarse e arte autêntica? Como ele vincula catarse e indústria cultural?

A terceira parte do livro concentra-se em assuntos relativos à Estética Contemporânea. O surpreendente artigo de Bernardo Barros, "O fim do fim? Um romance contemporâneo dialoga com o tempo seriado", aborda a relação entre narrativa e a forma como o tempo é experimentado na contemporaneidade por meio do romance de Jennifer Egan, *A visita cruel do tempo*. A ideia condutora é a de que formas narrativas encontram forte ressonância quando exploram e radicalizam o modo de uma época experimentar o tempo. Nessa direção, o artigo analisa a relação entre tempo e organização fragmentária da narrativa, o radical privilégio das personagens como motor da trama, o movimento lateral do romance por conta desse centramento nas personagens, o enfraquecimento de nexos causais entre episódios e o redimensionamento da noção de fim.

Outra abordagem filosófica da literatura é oferecida por Douglas Garcia Alves Júnior, em "A fenomenologia do estético em *Infância*, de Graciliano Ramos". O autor aponta aspectos referentes ao poder de revelação fenomenológica do universo ficcional (compreendidas aqui as memórias de *Infância*) de Graciliano: o longo e difícil processo de construção da percepção do corpo próprio, do mundo social e da linguagem, marcado pelo equívoco dos signos, pela violência arbitrária do outro e pela fragmentação do sentido do eu.

Quanto às artes visuais, o artigo de Fábio Roberto Rodrigues Belo, Michelle Aguilar Dias Santos e Alice Portugal Ferreira, "A sublimação da carne: análise da série 'Charques', de Adriana Varejão", propõe uma interessante discussão a partir da psicanálise para examinar as hipóteses de Laplanche sobre a sublimação. Em "Charques", a dialética entre a carne exposta e as paredes de azulejo que se desfazem parece apontar para a tópica do dentro e do fora que precisa ser ressimbolizado. Do ponto de vista metapsicológico, evidencia-se a participação do recalcamento na sublimação quando, na arte, o sexual irrompe em seu aspecto mortífero.

Marco Antônio Sousa Alves assinala que a criação artística ou literária é compreendida e realizada à luz de diversos discursos e práticas que se formam e se entrecruzam ao longo do tempo nas diferentes culturas. Certamente, toda obra tem sua origem e seu criador, mas a maneira como essa origem e criação são compreendidas não é nada claro e estável. O artigo "A estética autoral moderna: originalidade e propriedade" explora certos traços da emergência da noção moderna de autor, avaliando alguns discursos filosóficos, estéticos e jurídicos dos séculos XVII e XVIII que mostram a conexão entre a originalidade da obra, a individualidade da criação e a propriedade intelectual.

O tema da pintura emerge no artigo de José Luiz Furtado, "A dúvida de Merleau-Ponty: notas sobre a significação metafísica da pintura e a fenomenologia do olhar". O autor mostra que a filosofia da arte de Merleau-Ponty está em grande parte ancorada em suas análises da obra de Cézanne, a quem dedicou dois importantes estudos, "A dúvida de Cézanne" e "A linguagem indireta e as vozes do silêncio". Em ambos os textos, Merleau-Ponty enfatiza o caráter principalmente expressivo do esforço criativo do artista. A arte é, sobretudo, uma das formas de expressão do próprio ser, residindo aí sua significação metafísica. Mas o que significa, afinal, exprimir, Merleau-Ponty?

Em "A curadoria do Museu da Acrópole e o futuro das Esculturas do Partenon", Celina F. Lage discute o projeto curatorial inovador do novo Museu da Acrópole em Atenas, inaugurado em 2009. O museu foi construído com a proposta de apresentar ao visitante uma narrativa contemporânea sobre um monumento antigo, de modo que o projeto curatorial e o projeto arquitetônico do museu convergem em muitos pontos, uma vez que foram criados em conjunto. Ao mesmo tempo, a curadoria propõe a construção de novas narrativas em vista das esculturas do Partenon que estariam ausentes, vislumbrando sua reunificação no futuro.

Jordi Carmona Hurtado, em "Às origens da partilha do sensível", investiga o contexto de surgimento desse importante conceito rancieriano, que, junto com a historicização de três regimes de visibilidade da arte, tem contribuído para recolocar, alterar e deslocar algumas das evidências comuns e das maneiras tradicionais de pensar a relação entre a arte e a política. O conceito de "partilha do sensível", que indica uma compreensão estética da política, surgida no decurso de uma confrontação crítica com a fenomenologia política de Hannah Arendt, leva Rancière a uma abordagem singular das práticas artísticas, que analisa sua politicidade no intervalo entre a forma da apresentação e o conteúdo sensível.

Finalizando o livro, Rizzia Rocha retoma as mudanças introduzidas na arte a partir do início do século XX, que provocaram um esboroamento dos valores da crítica fundamentados no discurso tradicional da arte. Seu artigo, "O esvaziamento da tradição e o arrendamento da crítica", pergunta pelo que resta ao crítico diante da falência dos valores tradicionais. A resposta é encontrada na formulação benjaminiana de uma crítica produtiva. A partir da caracterização do ajuizamento tradicional da arte, a autora argumenta a favor da necessidade de uma reconfiguração do conceito de crítica, articulada com base no pensamento de Walter Benjamin. Nessa reconfiguração não há uma prescrição normativa para o julgamento das obras, porquanto crítica é uma questão de perspectiva em relação ao objeto, de correto distanciamento.

Como este livro se origina da realização do Congresso Internacional *O Trágico, o Sublime e a Melancolia*, agradecemos os apoios financeiros prestados pelo Programa de Pós-Graduação em Filosofia da FAFICH-UFMG, pelo CNPq, pela Capes e pela Fapemig, sem os quais tanto a realização do evento quanto a publicação do livro não seriam possíveis.

Verlaine Freitas
Rachel Costa
Debora Pazetto Ferreira

Belo Horizonte, março de 2016.

TRÁGICO E SUBLIME

GELASSENHEIT COMO EXPERIÊNCIA ESTÉTICA: uma contracatarse?[1]

Mariana Lage Miranda[2]

Haveria algo mais trágico do que não sentir nada?

No teatro de Sófocles, Édipo opta por cegar a si mesmo por excesso de lucidez, mas esse excesso, que ele tenta purgar por recurso à cegueira, só pode ser assim equalizado porque houve, antes, a desmedida. A desmedida de Édipo, causada pela ignorância e pelo reconhecimento de seus atos terríveis, provoca os sentimentos de terror e piedade na plateia que, reconhecendo o destino trágico do herói, purga seus afetos, equilibrando-os. Hoje, no entanto, já não se cortam mais os pulsos por qualquer coisa – metafórica ou efetivamente. Especialmente no Brasil, onde se consome 23 milhões de caixas de Rivotril (ou semelhantes genéricos do princípio ativo) ao ano, de acordo com dados do IMS Health.[3] É certo que Édipo era um personagem, e um personagem trágico, mas, mesmo assim, poderia hoje uma

---

1. Esse artigo é uma primeira apresentação do projeto de pós-doutorado "*Gelassenheit* de Heidegger como modalidade da experiência estética", desenvolvido na Universidade Federal do Pará e financiado pelo Programa Nacional de Pós-Doutorado (PNPD), da Capes.
2. Mariana Lage Miranda é pós-doutoranda em Filosofia na UFPA (PNDP-Capes). Doutora e mestre em Estética e Filosofia da Arte pela UFMG, com pesquisas sobre arte contemporânea, performance e experiência estética.
3. "Dados obtidos pela reportagem da *Folha de S. Paulo* em 2011 e 2012 mostram que, dentre todos os medicamentos, tarja preta ou não, o Rivotril foi o sexto mais vendido no Brasil. Na época, o Rivotril era responsável por 77% das vendas de ansiolíticos – 14 milhões de caixas por ano. [...] Já entre setembro de 2014 e agosto de 2015, o consumo de todos os medicamentos à base de Clonazepam [princípio ativo do Rivotril/ mlm] subiu para mais de 23 milhões, de novo de acordo com os dados da IMS Health" (Matouka, 2015).

representação semelhante à sua história nos suscitar terror e piedade e, por fim, provocar uma catarse?

Com esse preâmbulo um tanto poético, pergunto: como poderia operar a catarse num contexto de apatia e anestesia geral? Em 1977, Hans Robert Jauss (1977, 1982) diagnosticava um descrédito crescente da catarse ao longo do século XX. Qual espaço poderia ter ela, então, no contexto da arte e da experiência estética contemporâneas? Se a catarse na Grécia Antiga pressupunha como parte de seu mecanismo a excitação dos afetos, e se o prazer e as paixões foram algo que as teorias estéticas do século XX quiseram evitar (Brecht, Adorno, para citar poucos), como poderia acontecer hoje uma contracatarse? Seria possível, aliás, uma contracatarse que não operasse por meio da anulação dos afetos, da extirpação do prazer ou do aumento da anestesia?

Este artigo tem como proposta pensar a serenidade como uma modalidade da experiência estética contemporânea. Propõe pensar, ademais, a serenidade como catalisadora de um equilíbrio, "um alívio acompanhado de prazer", num contexto complexo em que estamos, ao mesmo tempo, superexcitados e apáticos. Superexcitados porque inundados em excessos de todos os tipos: midiáticos (imagéticos, sonoros), de tecnologias, de estímulos, compromissos e afazeres, de consumo de bens materiais e de informação, de drogas lícitas e/ou ilícitas. Apáticos porque o excesso de excitação provoca também seu reverso: catástrofes ambientais, atos terroristas, vídeos banais e notícias de cunho pessoal compartilhando o mesmo espaço, a mesma atenção e o mesmo engajamento tanto nas manchetes do dia quanto em nossas *timelines*. Pensar a serenidade como modalidade de experiência estética é propor que a experiência com a arte seja incentivada a passar por uma atitude de desaceleramento e de quietude. Serenidade, aqui, não é apatia ou anestesia. Mais do que anular os sentidos ou extirpar o prazer, é provocar a abertura da percepção e da sensibilidade. É deixar que os afetos aflorem em outra chave, distinta, em especial, dos excessos da crítica e da curadoria a nos prescrever modos de ver e, sobretudo, modos de ler e compreender obras de arte. A serenidade como experiência estética propõe, assim, um retorno à percepção sensível.

O pressuposto desse artigo, portanto, é básico: num mundo mergulhado em excessos e apatias, se pudesse haver espaço para a catarse na arte contemporânea, ela aconteceria pela purgação daquilo que já se encontra em excesso; a diferença, contudo, está no fato de que, ao contrário da catarse aristotélica, que excita os extremos dos afetos (o horror e a piedade) para, por fim, purificá-los, a serenidade como experiência estética seria uma equalização (purgação, se preferir) do excesso a partir de atitudes como desaceleramento, aguardamento e quietude.

Serenidade, aqui, vem do conceito heideggeriano *Gelassenheit*. Conceito-chave no pensamento do segundo Heidegger (1966, 1968, 1993, 2010), a *Gelassenheit* é uma noção por meio da qual o filósofo intenta ultrapassar o próprio domínio da vontade,[4] e também explorar a ideia de um pensar meditativo, guiado pela ausência de intenções, desejos, expectativas ou conclusões pré-estabelecidas. Heidegger escreve sobre *Gelassenheit* em três diálogos, publicados postumamente no volume 77 de suas obras completas, que recebeu o título de *Conversas no caminho do campo* (*Feldweg-Gespräche*) (Heidegger, 2010). Esses três extensos diálogos foram escritos em torno de 1944 e 1945, sendo que uma primeira versão abreviada e ligeiramente modificada do primeiro dos três diálogos surgiu em publicação de 1959 com o título breve de *Gelassenheit*.

A publicação de 1959 é dividida em duas partes: uma conferência em memória dos 175 anos do compositor Conradin Kreutzer e uma "Conversa triádica entre um professor, um cientista e um pesquisador" (Heidegger, 1966). Em ambos os textos, *Gelassenheit* torna-se um meio de alcançar o pensar meditativo. Traduzido como *relaxamento* ou *soltura* [*releasement*] pelos tradutores em inglês, e por *serenidade* pelas traduções em francês e espanhol, o termo foi cunhado por Meister Eckhart, no século XIII, e possui uma longa história de recepção relacionada ao misticismo e à teologia. A palavra advém da forma nominal do particípio perfeito de verbo alemão "*lassen*", que se traduz por "deixar". Como explica o comentador e tradutor norte-americano Bret W. Davis (2010, p. III, tradução livre):

> Contudo, deve ser lembrado que a palavra tradicional, e ainda hoje comumente usada em alemão, convém um sentido de "calma compostura", especialmente e originalmente aquela que acompanha uma experiência existencial ou religiosa de desapegar-se, deixar-se e deixar-ser.[5]

4. A esse respeito, ver Davis (2007).
5. "However, it should be kept in mind that the traditional and still commonly used German word conveys a sense of 'calm composure', especially and originally that which accompanies an existential or religious experience of letting-go, being-let, and letting-be" (Davis, 2010, p. III).

Ainda de acordo com Davis (2010), na tradição cristã, *Gelassenheit* se relaciona a um relaxamento diante da vontade própria e um deixar-se diante da vontade divina. Heidegger, como é de se esperar, explora a tradição cristã, mas extrapola o contexto teológico. Mais do que inverter as posições de vontade passiva e ativa, Heidegger (1966, 2010) pretende ultrapassar o próprio domínio da vontade, ao desenvolver, nesses diálogos no caminho do campo, a ideia de uma vontade não volitiva.

O pensar meditativo presente nesses diálogos é o contrário do pensar técnico e calculativo que ele denunciou pouco depois, em *Carta sobre o Humanismo* (1993). A assertiva "hoje não se faz filosofia, ocupa-se com a filosofia" (1993, p. 221) resume bem a ideia de que o pensamento calculativo ou técnico é aquele que se ocupa com o já pensado – e, portanto, afasta o pensamento da linguagem como a "casa do Ser" e, consequentemente, nos distancia da essência do Ser. Em *Carta sobre o Humanismo*, Heidegger (1993) propunha o desenvolvimento de um pensar poético, criativo. Esse pensar criativo se manifestaria por meio de uma atitude de simplicidade e humildade do pensar, as quais permitem que o impensado ou o ainda não dito emerjam na linguagem. Em uma passagem desse texto original de 1946, Heidegger (1993, p. 246, tradução livre) ainda diz que se a verdade do Ser vem à linguagem e que se o pensamento se atém à linguagem, "talvez, então, a linguagem exija muito menos uma expressão precipitada do que silêncio apropriado. Mas quem de nós hoje gostaria de imaginar que suas tentativas de pensar estão em casa no caminho do silêncio?".[6]

No memorial e no diálogo (Heidegger, 1966), *Gelassenheit* é apresentada como um pensamento que espera por aquilo que não conhece, um pensamento não comandado pela vontade, por intenções, metas e desejos; um pensamento como abertura. "Ao aguardar, nós deixamos espaço aberto para o que estamos esperando" (Heidegger, 1966, p. 68; tradução livre).[7] Ao contrário de pensar o objeto e representar o mundo, o pensamento meditativo acontece por aproximação de uma região, de um horizonte para o que é dado. A aproximação acontece por meio de atitudes como permitir, deixar, abrir-se. Mais do que ir-se em busca de um conteúdo com expecta-

6. "Everything upon this alone, that the truth of Being come to language and that thinking attain to this language. Perhaps, then, language requires much less precipitate expression than proper silence. But who of us today would want to imagine that his attempts to think are at home on the path of silence?" (Heidegger, 1993, p. 246).
7. "In waiting (upon) we leave open what we are waiting for" (Heidegger, 1966, p. 68).

tivas e projeções, é deixar que ele apareça, revele-se. Nas palestras em *Was heißt Denken?* (*O que se chama pensar?*), de 1951 e 1952, Heidegger (1968) dizia que não é por meio da vontade ou do comando que o pensamento acontece. Também ali ele nos convidava a pensar não representativamente e não sistematicamente: a dar um salto para fora da filosofia entendida como sistema e técnica. Naquelas palestras, ele formulava um pensamento mais receptivo, mais aberto à escuta e mais disposto à imersão no mundo e ao chamado das coisas.

No *Dicionário Heidegger*, Michael Inwood (2002, p. 37) destaca que, embora não comandado por desejos ou intenções pré-estabelecidas, o pensamento "não é passivo e não deixa as coisas à deriva", "é uma espécie de 'aguardamento' [*Warent*] (G, 35/62)". E, de fato, nesses diálogos de Heidegger, a *Gelassenheit* é uma postura de relaxamento e soltura que proporcionariam ao pensamento aproximar-se do aberto (ou, se quiser, do desconhecido) e deixar advir aquilo que está mais presente e que, no entanto, é o mais difícil de ser percebido – seja devido aos hábitos do pensamento calculativo, seja devido à inundação das tecnologias em nossa vida contemporânea. Esse movimento de abrir-se para o que não sabemos e de deixar aparecer depende, então, da atitude de desacelerar o passo – como sugere Heidegger em *Feldweg-Gespräche* – e deixar-se à "calma compostura". Esse é o domínio da vontade não volitiva, no qual o pensar meditativo acontece e é capaz de pensar o impensado. Serenidade assim pode ser ainda dita como um estar disponível e concentrado, estar sereno e bem desperto, sem intenção, sem conclusões preestabelecidas.

Trazendo a *Gelassenheit* para o âmbito da arte e da experiência estética, como proponho, a serenidade se manifestaria como uma postura que retira o foco de atenção da apreensão de conceitos preestabelecidos e diminui a ânsia por acúmulo de conhecimento e informações; isto é, desmantela a primazia da interpretação sobre a experiência perceptiva e sensível. Como experiência estética, a *Gelassenheit* pode nos proporcionar uma maior entrega não só às obras de arte como às coisas do mundo e às circunstâncias da vida cotidiana. No contexto contemporâneo, essa perspectiva contribui para abordarmos obras de arte que foram e continuam sendo produzidas com foco na experiência estética do público e, ainda, obras que são mais sinestésicas do que conceituais, que funcionam mais como uma relação e/ou uma percepção sensível do que como uma leitura de legendas explicativas que sustentam e legitimam propostas artísticas em espaços expositivos.[8]

Gelassenheit como experiência estética, arrisco, é um conceito que nos ajudaria a combater certo tipo de crítica, curadoria e programas educativos de perfil prescritivos, nos provendo bulas ou mapas de como determinada obra ou exposição deve ser vista e compreendida num quadro geral filosófico, antropológico ou sociológico. É deixar que a aproximação à região do aberto (e do desconhecido) mais dite as regras do que "ocupar-se com a filosofia" – ou, no âmbito da arte contemporânea, ocupar-se com o já pensado aspecto conceitual, repisado, mastigado e oferecido para a absorção do intelecto. Em outros termos, ao invés de buscar (ou ler) na obra uma narrativa próxima ao que já conhecemos, deixar primeiro que ela se manifeste enquanto uma experiência e um chamamento para nossa presença e nossa percepção sensível e imaginadora. Numa formulação tipicamente heideggeriana, Inwood (2002, p. 37) escreve ainda no verbete "serenidade" que a "*Gelassenheit* é a tentativa do pensador de manter aberto o aberto, 'deixando o mundo fazer-se mundo' [*Weltenlassen einer Welt*]". Para Bret Davis (2010b, p. 168, tradução livre), tradutor norte-americano

---

8. Como exemplo, tomem-se as obras do artista chinês Ai Weiwei, em que o aspecto visual e sensível aparece como pequeno subterfúgio para a explanação de abordagens conceituais de fatos sociais e/ou políticos. Em *He xie*, uma de suas peças, vemos uma pilha de milhares de caranguejos (são 3.200) feitos em porcelana, alguns em preto, outros em vermelho. O texto explica que a obra se refere à censura online e às restrições na liberdade individual de expressão na sociedade chinesa. "*He xie*, literalmente 'caranguejo do rio', também soa como a palavra 'harmonia', o que faz parte do slogan do Partido Comunista Chinês: 'A realização de uma sociedade harmônica'", dizia o texto em exposição. Em *Snake Ceiling*, vemos uma cobra retorcida instalada no teto de uma grande sala de exposição. Em tons de preto, cinza e verde fluorescente, a cobra é constituída de milhares de mochilas que, descobrimos, são de um tipo comum utilizado por crianças e jovens em idade escolar na China. Ao lermos, descobrimos que a obra é um monumento à memória das nove mil crianças mortas num terremoto em 12 de maio de 2008. Por que o formato de cobra e por que no teto são elementos deixados de fora da necessidade de autojustificação.
Em instituições artísticas atuais não é raro defrontarmo-nos com obras que, em seu aspecto físico, visual e perceptivo, parecem mal-acabadas ou mesmo mal-começadas, enquanto próximo a elas são oferecidas ao público guias explicativos que, no mais das vezes, explicam aquilo que não está lá. A esse respeito, vale conferir a polêmica envolvendo um programa radiofônico canadense de comédia que noticiou o grande sucesso de uma jovem artista nova-iorquina que vendia obras de arte invisíveis. Dedico mais atenção a essa querela, envolvendo a rádio canadense, entre o que é exposto visualmente como obra e o que é argumentado como arte no capítulo 5º da tese de doutorado intitulada *Tônus da Presença: experiência estética como jogo, quietude e contingência*, de minha autoria (Miranda, 2015).

de *Conversações no caminho do campo*, a *Gelassenheit* "de fato, nomeia nada menos que a afinação fundamental com a qual os seres humanos autenticamente relacionam com outros seres e com a existência mesma".[9] O que isso poderia significar se transposto para a experiência estética? Arrisco a resumir: como uma retirada de cena do imperativo da apreensão intelectual da obra de arte e uma abertura e aproximação com o sensível, numa atitude de serenidade e "humilde intimidade" com as coisas, "deixando o mundo fazer-se mundo", ou deixando a obra fazer-se obra, em uma percepção performativa de seu caráter estético.[10]

Como isso então se relaciona com a catarse e, mais ainda, poderia fazer surgir uma ideia de contracatarse? Na *Poética*, de Aristóteles (1987), a catarse é mencionada apenas duas vezes. A primeira aparece quando o filósofo define, no capítulo 6, o que é a tragédia.[11] No parágrafo 27, lê-se:

> É pois a tragédia imitação de uma ação de caráter elevado, completa e de certa extensão, em linguagem ornamentada e com as várias espécies de ornamentos distribuídas pelas diversas partes [do drama], [imitação que se efetua] não por narrativa, mas mediante atores, e que, suscitando o terror e a piedade, tem por efeito a purificação dessas emoções. (1149b 22-28)

Faz parte da definição da tragédia, além de ser uma representação de ações e de caráteres (*ethos*), proporcionar como seu efeito a depuração dos sentimentos de terror e compaixão suscitados no espectador, a partir do reconhecimento e da identificação com as ações imitadas. A fórmula, se assim pode ser resumida, segue como: representação de ações heroicas, excitação dos afetos, identificação com os personagens, prazer no reconhecimento do imitado e, por fim, purgação ou purificação dos afetos.[12]

9. "Indeed, it names nothing less than the fundamental attunement (*Grundstimmung*) with which he says human beings are to authentically relate to other beings and to being itself" (Davis, 2010b, p. 168).

10. Percepção performativa do estético e/ou do literário é uma expressão resumida advinda das teorias da recepção como jogo e performance como desenvolvidas por Gadamer, Iser, Zumthor e Fischer-Lichte. Tratei do tema da experiência estética como performance e jogo na tese *Tônus da Presença: experiência estética como jogo, quietude e contingência* (Miranda, 2015).

11. A segunda vez aparece no capítulo 17, quando Aristóteles refere-se à loucura de Orestes e a sua salvação através da purificação (1455b 12-15).

12. A respeito da representação de ações heroicas, ver: Cap 2 1448a 1-16; e 6, 1450a -1450b; excitação dos afetos, em especial Cap 17; identificação, em especial Cap 13, 1453a 1-22; prazer no reconhecimento, em especial, Cap 4, 1448b 4-20 e Cap 6, 1450b e, por fim, catarse em Cap 6, 1449b 24-28.

> Poder-se-ia conjecturar, enfim, que o prazer trágico adviria, então, de uma participação emocional dos espectadores ao se identificarem com os protagonistas do drama – eis aí a piedade – e que este prazer estaria assim diretamente associado ao modo mitigado de enfrentar situações terríveis, ou seja, ao alívio produzido em suas almas ao perceberem que o objeto de seu medo é apenas uma imitação e que, por conseguinte, não lhes poderá fazer mal ou a seus próximos. Em outras palavras: dessa experiência mimética, seja na Atena do século IV a. C, seja em nossos dias, decorreria o prazer trágico propriamente dito. E, muito provavelmente, é exatamente esse tipo de prazer (de origem mimética), experimentado ante uma representação trágica, que Aristóteles considerou como tendo um efeito purificador sobre as emoções (análogas às exibidas no enredo dramático) que efetivamente vivenciados em nosso cotidiano. (Rey Puente, 2002, p. 24-25)

Como contextualiza Fernando Rey Puente (2002, p. 10), a respeito da presença do termo em Platão e Aristóteles, a catarse era expressão usada de forma corrente na Grécia Antiga significando purificação, limpeza e depuração ou remoção "de algo (sujeira, mácula, mescla ou obscuridade) que está privando a coisa, o homem, ou o discurso a que este algo está agora unido de sua pureza original". Purificado seria, então, aquilo que passou pela remoção de algum elemento excessivo e, ao mesmo tempo, aquilo ausente de ambiguidade ou obscuridade. No caso do teatro trágico, essa purificação acontece por meio de uma empatia pelas ações imitadas, na medida em que o público reconhece que tal infortúnio sofrido pelo herói trágico poderia também lhe acometer (13, 1453a 1-7), sucedendo, assim, o prazer próprio da tragédia (14, 1453b 1-13). Jonathan Barnes, em *The Cambridge Companion to Aristotle* (1999, p. 277, tradução livre), pergunta-se se "Aristóteles quer dizer que a catarse nos livra de nossas emoções ou que refina nossas emoções?"[13] e afirma, em seguida, que nenhum texto do filósofo, seja a *Poética* ou qualquer outro, dá uma resposta clara a essa questão.

> Aristóteles não diz que os autores escrevem *com vistas* a produzir esse efeito [de terror e piedade/mlm], nem escreve que vamos ao teatro *com vistas a* experienciar isso; no entanto diz sim que isso acontece – e sugere que é esse

13. "Does Aristotle mean that tragedy rids us of our emotions, or that it refines our emotions? No text gives us a clear answer to the question, and we may wonder whether either answer is particularly plausible as an account of the effect of tragedy on its audience" (Barnes, 1999, p. 277).

acontecimento que constitui a razão de ser da tragédia. Pois quando acontece, tem um efeito: realiza a catarse.[14]

Rey Puente, assim como Cláudio Veloso (Rey Puente, 2002; Veloso, 2002), constata um excesso de intepretação filosófica, de comentário exegético e de produção acadêmica em torno de um termo que aparece tão pouco e tão escassamente delimitado em Aristóteles, como é a catarse, uma vez que, além das duas referidas aparições na *Poética*, surge uma única vez na *Política*, na qual, por sua vez, no livro VIII, capítulo 7, é associada a "um alívio acompanhado de prazer" (1342b 15). Na breve menção em *Política*, Aristóteles promete se dedicar mais demoradamente ao termo em outro lugar, qual seja a *Poética*, embora não o faça.

> A imensa abundância de literatura sobre o tema da *katharsis* em Aristóteles é estonteante e, talvez mais surpreendente ainda, seja a grande disparidade e diversidade de posições que muitas vezes expressam muito mais a concepção teórica do próprio intérprete do que a de Aristóteles. (Rey Puente, 2002, p. 19)

Esse "cipoal exegético", como o caracteriza Rey Puente, gerou uma bibliografia "multissecular" em que a catarse é associada, ao menos no domínio da Estética e da Filosofia da Arte, ao reconhecimento dos efeitos transformadores da experiência com a arte, seja por meio do prazer estético ou da função educativa das emoções. O medievalista e teórico da literatura Hans Robert Jauss dedicou ao termo um artigo de recapitulação histórica em seu livro *Ästhetische Erfahrung und literarische Hermeneutik*, de 1977. Numa historiografia do conceito que remonta a Aristóteles, à tradição retórica e à interpretação medievalista do *movere et conciliare*, Jauss (1977) levava a cabo seus estudos da catarse com a intenção de sustentar, por recurso a ela, sua crença na função comunicativa da arte exercida através da experiência estética. Era, sobretudo, a favor do prazer estético como exercendo papel na práxis social que Jauss (1977, 1982, 2002) se investia de apologeta da experiência estética, e reformulava, mediante o estudo dos conceitos *poiesis*, *aisthesis* e *katharsis*, sua teoria da Estética da Recepção.

14. "Aristotle does not say that tragic authors write *in order* to produce this effect [of fear and pity/mlm], nor does he say that we go to the theatre *in order to* experience it; but he does say that it happens – and he suggests that is happening constitutes the *raison d'être* of tragedy. For when it happens, it has an effect: it accomplishes a 'catharsis'" (Barnes, 1999, p. 277).

Essa função comunicativa exercida pela catarse seria, para ele, responsável por mover o espectador em direção a novas experiências, perfeccionar experiências passadas e abrir o campo do experienciável, provocando uma mudança nas concepções de mundo, assim como uma liberação da mente do espectador.[15] Mas essa função também sustenta sua crença de que a arte transmite normas sociais. Por intermédio, em especial, da identificação proporcionada pelo prazer desinteressado das emoções afetadas, a arte teria a capacidade de formar, justificar e transformar normas de ação. E seria apenas secundariamente, quando o espectador é capaz de refletir sobre sua identificação e sobre o prazer de si no prazer do outro, que a catarse estaria cumprindo verdadeiramente sua função comunicativa (Jauss, 1982, p. 92-111). "Liberado do prazer trágico do objeto, o observador pode adotar por meio da identificação aquilo que é exemplar na ação" (Jauss, 1982, p. 96, tradução livre).[16] A identificação, engrenagem básica da catarse para Jauss (mas também presente já em Aristóteles), é impulsionada porque o espectador se afasta dos papeis e interesses concretos da vida cotidiana e, por recurso à imaginação, é capaz de se ver como outro, adotando assim, o que Jauss chama de "atitude estética", como se gozasse de si como sujeito irreal, ou seja, como espectador. É desta forma que, independente de transmitir ou não normas de ação,[17] a catarse é, por certo, capaz de ampliar o espectro de experiências e liberar o espectador de suas próprias emoções afetadas e dos constrangimentos do cotidiano. Da leitura histórica de Jauss é possível perceber que, mais do que uma pesquisa exegética da catarse em Aristóteles, o teórico da recepção está interessado em trazer à luz uma série de ocasiões em que a filosofia, a literatura e a teoria literária se voltaram para os efeitos potencialmente transformadores da experiência com a arte. E é, pois, nesse sentido que resgata o termo *katharsis* para nomear

15. "Designa-se por *katharsis*; unindo-se a determinação de Górgias com a de Aristóteles, aquele prazer dos afetos provocados pelo discurso ou pela poesia, capaz de conduzir o ouvinte e o espectador tanto à transformação de suas convicções quanto à liberação de sua psique. Como experiência estética comunicativa básica, a *katharsis* corresponde tanto à tarefa prática das artes como função social – isto é, servir de mediadora, inauguradora e legitimadora de normas de ação –, quanto à determinação ideal de toda arte autônoma: libertar o espectador dos interesses práticos e das implicações de seu cotidiano, a fim de levá-lo, através do prazer de si no prazer no outro, para a liberdade estética de sua capacidade de julgar" (Jauss, 2002, p. 101-2).

16. "The observer, freed by the 'pleasure in the tragic object', can adopt through identification what is exemplary in the action" (Jauss, 1982, p. 96).

17. A confirmação dessa hipótese deixamos ao trabalho do "cipoal exegético".

o que entende como função comunicativa da experiência estética assim como também para recredenciar a experiência e o prazer estéticos como potencializadores de transformações.

Aqui, há, então, vários elementos que nos ajudam a pensar em que medida a *Gelassenheit* aproxima-se e afasta-se da catarse antiga e daquela revisitada por Jauss. Como sugeri no início, ao contrário de excitar os afetos – o terror, a piedade – e/ou a imaginação, a *Gelassenheit* poderia estar mais próxima de alcançar os efeitos da purgação nos dias de hoje recorrendo justamente a uma reversão desse mecanismo, provocando uma desaceleração em direção à quietude e à serenidade. A *Gelassenheit* estaria, assim, mais afim ao silêncio do que aos sentimentos de horror e piedade, embora possamos conjecturar que os efeitos poderiam ser semelhantes ao que pensou Jauss: o de liberar os espectadores dos constrangimentos da vida prática, ampliar o horizonte do experienciável e proporcionar uma experiência de si na experiência de ser outro. (Para Heidegger, na verdade, seria uma aproximação da experiência autêntica do Ser). Essa experiência de si na experiência de ser outro, tão importante no prazer estético de Jauss, pode ser vista na *Gelassenheit* como uma soltura para o mundo, um manter aberto o aberto, "deixando o mundo fazer-se mundo". Ao contrário da catarse, que acontece por meio da representação das ações heroicas, na *Gelassenheit* como experiência estética o "alívio acompanhado de prazer" poderia ser suscitado por meio da calma compostura e da abertura da percepção que lhe segue. Enquanto a catarse antiga pressupunha o reconhecimento da representação das ações heroicas, uma contracatarse envolveria uma calma contemplação daquilo que está diante de si, sem partir de antemão acompanhado de projeções, expectativas e modelos prévios a serem conhecidos; no sentido de deixar que o desconhecido, o ainda não dito e o impensado surjam no pensamento e na experiência. Na catarse e na contracatarse, contudo, permanece o elemento-chave de o espectador ser afetado pela obra de arte, seja ela uma tragédia ou uma performance contemporânea.

Finalizo apontando uma aposta: há competente bibliografia[18] disponível comprovando a influência sobre Heidegger do pensamento budista e

---

18. Ver, por exemplo, MA, Lin. *Heidegger on East-West Dialogue: anticipating the event* (2008); DAVIS, Bret W; SCHROEDER, Brian; WIRTH, Jason M. *Japanese and continental philosophy* (2011); DAVIS, Bret W. "Zen After Zarathustra: The Problem of the Will in the Confrontation Between Nietzsche and Buddhism" (2004); DAVIS, Bret W. Heidegger and the will (2010); RIGSBY, Curtis. "Nishida on Heidegger" (2010), GUMBRECHT, Hans Ulrich. "Martin Heidegger and his Japanese interlocutors" (2000).

taoísta, durante as décadas de 1940 e 1950. A partir dessa influência sobre a *Gelassenheit*, poderíamos falar mais em indistinção entre observador e mundo, tendo em vista essa fórmula de Heidegger de aproximar-se da região do aberto, do que em identificação de si no prazer de ser outro. Dentro de um pensamento estético da *Gelassenheit*, o ideal de identificação cederia lugar a um momento de indistinção entre objeto experienciado e sujeito fruidor. Isso, porque a identificação, poderíamos ainda conjecturar, está mais alinhada com o pensamento representativo e o horizonte de inteligibilidade do sujeito do conhecimento, enquanto a *Gelassenheit* se direciona para a aproximação de um horizonte do aberto em que as coisas apenas são (são "deixadas ser") e se revelam, ou desvelam. Utilizando uma palavra de Heráclito, que o tradutor norte-americano refere como "direcionar-se-para-a-proximidade", Heidegger também sugere uma relação de intimidade respeitosa, em que a espera para que as coisas se revelem ao pensamento ou à experiência está enraizada numa vontade não volitiva.

Nesse sentido, a *Gelassenheit*, no âmbito da experiência estética, poderia se aproximar de uma desaceleração mais afim a uma possibilidade de deixar emergir uma vivência epifânica. Para Heidegger, a raiz da *Gelassenheit* está na espera, ou no aguardar, que alude a uma "abertura atenta e engajada para a chegada de algo inesperado, em contraste com uma espera que ativamente projeta para, em seguida, ter a expectativa de passivamente receber" (Davis, 2010a, XV). A ideia de contracatarse funcionaria assim, paradoxalmente, nas duas direções: tanto a possibilidade de uma purgação, uma limpeza dos excessos, quanto, no reverso, pela ausência do aumento de excitação. Seria uma purgação dos excessos da vontade do que Heidegger chama de pensamento técnico ou calculativo e que, no âmbito estético, se aproxima do predomínio tão vigente hoje em dia de uma experiência conceitual, intelectual e interpretativa da arte contemporânea, dessa mesma arte contemporânea que, em outra chave, mostra-se tão afim a experiências estésicas. Enquanto Heidegger dizia (1993, p. 221) que "não se faz filosofia, apenas se ocupa com a filosofia", no âmbito da experiência estética, com os excessos explicativos e/ou teóricos nos espaços expositivos, poderíamos aliterar Heidegger e afirmar que hoje não se tem experiências estéticas, apenas ocupa-se com o que é argumentado que essas experiências deveriam ser ou gerar em termos de conhecimento ou informações acumulativas. Pensando ainda com Heidegger, as experiências deixam o domínio do poético, no sentido do aberto e do criativo, e se restringem ao já estipulado, ao já pensado, argumentado e compreensível intelectualmente.

A redução da obra a um texto viabilizada pela crítica (e/ou pelas teorias institucionais da arte) também pode ser entendida como uma tentativa de redução de sua capacidade de provocar múltiplas experiências e de ampliar o campo do experienciável, assim como de sua abertura enquanto algo disponível para a performance perceptiva do público. Susan Sontag, em *Against Interpretation* (1966), e Wolfgang Iser em *O ato de leitura* (1996) e *A estrutura apelativa do texto* (1987) já apontavam – a primeira em 1964 e o segundo nos anos 1970 e 1980 –, para a redução da obra a um discurso compreensível intelectualmente, a partir da hegemonia de determinada concepção de interpretação, permanente ainda hoje como legado do século XIX. Essa redução aparece, nos termos de Sontag (1966, p. 7), como adestramento e conformação, em suma, como uma "vingança do intelecto contra a arte". Iser (1996, p. 26), por sua vez, denunciava como datada a concepção do trabalho da crítica como o de tratar a obra como um enigma a ser resolvido apenas pelo leitor competente (o crítico), aquele capaz de lhe desvelar seu sentido unívoco, e, assim, abandonar a obra "como uma casca vazia". "Se o autor sofre uma perda através da significação desvelada pelo crítico, como aparece no início da novela [de Henry James/ mlm], então o sentido é algo que pode ser subtraído do texto. Ao extrair o sentido, enquanto núcleo próprio da obra, esta se esvazia" (Iser, 1996, p. 25). Na divisão simples de Iser, discursivos são textos que pretendem referenciar ao real com caráter de verdade, enquanto estéticos ou literários são textos que aludem à realidade e se apresentam como campo do "como se" (*als ob*). Estéticos ou literários são textos e obras que comportam em si espaços vazios e de indeterminação, nos quais o leitor performa o sentido apenas como um sentido possível, impermanente e temporário. Sem pretensão de comprovar a realidade ou uma verdade, textos literários e obras de arte criam mundos possíveis. Nesses e em outros textos, Iser defende a abertura da obra ao leitor e à significação da mesma como um acontecimento, contingente à performance de leitura do público. Algo semelhante a que Gadamer (1997, p. 175) entendia quando dizia que a obra de arte somente existe enquanto "uma experiência que transforma aquele que a experimenta".

É por isso que este artigo começa se perguntando se haveria tragédia maior do que não sentir nada. Fora o fato curioso de que o Brasil é um dos maiores consumidores mundiais de Rivotril, pergunto se os hábitos interpretativos do século XIX, que Henry James retratava tão bem em sua novela *The Figure on the Carpet* (mote de Iser em sua introdução a *O ato de leitura*), não continuam presentes em nossos espaços expositivos, permeando nossas possíveis experiências com as obras e, de certa forma, restringindo a experiência estética ao desvendamento da obra como uma fórmula (conceitual e interpretativa), como um exemplar para o exercício da interpretação competente (ou mero comprovante de uma teoria institucional da arte).

Se, em 1977, Jauss se investe de apologeta de experiência estética e investiga, por recurso ao conceito de catarse, a possibilidade de o prazer estético exercer uma função comunicativa, movido em especial pelo descrédito que o prazer estético e a catarse sofriam no século XX, em 1964, Susan Sontag terminou seu ensaio *Contra a interpretação* convocando para, no lugar de uma hermenêutica, erigirmos uma erótica das artes. Por certo, arrisco, há uma congruência em favor do retorno à potência do prazer, da sensibilidade e das paixões suscitados pela arte. "O importante agora é recobrar nossos sentidos" (Sontag, 1966, p. 14), escreveu a ensaísta, em 1964. Sugiro começarmos pela serenidade enquanto abertura.

Referências bibliográficas

ARISTÓTELES. *Poética*. Trad. de Eudoro de Souza. São Paulo: Nova Cultural, 1987.

BARNES, J. *The Cambridge Companion to Aristotle*. Cambridge: Cambridge University Press, 1999.

DAVIS, Bret W. *Heidegger and the Will: on the Way to Gelassenheit*. Evanston: Northwestern University Press, 2007.

______. "Translator's Foreword". In: HEIDEGGER, Martin. *Country Path Conversations*. Trad. Bret W. Davis. Bloomington: Indiana University Press, 2010a.

______. (ed.). *Martin Heidegger Key Concepts*. Durham: Acumen Publishing Limited, 2010b.

GADAMER, H. G. *Verdade e método*. Trad. de Flávio Paulo Meurer. Petrópolis: Editora Vozes, 1997.

HEIDEGGER, M. *Discourse on Thinking: a Translation of Gelassenheit*. Trad. John M. Anderson e E. Hans Freund. New York: Harper & Row Publishers, 1966.

______. *What is Called Thinking?* Trad. Fred D. Wieck e J. Glenn Gray. New York, Evanston, London: Harper & Row Publishers, 1968.

______. "Letter on Humanism". In: HEIDEGGER, M; KRELL, David Farrell (ed). *Basic writings: from Being and Time (1927) to The task of thinking (1964)*. San Francisco: HarperSan Francisco, 1993.

______. *Country Path Conversations*. Trad. Bret W. Davis. Bloomington: Indiana University Press, 2010.

INWOOD, M. *Dicionário Heidegger*. Trad. Luísa Buarque de Holanda. Rio de Janeiro: Jorge Zahar Editor, 2002.

ISER, W. *O ato de leitura*. Trad. Johannes Kretschmer. São Paulo: Ed. 34, 1996.

JAUSS, H. R. *Ästhetische Erfahrung und literarische Hermeneutik*. München: Wilhelm Fink, 1977.

______. *Aesthetic Experience and Literary Hermeneutics*. Trad. Michael Shaw. Minneapolis: University of Minnesota Press, 1982.

______. "O prazer estético e as experiências fundamentais da *poeisis, aisthesis* e *katharsis*". In: COSTA LIMA, Luiz. *A literatura e o leitor: textos de estética da recepção* (org.). 2ª edição. Rio de Janeiro: Paz e Terra, 2002.

MATUOKA, I. "Rivotril, a droga da paz química". *Carta capital*. 4 nov. 2015. Disponível em: <http://www.cartacapital.com.br/saude/rivotril-a-droga-da-paz-quimica-3659.html>.

MIRANDA, M. L. *Tônus da presença: experiência estética como jogo, quietude e contingência*. 2015. 224 f. Tese (Doutorado em Filosofia) – Faculdade de Filosofia e Ciências Humanas, Universidade Federal de Minas Gerais, Belo Horizonte, 2015.

REY PUENTE, F. "A katharsis em Platão e Aristóteles". In: DUARTE, Rodrigo; FIGUEIREDO, Virginia; FREITAS, Verlaine; KANGUSSU, Imaculada (org). *Katharsis: reflexos de um conceito estético*. Belo Horizonte: C/Arte, 2002.

SONTAG, S. *Against Interpretation, and Other Essays*. New York: Farrar, Straus & Giroux, 1966.

VELOSO, C. W. "Depurando as interpretações da catharsis na Poética de Aristóteles". In: DUARTE, Rodrigo; FIGUEIREDO, Virginia; FREITAS, Verlaine; KANGUSSU, Imaculada (org.). *Katharsis: reflexos de um conceito estético*. Belo Horizonte: C/Arte, 2002.

NELSON FELIX:
o hiato e o sublime na arte contemporânea

Taisa Palhares[1]

Breves considerações sobre uma possível interpretação do sublime na arte contemporânea

De todas as categorias estéticas herdadas da tradição, talvez não seja exagero afirmar que o sublime constitui a mais persistente delas nos debates em torno da arte contemporânea. Mas antes de sua reatualização teórica no âmbito do pensamento pós-moderno nos anos 1980, por filósofos como Jean-François Lyotard, artistas do pós-guerra, como o norte-americano Barnett Newman (1905-1970), o russo naturalizado norte-americano Mark Rothko (1903-1970), o francês Yves Klein (1928-1962) e, no Brasil, a artista Mira Schendel (1919-1988), já indicavam alguns dos principais significados que a reflexão sobre esse conceito tomaria na contemporaneidade, mesmo que de forma indireta. Um traço comum no trabalho desses artistas é a busca, por vias diversas, pelo alcance de uma experiência transcendente, e por isso transformadora, por meio da arte, tanto em seu fazer quanto em sua recepção, sem que seja necessário recorrer a um essencialismo pré-moderno. Essa se daria fundamentalmente no "aqui e agora", a partir da percepção sensível e da própria materialidade do objeto, numa espécie de "transcendência imanente" ou "imanência transcendente". Como observou Newman (2010, p. 27), no texto histórico "The Sublime is Now" (1948): "a questão que surge agora é: se nós estamos vivendo numa época sem lendas ou mitos que possam ser chamados sublimes, se nós recusamos admitir

1. Bacharel, mestre e doutora em Filosofia pela Universidade de São Paulo (FFLCH-USP). Atua como crítica de arte e curadora desde os anos 2000. Atualmente é Professora do Departamento de Filosofia do Instituto de Filosofia e Ciências Humanas da Universidade Estadual de Campinas (IFCH-Unicamp).

qualquer exaltação nas relações puras, se recusamos viver no abstrato, como podemos estar criando uma arte sublime?"

Em primeiro lugar, o conceito de sublime torna-se um antídoto contra a banalização da arte, principalmente a transformação da arte abstrata num formalismo vazio, no momento em que o mundo precisa lidar com as consequências traumáticas da Segunda Guerra Mundial. No texto supracitado, Newman reafirma "o desejo natural do homem pelo exaltado" e "pelas emoções absolutas", e fala da busca pela produção de imagens autoevidentes que evoquem "um novo modo de experimentar a vida", entretanto, como uma revelação no concreto. Pois, como observa posteriormente Lyotard sobre o manifesto de Newman, entender o sentido do "agora", o uso do tempo presente no título do texto, é fundamental para compreender a retomada desse conceito pelas mãos de um pintor judeu norte-americano, em ação na Nova York dos anos de 1940. Segundo o filósofo (1997, p. 98), ao contrário da eloquência romântica, esse artista procuraria a sublimidade no que acontece, e dessa maneira o "inexprimível" não mais residiria num mundo além, ou em outro tempo e espaço, mas na "ocorrência" de sua pintura expressionista abstrata, posto que "na determinação da arte pictural, o indeterminado, o que Ocorre, é a cor, o quadro. A cor, o quadro, enquanto ocorrência, acontecimento, não é exprimível, e é isto que terá de testemunhar".

Para Newman, não há nada para ser pintado e por isso critica a vanguarda europeia, que não teria conseguido se liberar do processo de representação da "forma" ideal, que funda a tradição artística desde os gregos. Na sua opinião, mesmo em seu impulso de destruição do Belo, os vanguardistas continuariam presos ao campo da visibilidade pura, incapazes de superar o paradigma representativo, ainda que a figura fosse distorcida, mutilada, desconstruída ou transformada em formas geométricas. Mondrian (1872-1944), por exemplo, estaria, apesar de toda a sua radicalidade, ocupado com o ideal de representação de uma perfeição absoluta em uma forma visual endereçada somente às sensações. Nesse sentido, o artista norte-americano comenta em seu texto "The Plasmic Image" (1943-45):

> A matéria da criação artística é caos. O sentimento atual parece ser que o artista se ocupa com a forma, a cor e a organização espacial. Essa abordagem objetiva da arte a reduz a um tipo de ornamento. Toda a atitude da pintura abstrata, por exemplo, tem sido tal que a reduziu a uma arte ornamental por meio da qual a superfície-imagem é fragmentada à moda geométrica em um

novo modelo de imagem-design. É uma arte decorativa construída sobre o slogan do purismo... (Newman, 1996, p. 24)

Contra essa aproximação objetiva, ele reivindica a existência duma arte que penetre "no interior do mistério do mundo". Assim a imaginação do artista contemporâneo extrai os "segredos metafísicos", "arranca a verdade do vazio" e, desta maneira, relaciona-se com o sublime. Agora, para conseguir realizar isso, o artista necessita "ir além do visível e do mundo conhecido (...) trabalhando com formas que são desconhecidas até para ele" (Newman, 1996, p. 26). Logo, o retorno ao sublime acarreta na sua visão a transgressão da forma perfeita. O sublime consiste, enfim, como no Gótico e no Barroco, no "desejo de destruir a forma, em que forma pode ser *formless*" (Newman, 2010, p. 25).

De difícil tradução, o *formless*, traduzido como "informe", foi associado, sobretudo nos anos 1990, à noção de abjeto. Contudo, esse não parece ser o sentido visado por Newman. Na verdade, suas pinturas estão distantes de qualquer referência à abjeção. Por outro lado, também não parece haver uma relação entre o uso que Newman faz desse termo e o conceito de *informe* de G. Bataille e dos surrealistas dissidentes da revista *Documents*, pelos menos se compararmos a "corporificação do informe" nas obras, por exemplo, de Joan Miró (1893-1983) e Alberto Giacometti (1901-1966), e sua *color-field paintings*.[2]

A pintura de Newman, radical até para seus pares na época, reduz-se a partir do final dos anos 1940 a extensos campos saturados de cor atravessados por estreitas faixas coloridas de bordas irregulares, às quais dá o nome de "zips", estrategicamente distribuídas de maneira assimétrica pela superfície da tela. Como se sabe, a escala, mais do que o espaço pictórico em si, é fundamental para sua apreensão. Ele dizia que havia uma tendência em olhar para pinturas grandes desde certa distância capaz de fazer apreender o todo, mas que, no entanto, desejava que suas pinturas, mesmo as maiores, fossem vistas de perto, pois só assim elas poderiam extrapolar os limites do campo visual, passando a instituir um *lugar*, um ambiente de experiência no qual o observador pode imergir e simultaneamente tomar consciência de si mesmo. *Vir heroicus sublimis* ("Homem, heroico e sublime", 1950-51,

2. E isso apesar da ligação histórica entre o Surrealismo e o Expressionismo Abstrato norte-americano e o ataque de ambos os grupos à "boa forma". Sobre o conceito de informe em Bataille e a revista *Documents* conferir Foster (*et al.*, 2007, p. 245).

óleo sobre tela, 242,2 x 541, 7 cm)[3] foi o primeiro grande quadro pintado pelo artista. Diante dele, não estamos aptos a aferir por completo a existência do todo, pois perdemos momentaneamente o domínio da superfície da tela, que não para de se expandir dinamicamente para os lados e para cima. É a pintura enquanto *formless*.

Ao mesmo tempo, é óbvio que o artista também tinha em mente aqui o poder de sugestão do "absolutamente grande", da "vastidão", da "ausência de limites" e do "infinito" para evocação do sentimento do sublime. Newman nunca abriu mão da ideia de que mais do que simplesmente físico, o encontro do sujeito/espectador com a obra de arte tinha um potencial espiritual. Ele costumava dizer que observar um quadro não é diferente de encontrar uma pessoa. Tem-se uma reação física ao outro, "mas há também uma coisa metafísica, e se um encontro é significativo, ele afeta a vida de ambos" (Newman, 1992, p. 259).

No caso de Mark Rothko, pintor russo naturalizado norte-americano, também ligado ao núcleo principal do movimento expressionista abstrato, a superfície da pintura torna-se o repositório de uma experiência quase mística, em que campos de cor emanam luz por recurso a diferentes graus de transparência e densidade. Como observa Argan (1992, p. 531), Rothko abandona "a figuração, a mitologia naturalista do espaço" para dar lugar "a um espaço não teórico, mas empírico, que se percebe como substância cromático-luminosa expandida e vibrante". Mesmo sem se referir diretamente ao conceito de sublime ou *formless*, é claro que a pintura de Rothko busca criar um "ambiente", ou seja, não lhe interessa produzir superfícies de projeção para o sujeito, mas, antes, envolvê-lo, abrindo um espaço para sua imaginação, chegando ao "sublime do espaço". Esse espaço não se restringe nem aos limites físicos da tela, nem do muro ou da parede: ele transborda esses limites numa espécie de vapor cromático. Trata-se de um espaço infinito, cósmico e, contudo, empírico, feito para se viver dentro. Não por acaso, o último trabalho de Rothko foi o conjunto de quatorze enormes telas que ambientam a Capela Ecumênica de Houston,[4] um espaço público de meditação.

Essa busca por romper com a noção de forma artística como aquilo que é acabado, limitado e fundamentalmente dirigido à visão e que existe em função da representação, está presente em diversos artistas do pós-guerra

3. Acervo do Museum of Modern Art, NY, USA. Imagem na página: <http://www.moma.org/learn/moma_learning/barnett-newman-vir-heroicus-sublimis-1950-51>.
4. Imagens da capela no site: <http://www.rothkochapel.org>.

e teve como consequência, entre outras coisas, libertar a produção artística das amarras da "arte retiniana", como lhe chamava Marcel Duchamp, e seu espaço naturalista. Além da ampliação espacial que ela naturalmente traz como sua consequência, ela também permite uma hibridização de linguagens que está na origem da arte contemporânea. Por outro lado, atualizar, a partir do imanente, um sentido que extrapole seus limites, evocando aquela percepção da inadequação entre as "ideias da razão" e a sua representação em uma forma sensível, cujo movimento tem o poder de evocar e avivar no ânimo essas mesmas ideias – para voltarmos à definição do sublime em Kant – diz respeito a uma posição crítica dos artistas diante de uma sociedade cada vez mais pragmática e orientada pela cultura do consumo.

Poder-se-ia citar um último exemplo da relação que me parece intrínseca entre a crise de identidade da arte abstrata como simples objeto de consumo e a reafirmação do significado do sublime como valor estético. Na Europa do segundo pós-guerra, o trabalho do artista e performer francês Yves Klein é emblemático. Em 1957, ele realiza a primeira de suas "operações estéticas", *Le Vide*,[5] que consistia em "exibir" e "vender", numa galeria parisiense, o espaço vazio, ao qual ele chamava de "zona de sensibilidade pictórica imaterial", enquanto vendia por diferentes preços semelhantes pinturas monocromáticas em azul intenso (a cor, patenteada de YKB, é uma mistura especial de pigmentos). Com isso, ele tanto apontava para a discrepância ou aleatoriedade entre o "valor de mercado" e o "valor artístico" no sistema de arte, quanto a meu ver reiterava o campo da experiência estética como o imaterial, aquilo que de certa maneira não restringe a uma forma, espaço ou preço específicos.

Próximo à filosofia zen-budista, Klein acreditava na experiência do vazio como uma zona de sensibilidade mística. Seus últimos trabalhos consistiam na venda de tais "zonas imateriais" ou "espaços vazios" distribuídos pela cidade de Paris e que numa ação performática eram trocados por somas predeterminadas de ouro em pó. Na presença do artista, do comprador e de uma testemunha, a quantia de ouro era jogada no Rio Sena como parte de uma performance-ritual devidamente documenta por Klein. Logo, o artista francês se insere no sistema de arte, mimetiza seus procedimentos, e faz dessa troca entre o material e o imaterial o sentido mesmo de seu trabalho,

5. Todos os trabalhos de Yves Klein aqui citados podem ser vistos no site: <http://www.yveskleinarchives.org>.

exibindo em última instância o antagonismo entre o valor imaterial da arte e sua função de consumo, seja monetário, seja simbólico, nesse sistema.

Nelson Felix e o sublime na arte brasileira contemporânea

Acredito que um dos principais herdeiros, no Brasil, dessa tradição de revalorização do sublime na esfera das artes visuais é o artista Nelson Felix (1954). Felix inicia sua produção nos anos de 1980, tendo como pano de fundo histórico o embate diante da saturação da arte conceitual e a consequente reação de retomada da pintura quase bruta, ostensivamente material, das correntes neoexpressionistas daquela década. Diante disso, no texto de apresentação de sua primeira exposição individual, ele cita a seguinte passagem de Mircea Eliade, a fim de apresentar sua própria relação com o fazer artístico: "A missão e o poder das imagens é fazer ver tudo quanto permanece refratário ao conceito" (Felix, 2015, p. 92).[6] Ao longo de sua trajetória, podemos dizer que Felix renova sua crença no poder da imagem, e de tudo o quanto ela evoca, como aquilo que talvez não possa ser dito em termos conceituais, mas cuja existência tem a força da evidência de uma experiência singular com e por meio da arte.

E quando falamos "imagem" não estamos nos referindo apenas a figurações visuais, pois é próprio do fazer de Felix o trânsito entre processos abertos de pensamento e suas diferentes manifestações (desenhos, esculturas, instalações, fotografias, poesias e ações escultóricas), na construção de imagens constituídas pela reunião dessas linguagens. Há um núcleo, uma ideia essencial, à qual tudo parece convergir, e que movimenta a poética do artista em entrecruzamentos que se enlaçam e desenlaçam no tempo e no espaço, e cuja presença, no entanto, se faz sempre por momentos de aparição e desaparecimento, recolocando-o sempre no âmbito do que ele chama de "espaço mental". O trabalho se dá pelo amálgama de referências científicas e esotéricas – evocações simbólicas e simultaneamente associadas às ciências naturais –, criando significados profanos e espirituais que se juntam, sem se sobrepor, a materiais díspares como plantas, mármore de Carrara, grafite, diamante, ouro, prata, óleo, madeira, cobre, graxa, etc.

6. Imagens e informações sobre Nelson Felix, além de todos os textos sobre ele, podem ser encontrados no site oficial do artista: <http://nelsonfelix.com.br>.

Sem espaço para desenvolver aqui uma análise abrangente da obra de Felix, gostaríamos de destacar um de seus projetos mais paradigmáticos, a fim de entender como pensamos a noção de sublime a partir dele. No entanto, já antecipando nossa conclusão, é importante dizer que o processo de hibridização colocado em marcha por seu fazer artístico ativa um hiato de sentido, uma abertura para reflexão infinita, e que a meu ver é um dos traços de sua sublimidade (ao lado do *formless*, como uma das principais características de seu trabalho). Em entrevista recente à crítica de arte Marisa Flórido e ao curador Alberto Saraiva, o artista elabora nas seguintes palavras essa problemática:

> Acho que meu trabalho é construído por camadas de pensamentos, significados que se agregam a outros e mais outros, ora poéticos, ora teóricos. Esta soma de significados se anula, não pela negação, mas pelo excesso. E a perda do significado gera um oco, até esperado, que faz a obra renascer ao olhar, que a reestrutura. Sua visualidade então é calcada nestes pensamentos ligados abstratamente, que muitas vezes não se encadeiam para se evidenciar. É uma linguagem de cunho poético, solta, e ao mesmo tempo totalmente construída. (Felix, 2012, p. 121)

Projeto *Cruz na América* (concepção e realização: 1985-2004; tempo de duração: indeterminado)

Em sua recente exposição OOCO, na Estação Pinacoteca, em São Paulo (abril/julho 2015), Felix apresentou uma seleção de sua obra produzida nos últimos quarenta anos, e escolheu colocar no centro de tudo, como o núcleo principal do qual todas as esculturas e desenhos procederiam, os projetos ou ações escultóricas que realizou em diversos locais do mundo e que, por natureza, não poderiam nem estar fisicamente na exposição nem serem refeitos para ela. Essa escolha reflete aquilo que sua poética tem de mais essencial: a evocação de "espaços mentais" que inter-relacionam obras particulares, criando uma trama entre elas, aproximando objetos muitas vezes distantes no tempo e no espaço. Ter em mente o todo incompleto, porque em movimento permanente, dessa teia, seria então a única maneira de transcender a experiência das esculturas e desenhos observados *in loco*.

Dentre esses projetos, documentados em vídeo,[7] destaca-se *Cruz na América* que é constituído por quatro trabalhos: *Grande Budha* (1985-2000), realizado na floresta amazônica, *Mesa* (1997-1999), no Rio Grande do Sul, *Vazio Coração Deserto* (1999-2003), no deserto do Atacama e *Vazio Coração Litoral* (1999-2004), no Ceará. Em primeiro lugar, a intenção do artista era trabalhar com a construção de uma escala aberta e ilimitada, como se observa pelos locais de sua realização, que desenham literalmente uma cruz sobre o território sul-americano. Essa distensão espacial é acompanhada pelo estiramento temporal, que pode também ser percebido na temporalidade dilatada de cada ação realizada, tendo como único contraponto o tempo instantâneo e humano de *Vazio Coração Deserto*. Neste projeto, os mapas aparecem como suportes para o trabalho: no ateliê, o artista determina ao acaso o local da primeira intervenção a partir de um dado puramente abstrato, a saber, a seleção de uma coordenada geográfica, sem que a escolha esteja atrelada à especificidade do lugar. A partir de então, os locais ou as paisagens são tratados, antes de tudo, como espaços mentais.

O *Grande Budha*, ação escultórica na primeira coordenada selecionada, foi idealizada em 1985 e realizada em 2000. O artista planta uma muda de mogno no meio da floresta amazônica e a cerca de uma escultura em latão formada por seis hastes afiadas, cujas pontas são dirigidas ao tronco da árvore. A imagem que formamos na nossa imaginação é de que, no mínimo em 500 anos, tempo de crescimento do mogno, essas hastes terão penetrado na árvore, criando dessa maneira uma nova escultura que não veremos e que se integrará ao espaço informe e ilimitado da floresta. É um trabalho em processo, que está acontecendo agora, no tempo presente, do qual apenas podemos ter uma imagem mental e vagamente prever o seu fim. Sua localização só pode ser feita por meio de GPS, na medida em que *Grande Budha* se encontra perdido na imensidão da floresta. Para o artista, o apelo à imaginação poética é a única maneira de alcançarmos essa imensidão.

Mesa, por sua vez, foi realizada na fronteira do Brasil com o Uruguai, tendo como paisagem o horizonte plano dos pampas gaúchos. Sua localização foi definida a partir da obra anterior, formando um eixo com *Grande Budha*. Neste ponto geográfico, Felix instalou uma enorme chapa de aço (de 51 metros e 41 toneladas), apoiada sobre uma sequência de tocos de eucalipto e rodeada por 22 mudas de figueiras-do-mato. Também aqui o

7. Esses vídeos podem ser conferidos no site do artista.

trabalho *está acontecendo*, sendo que a escultura incorpora como sua duração o tempo natural. Não importa que ela seja "inacabada" (o tempo de crescimento e vida das figueiras é de no mínimo 250 anos), e sua experiência transcende o aqui-e-agora. É provável (ou não) que no futuro, o qual não iremos presenciar, a chapa seja definitivamente incorporada à paisagem linear dos pampas. Sua visibilidade não está restrita ao presente.

Em *Vazio Coração Deserto*, a medida é o tempo humano: os batimentos cardíacos do artista. Felix viaja até o deserto do Atacama, no Chile, a fim de fotografar a imensidão espacial da paisagem, que apesar de diferente, mantém características semelhantes à Amazônia e aos Pampas. Nesse caso, a ação consiste em medir o tempo de pulsação de seu coração e, aferida a velocidade (pouco mais de um segundo), essa é aplicada à câmera por meio do controle de sua abertura e assim é tirada a foto. As fotografias, que não são visualmente controladas pelo artista, revelam imagens estouradas, quase sem nada a ser visto, devido o longo tempo de exposição e a luminosidade excessiva da paisagem. Aqui, o instante parece se materializar como infinito, como espaço ilimitado.

Por fim, a última ponta da cruz é definida pela escolha de uma coordenada que se materializa no litoral do Ceará. *Vazio Coração Litoral* é uma ação em que Felix vai até a praia Redonda e deixa, num trecho conhecido como Ponta Grossa, uma esfera maciça de mármore italiano, cravejada de pinos de ferro. Se seguir o curso natural de transformação da matéria, em muitos anos, talvez séculos, o ferro irá oxidar em contato com a água do mar e estourar o volume compacto do mármore, que neste momento se encontra num lugar indeterminado, no fundo do Oceano Atlântico. Aqui, como nos outros casos, há um certo "abandono" do objeto artístico ou da escultura, que em sua forma limitada não interessa ao artista. Pois para ele não importa o destino desses trabalhos, e, sim, o espaço mental que eles criam, a evocação de um tempo e espaço que ele não pode controlar, que está em processo, e cuja experiência se dá pela imaginação, que nunca se restringe a uma forma sensível, mas que, por meio dessas ações, ele consegue de algum modo tornar presente. A ativação da nossa consciência sobre esses *deslimites*, a partir de uma forma total, que no fundo é *formless*, é o que importa, muito mais do que o projeto como objeto acabado.

É evidente que cada um destes trabalhos instiga outras leituras, e com certeza podemos dizer que apesar do abandono do objeto descrito acima, Felix é um dos poucos artistas contemporâneos que sabe e faz questão de utilizar os materiais tradicionais da escultura. Por isso, sua produção também levanta questões sobre a eternidade da arte, que foi simbolicamente interpretada, como se sabe, a partir do caráter eterno da escultura clássica. Também seria completamente plausível pensar em *Cruz na América* como um questionamento permanente da relação entre arte e natureza, recorrente em outros trabalhos do artista. Isso só demonstra, mais uma vez, a potência de sua produção que, como observou o crítico de arte Luiz Camilo Osório (*apud* Ayerbe & Palhares, 2015, p. 124), "revela seu interesse em ampliar a noção de forma, pondo em tensão o percebido, o concebido e o sugerido". A meu ver, a poética de Felix é orientada por esse desejo de instaurar ou revelar hiatos, lacunas expressivas nas quais o pensamento se concentra como uma espécie de núcleo de energia em expansão. O que é sem expressão ou inexpremível é, de alguma maneira, conservado nesses espaços "entre" a concretude sensível da arte e seu processo mental.

Referências bibliográficas

ARGAN, G.C. *Arte moderna*. São Paulo: Companhia das Letras, 2002.

AYERBE, J. & PALHARES, T. (eds.). *Nelson Felix - OOCO*. São Paulo: Pinacoteca do Estado, 2015.

BARNETT, N. "Interview with David Sylvester". In: *Barnett Newman: Selected Writings and Interviews*. Los Angeles: University of California Press, 1990.

______. "The Plasmic Image". In: STILES, K. & SELZ, P. (orgs.). *Theories and Documents of Contemporary Art*. Los Angeles: University of California Press, 1996.

______. "The Sublime is Now". In: MORLEY, S. (org.). *The Sublime*. London: Whitechapel Gallery, MIT Press, 2010.

FELIX, N. "Entrevista com Nelson Felix". In: *Cadernos EAV 2009: encontros com artistas*. Rio de Janeiro: EAV, 2012.

______. "Da cor do amarelo". In: AYERBE, J. & PALHARES, T. (eds.). *Nelson Felix - OOCO*. São Paulo: Pinacoteca do Estado, 2015.

FOSTER, H. *et al. Art Since 1900: Modernism, Antimodernism, Postmodernism*. V. 2. New York: Thames & Hudson, 2004.

LYOTARD, J.-F. *O inumano: considerações sobre o tempo*. Lisboa: Editorial Estampa, 1997.

WITTGENSTEIN E LYOTARD:
jogos de linguagem estéticos e o sublime pós-moderno

Nuno Ribeiro[1]

Os escritos de Wittgenstein, após o seu retorno a Cambridge e à filosofia, em 1929, e o pensamento de Lyotard apresentam inúmeros elementos que nos permitem estabelecer o confronto entre os jogos de linguagem estéticos e o sublime pós-moderno. Com efeito, a estética wittgensteiniana posterior a 1929, ligada ao desenvolvimento do conceito de jogos de linguagem, contém inúmeros dados de fundamental relevo para efetuar o paralelo entre o pensamento estético de Wittgenstein e o pensamento de Jean-François Lyotard a respeito da estética pós-moderna. A importância do pensamento wittgensteiniano, relativo aos jogos de linguagem, para a problematização das questões ligadas ao pós-moderno em Lyotard encontra-se explicitamente expressa no capítulo 3 de *A condição pós-moderna*, intitulado "O método: os jogos de linguagem". Lemos nesse capítulo a respeito da concepção wittgensteiniana de jogos de linguagem:

> Quando Wittgenstein, recomeçando, do zero, o estudo da linguagem, centra sua atenção sobre os efeitos dos discursos, ele chama de jogos de linguagem aos diferentes tipos de enunciados que ele caracteriza dessa maneira, dos quais nós enumeramos alguns. Ele significa com este termo que cada uma dessas diversas categorias deve poder ser determinada por regras que especifiquem as suas propriedades e o uso que podemos fazer delas, exatamente como um jogo

1. Doutor em Filosofia – na área de Estética – pela Universidade Nova de Lisboa. Realiza atualmente uma pesquisa de pós-doutorado, na Universidade Federal de São Carlos – Departamento de Filosofia e Metodologia das Ciências, com apoio da Fundação de Amparo à Pesquisa do Estado de São Paulo (Processo nº: 2012/12102-0).

de xadrez se define por um grupo de regras que determinam as propriedades das peças, isto é, a maneira conveniente de deslocá-las. (Lyotard, 1979, p. 22)[2]

Este trecho de *A condição pós-moderna* põe em evidência a importância da filosofia de Wittgenstein, em especial, do conceito de jogos de linguagem e do estudo dos diversos efeitos dos discursos, como base para a constituição do método para a análise das questões ligadas à condição pós-moderna. O conjunto de problemáticas relativas aos jogos de linguagem presente em *A condição pós-moderna* viria a ter reflexo nas considerações estéticas desenvolvidas noutro texto de Lyotard, intitulado "Resposta à pergunta: o que é o pós-moderno?", no qual o autor francês extrai as consequências estéticas das teses desenvolvidas no livro *A condição pós-moderna*.

O texto "Resposta à pergunta: o que é o pós-moderno?" é desenvolvido, em grande medida, como contraposição às teses elaboradas por Jürgen Habermas no texto "Modernidade - um projeto inacabado" (Habermas, 1990) e, em especial, às objecções dirigidas por Habermas aos pós-modernos, que são denominados por esse autor como "neoconservadores". Em resposta às teses desenvolvidas em "Modernidade - um projeto inacabado", Lyotard acusa Habermas de considerar erroneamente que a arte tenha a capacidade de reconciliar e unificar os discursos do conhecimento, da ética e da política, isto é, tipos de discursos diferentes e que, por conseguinte, constituem-se como irreconciliáveis. Lemos, nesse sentido, a seguinte passagem de "Resposta à pergunta: o que é o pós-moderno?": "O que Habermas exige às artes e à experiência que elas proporcionam, é, em suma, lançar uma ponte sobre o abismo que separa o discurso do conhecimento, o da ética e o da política, e abrir, assim, uma passagem a uma unidade da experiência" (Lyotard, 2005, p. 15-16).

É, então, na sequência da crítica dirigida a Habermas, relativa à incapacidade da arte em reconciliar diferentes tipos de discursos, que Lyotard desenvolve no texto "Resposta à pergunta: o que é o pós-moderno?" as suas considerações relativas à estética pós-moderna. No entanto, para se compreender o desenvolvimento das considerações relativas à estética pós-moderna no pensamento de Lyotard, é necessário ter em consideração as questões referentes à estética de Wittgenstein posterior a 1929.

2. As traduções ao longo do texto são da nossa responsabilidade.

Com efeito, apesar de o *Tractatus Logico-Philosophicus* reduzir a estética ao silêncio,[3] isto é, ao domínio daquilo que não pode ser dito com sentido, mas apenas mostrado, encontramos após o retorno de Wittgenstein à filosofia, em 1929, uma reconsideração das temáticas relativas à estética que abrem a possibilidade de se falar de um discurso da arte e sobre a arte. Uma importante pista para se compreender o desenvolvimento da estética de Wittgenstein após 1929 é referida nas "Lições de Wittgenstein em 1930-1933", publicadas por George Edward Moore, nos anos de 1954 e 1955, na revista *Mind*, onde lemos:

> Ele [Wittgenstein] introduziu toda a sua discussão sobre a Estética ao lidar com um problema sobre o significado das palavras, com o qual ele disse que ainda não havia lidado. Ele ilustrou esse problema por meio do exemplo da palavra "jogo", a respeito da qual ele disse duas coisas (1) que, mesmo que exista algo comum a todos os jogos, não se segue daí que isso é o que nós queremos significar ao chamar "jogo" a um determinado jogo, e (2) que a razão pela qual nós denominamos tantas atividades diferentes de "jogos" *não se deve ao fato de existir algo em comum entre todos eles,* mas apenas ao fato de existir "uma transição gradual" de um uso para outro, ainda que nada exista em comum entre os dois polos das séries. E ele parece ter defendido definitivamente que não existe nada em comum nos nossos diferentes usos da palavra "belo", dizendo que nós a usamos "em centenas de jogos diferentes" – que, *e.g.* a beleza de uma face é algo diferente da beleza de uma cadeira ou de uma flor ou da encadernação de um livro. (Moore, 1955, p. 17)

De acordo com Moore, Wittgenstein introduz a discussão acerca da estética ao lidar com o problema sobre o significado das palavras e ilustrando esse problema por meio do exemplo da palavra "jogo". Nas *Lições de Wittgenstein: Cambridge, 1932-1935*, editadas por Alice Ambrose, encontra-se também o seguinte indício sobre a relação entre o pensamento estético de Wittgenstein, após 1929, e o desenvolvimento de jogos de linguagem:

> A palavra "belo" é usada para milhares de coisas diferentes. A beleza da face é diferente da das flores ou dos animais. Que estamos jogando jogos abso-

3. A respeito do caráter inefável da estética no *Tractatus Logico-Philosophicus* remetemos para a proposição 6.421 dessa obra, onde, a propósito do confronto entre estética e ética, Wittgenstein alude à impossibilidade de pôr a estética – assim como a ética – em palavras, pretendendo com isso significar a incapacidade de se produzir proposições estéticas com sentido (Wittgenstein, 1961, p. 146).

lutamente diferentes é evidente pela diferença que emerge da discussão de cada um. Apenas podemos determinar o significado da palavra "belo" ao ver como a usamos. (Wittgenstein, 1979, p. 35-36)

O fato de Wittgenstein escolher a palavra "jogo" para ilustrar a sua discussão acerca da estética constitui-se como uma evidência da conexão entre as questões ligadas à estética no pensamento de Wittgenstein, no início da década de 1930, e a noção de jogos de linguagem. A discussão de Wittgenstein acerca da estética no decurso da década de 1930 deve ser, porém, compreendida no contexto da crítica wittgensteiniana ao essencialismo na estética. O essencialismo na estética é caracterizado pela tendência a considerar o adjetivo "belo" como uma propriedade comum a um universo de objetos, isto é, uma propriedade ou atributo pertencente a um grupo de objetos considerados como belos.[4] Lemos, a este respeito, a seguinte observação no início das *Lições sobre estética*:

> O assunto (Estética) é muito vasto e inteiramente incompreendido, tanto quanto eu consigo ver. O uso de uma palavra como "belo" torna-se ainda mais apto a ser incompreendido se olharmos para a forma linguística das frases nas quais ela ocorre, mais do que as outras palavras. "Belo" [e "bom" - R] é um adjetivo, assim estaremos inclinados a dizer: "Isto tem uma certa qualidade, a de ser belo". (Wittgenstein, 1966, p. 1)

A crítica de Wittgenstein ao essencialismo na estética, isto é, à ideia de que o "belo" é um atributo ou propriedade pertencente a um conjunto de objetos, deve ser compreendida no quadro da atitude antiplatônica wittgensteiniana. De acordo com o texto das *Lições de Wittgenstein*, editado por Alice Ambrose, a atitude platônica é caracterizada pela crença de que a busca pela essência das coisas consiste na busca das propriedades que compõem uma determinada realidade e que se configuram como ingredientes de uma mistura. No texto do curso intitulado "Philosophy" ["Filosofia"], publicado na edição de Alice Ambrose, lemos a seguinte afirmação a esse respeito:

> A ideia de Platão de olharmos para a essência das coisas é muito semelhante à ideia de olharmos para os ingredientes numa mistura, como se, porém, as qualidades fossem ingredientes das coisas. Mas falar de uma mistura, por

4. No que respeita à temática do antiessencialismo na estética wittgensteiniana, remetemos para um capítulo de livro de Terry Diffey intitulado "Wittgenstein, Anti-essentialism and the Definition of Art", que se encontra publicado no livro *Wittgenstein, Aesthetics and Philosophy* (*in* Lewis, 2004).

exemplo, de vermelho e verde, não é falar de uma pintura que tem tinta vermelha e verde como ingredientes. (Wittgenstein, 1979, p. 34)

No entanto, para se compreender de que forma o desenvolvimento do pensamento wittgensteiniano posterior a 1929 nos permite a possibilidade criativa de jogos de linguagem, é necessário ter em consideração a observação 492 das *Investigações filosóficas*, na qual se lê:

> Inventar uma linguagem poderia significar inventar, com base em leis da natureza (ou em consonância com elas), um mecanismo para um determinado fim; mas tem também outro sentido, análogo a esse, em que falamos da invenção de um jogo.
>
> Aqui, afirmo algo sobre a gramática da palavra "linguagem" ao pô-la em relação com a gramática da palavra "inventar". (Wittgenstein, 2009, p. 145)

Nessa observação, Wittgenstein apresenta a explícita conexão entre a gramática da palavra "linguagem" e a gramática da palavra "inventar", contemplando a possiblidade criativa da invenção de um jogo. Porém, esta possibilidade de invenção de um jogo, referida por Wittgenstein, deve ser compreendida à luz do parágrafo 83 das *Investigações filosóficas*, que incide sobre a analogia entre linguagem e jogo, apresentando a possiblidade de invenção de novas regras. Nesse parágrafo, lemos:

> Não nos lança luz aqui a analogia da linguagem com o jogo? Podemos muito bem pensar que pessoas se divertem num prado a jogar com uma bola, que começam diversos jogos conhecidos, jogam outros sem os terminar, entre eles atiram distraidamente a bola ao ar, correm e atiram a bola uns aos outros por brincadeira, etc. E agora dir-se-ia: durante todo este tempo as pessoas no prado jogavam um jogo de bola, e em cada lance guiavam-se por determinadas regras.
>
> E não há também o caso em que jogamos e – "inventamos as regras à medida que avançamos"? E há também aquele que as mudamos "à medida que avançamos". (Wittgenstein, 2009, p. 43-44)

Nessa observação, Wittgenstein refere explicitamente casos em que vamos sucessivamente inventando e até alterando as regras. O exemplo fornecido por Wittgenstein, para levantar a possiblidade de inventar e alterar regras, é o caso de pessoas que começam e alternam entre vários jogos, modificando constantemente as regras dos múltiplos jogos que vão sucessivamente iniciando. No entanto, aquilo que Wittgenstein refere na observação 83 das *Investigações filosóficas* aplica-se igualmente aos jogos de linguagem estéticos ligados à criação de uma obra de arte por duas razões: primeiro, porque a criação de obras de arte corresponde à invenção de novas regras estéticas ou à alteração de regras estéticas pré-existentes e, por conseguinte, à construção de novos jogos de linguagem estéticos; segundo, porque as regras empregues para criar uma obra de arte individual são inventadas à "medida que avançamos", isto é, ao criar uma certa obra de arte, o artista vai sucessivamente alterando as regras para criar o seu objeto, abrindo, dessa forma, novas possibilidades de expressão artística. Todos estes elementos ligados ao pensamento estético wittgensteiniano posterior a 1929 viriam a ter expressão nas considerações relativas ao sublime pós-moderno, em "Resposta à pergunta: o que é o pós-moderno?", de Lyotard.

No texto "Resposta à pergunta: o que é o pós-moderno?", Lyotard parte da distinção entre três tipos de representação artística: a arte realista, a arte moderna e a arte pós-moderna. De acordo com as indicações presentes nesse texto, a caracterização desses três tipos de representação artística não corresponde a uma classificação histórica.[5] De facto, em "Resposta à pergunta: o que é o pós-moderno?" Lyotard apresenta o ensaio de Montaigne como pós-moderno e o fragmento do romantismo alemão, que é temporalmente posterior, como moderno.[6] O realismo, por outro lado, também não coincide com aquilo que habitualmente é considerado como o movimento realista na arte. Assim, a diferença entre as formas de arte realista, moderna e pós-moderna diz respeito à relação de cada um desses tipos de arte com as crenças e representações estabelecidas acerca da realidade, isto é, com os jogos de linguagem pré-existentes e estabelecidos.

O tipo de representação artística realista é caracteriza pela circunstância de se constituir como um mero espelho ou exigência de satisfação das crenças e representações que uma determinada cultura estabelece e impõe. Assim, a arte realista é caracterizada pela incapacidade de pôr em causa as representações e ideias acerca da realidade, isto é, pela circunstância de não fomentar o potencial que a arte tem de questionar aquilo que assumimos como realidade e de desafiar os jogos de linguagem pré-estabelecidos.

---

5. Concordamos, neste ponto, com a interpretação de Simon Malpas (2003, p. 33-50), apresentada no capítulo 2 – intitulado "Art, the sublime and the postmodern" – do seu livro *Jean-François Lyotard*, que defende justamente o caráter não histórico da distinção de Lyotard entre arte realista, arte moderna e arte pós-moderna, tal como caracterizadas em "Resposta à pergunta: o que é o pós-moderno?".

6. "Parece-me que o ensaio (Montaigne) é pós-moderno e o fragmento (o Athenäum) moderno" (Lyotard, 2005, p. 31).

Lemos, nesse sentido, o seguinte trecho de "Resposta à pergunta: o que é o pós-moderno?" (2005, p. 20-21): "O realismo, cuja única definição é a de que entende evitar a questão da realidade implícita da arte, encontra-se algures entre o academicismo e o *kitsch*".

Em alternativa ao modo de representação artística realista, o texto "Resposta à pergunta: o que é o pós-moderno?" apresenta a arte moderna e a arte pós-moderna como desafiadoras das crenças e representações estabelecidas no realismo artístico. Lyotard analisa especificamente a distinção entre o sublime moderno e o sublime pós-moderno como tipos de representações artísticas opostas ao realismo estético. Com efeito, o ponto de partida para a análise que Lyotard faz da questão do moderno e do pós-moderno é impulsionada pela ideia kantiana de sentimento do sublime como um sentimento ligado à experiência de falha da imaginação. Em outros termos, quando essa tenta representar um objeto – no caso de Kant, ligado às ideias da razão – para o qual não é possível apresentar uma representação adequada e que, portanto, se encontra para lá da potencialidade que a imaginação tem de representar, constituindo-se o objeto, de acordo com o autor francês, como o "impresentificável". Lemos, nesse sentido, a seguinte passagem, de Lyotard, acerca do sublime em Kant (2005, p. 25): "O sublime é outro sentimento. Tem lugar quando, ao contrário, a imaginação falha ao apresentar um objeto que venha, mesmo que seja em princípio, entrar em acordo com um conceito".

Assim, tendo por base o sentimento de sublime, Lyotard define a representação artística moderna como a forma de arte que assenta na ideia de presentificação de que há algo impresentificável. É justamente isso que lemos na seguinte passagem de "Resposta à pergunta: o que é o pós-moderno?":

> Chamarei moderna à arte que consagra a sua "pequena técnica", como dizia Diderot, a presentificar que há algo de impresentificável. Fazer ver que há algo que não podemos conceber e que não podemos ver nem fazer ver: eis o propósito da pintura moderna. (Lyotard, 2005, p. 26)

Deste modo, encontrando-se assente na ideia da presentificação de que há algo impresentificável, a arte moderna põe em causa o tipo de discurso e, por conseguinte, os jogos de linguagem subjacentes à forma de representação artística realista.

Em contraposição à arte moderna, Lyotard define a representação artística pós-moderna como a forma de arte caracterizada por presentificar o impresentificável na própria presentificação. Lemos, nesse sentido, o seguinte trecho de "Resposta à pergunta: o que é o pós-moderno?":

> O pós-moderno seria aquilo que, no moderno, alega o impresentificável na própria presentificação; aquilo que se recusa à consolação das boas formas, ao consenso de um gosto que permitiria sentir em comum a nostalgia do impossível; aquilo que se inquire com presentificações novas, não para desfrutá-las, mas para melhor fazer sentir o que há de impresentificável. (Lyotard, 2005, p. 31)

Assim, se o sublime moderno é caracterizado por desafiar os jogos de linguagem da representação artística realista, ao evocar o impresentificável como conteúdo ausente, o sublime pós-moderno desafia os jogos de linguagem do realismo artístico ao criar novos jogos de linguagem e, por conseguinte, novas regras que evoquem o impresentificável na própria presentificação. É isso que nos diz Lyotard (2005, p. 31) no seguinte trecho:

> Um artista, um escritor pós-moderno está na situação de um filósofo: o texto que escreve, a obra que realiza, não são por princípio governadas por regras previamente estabelecidas, e não podem ser julgadas por meio de um juízo determinante, pela aplicação a esse texto, a essa obra, de categorias conhecidas. Essas regras e essas categorias são o que a obra ou o texto procura. O artista e o escritor trabalham, portanto, sem regras e para estabelecer as regras daquilo que *foi feito*.

A caracterização do trabalho do artista pós-moderno como uma atividade que não é governada por regras previamente estabelecidas, como apresentada por Lyotard nesse texto, permite-nos compreender a relação entre os jogos de linguagem estéticos na filosofia de Wittgenstein, posterior a 1929, e a noção de sublime pós-moderno em Lyotard. Tal como na caracterização wittgensteiniana da possiblidade de inventar e alterar novas regras como condição da produção de novos jogos de linguagem, que desafiem regras e jogos previamente estabelecidos, assim também o artista pós-moderno, ao criar novas regras que permitam presentificar o impresentificável na própria presentificação, desafia as regras e ideias previamente estabelecidas. Tanto a concepção de arte em Wittgenstein, após 1929, quanto o pensamento de Lyotard acerca da arte pós-moderna, constroem uma imagem do trabalho do artista como uma atividade caracterizada pela progressiva invenção e alteração de regras que abram a possibilidade da construção de novos jogos de linguagem. Todos estes elementos constituem-se como indícios da importância da concepção wittgensteiniana de jogos de linguagem estéticos para a construção e consolidação da forma de representação artística pós-moderna no pensamento de Jean-François Lyotard.

Referências bibliográficas

DIFFEY, T. "Wittgenstein, Anti-essentialism and the Definition of Art". In: LEWIS, P. (ed.). *Wittgenstein, Aesthetics and Philosophy*. Aldershot/Burlington: Ashgate, 2004. p. 37-51.

HABERMAS, J. "Die Moderne – ein unvollendetes Projekt". In: *Die Moderne – ein unvollendetes Projekt: Philosophisch-politische Aufsätze 1977-1990*. Leipzig: Reclam, 1990. p. 32-54.

LYOTARD, J.-F. *La Condition Postmoderne*. Paris: Les Éditions de Minuit, 1979.

______. "Réponse à la question: qu'est-ce que le postmoderne?" In: *Le Postmoderne expliqué aux enfants: Correspondance 1982-1985*. Paris: Éditions Galillée, 2005. p. 11-32.

MALPAS, S. *Jean-François Lyotard*. London/New York: Routledge, 2003.

MOORE, G. Wittgenstein's Lectures in 1930-33 – Part III. *Mind*, v. 64, p. 1-27, 1955.

WITTGENSTEIN, L. *Lectures and Conversations on Aesthetics, Psychology and Religious Belief*. Ed.: C. Barrett. Oxford: Blackwell, 1966.

______. *Philosophical Investigations/Philosophische Untersuchungen*. Revised 4th ed.: P.M. Hacker and J. Schulte. Tr.: G. E. M. Anscombe, P. M. S. Hacker and Joachim Schulte. Oxford: Wiley-Blackwell, 2009.

______. *Tractatus Logico-Philosophicus/Logisch-Philosophische Abhandlung*. With a new Tr.: D. F. Pears & B. F. McGuinness. Introduction by Bertrand Russell. London: Routledge & Kegan Paul, 1961.

______. *Wittgenstein's Lectures*: Cambridge, 1932-1935. Ed.: A. Ambrose. Oxford: Blackwell, 1979.

O TRÁGICO EM HÖLDERLIN

Solange Aparecida de Campos Costa[1]

Itinerário do poeta

Friedrich Hölderlin (1770-1843), poeta contemporâneo dos românticos, escreveu poesias e textos que congregam trabalhos inacabados, projetos e pensamentos aforismáticos, os quais revelam uma compreensão fundamental de seu tempo. A herança poética legada por Hölderlin marcou e continua a marcar a literatura europeia e, ainda hoje, é objeto de estudo em todo o mundo. Nela encontramos as raízes da poesia moderna, em sua vertente mais radical, na tradição e espírito alemães. Hölderlin nasce em um tempo de discussões acirradas, sob a influência da Revolução Francesa e todo o movimento cultural que se abre. Divide espaço com Schiller, Schelling, Hegel, Goethe, e, no decurso dessas experiências, também faz avançar a discussão sobre a diferença entre o homem antigo e o moderno.

O presente artigo consiste na discussão do conceito de tragédia para o poeta alemão Friedrich Hölderlin (1770-1843) e na demonstração de como o trágico e sua realização poética na modernidade revelam-se possíveis para ele.

No universo reflexivo de Hölderlin, o trágico é um elemento vital no processo de criação; analisar a tragédia torna-se, assim, essencial para entender o que define a poética clássica e a moderna.

1. É doutora em Filosofia pela Universidade Federal da Paraíba (UFPB). Professora Adjunta do Curso de Filosofia da Universidade Estadual do Piauí (UESPI).
E-mail: solange@uespi.br ou solange@terral.tur.br

Hölderlin, embora receba influência das discussões do período e planeje definir uma poética propriamente alemã, isto é, possua um sentido aguçado do pátrio, faz, ainda assim, uma crítica ao modo de pensar alemão, questionando o apego exagerado à terra natal e o espírito egoísta. Para Hölderlin, o alemão não sabe se reconhecer enquanto comunidade complexa, não consegue constituir a relação com a universalidade que confere identidade ao indivíduo. Em uma carta ao irmão Karl Gock, datada de 1º de janeiro de 1799, Hölderlin (1994, p. 121) afirma:

> É que as virtudes e os defeitos mais comuns dos alemães consistem num caráter caseiro imensamente limitado [...]. Daí a falta de elasticidade, de instinto, de desenvolvimento, múltiplo de forças, daí a timidez sombria e excludente e também o fervor temeroso, cego e submetido com que acolhem tudo o que se acha fora de sua própria esfera, de seu medo. Daí também a insensibilidade frente ao próprio e à honra comunitários que, sem dúvida, é uma característica universal dos povos modernos, mas que, em minha opinião, se dá nos alemães em grau máximo. Somente quem habita a liberdade dos campos é que pode satisfazer-se em seu quarto.

Por ser por demais fechado em sua própria singularidade, reverenciando apenas o que vem do local de origem como verdade absoluta, os textos alemães parecem cristalizados em si mesmos. O espírito alemão, segundo Hölderlin, peca por falta de flexibilidade, por sucumbir ao medo de estender sua compreensão além dos limites do seu território. Dentro dessa compreensão, Hölderlin crítica o espírito alemão na obra *Hipérion*, pelas palavras de seu protagonista:

> São palavras duras, mas vou dizê-las porque é verdade: não consigo imaginar um povo tão dilacerado como os alemães. Você vê artesãos, mas não homens; pensadores, mas não homens; sacerdotes, mas não homens; senhores e servos, jovens e pessoas sérias, mas não homens... Não parece um campo de batalha no qual mãos, braços e todos os membros esquartejados jazem misturados, enquanto o sangue derramado da vida se desvanece na areia? (Hölderlin, 2003, p. 159)

A primeira incursão hölderliniana para escrever uma obra tipicamente alemã se faz no chamado romance de formação [*Bildungsroman*] quando escreve *Hipérion*. A obra relata a educação do herói desde a infância na natureza até a escolha de uma vida retirada e solitária. Já nessa primeira obra, situada na Grécia moderna, Hölderlin faz referência ao antigo e ao moderno, mas de forma diferente da apreensão que só se desenvolverá nos textos posteriores. No entanto, Hölderlin percebe que, se a poesia se mostra como acesso mais imediato à natureza, e a natureza se relaciona com o homem por meio de contradições, então o gênero que mais abrange as oposições entre homem e natureza é propriamente a poesia trágica. Hölderlin termina *Hipérion* e passa a tentar escrever uma tragédia moderna. Segundo Hölderlin (1994, p. 63):

> O significado das tragédias se deixa conceber mais facilmente no paradoxo. Na medida em que toda capacidade é justa e igualmente partilhada, tudo o que é original manifesta-se não na sua força originária, mas, sobretudo, em sua fraqueza, de forma que a luz da vida e o aparecimento pertencem, própria e oportunamente, à fraqueza de cada todo.

O poeta planeja, partindo dessa ideia, escrever uma tragédia moderna: seu objetivo é saber se é possível realizar no trágico a problemática de sua época.

Hölderlin passa, então, a escrever *A morte de Empédocles*. Esse projeto se arrasta por dois anos e acaba fracassando. Entretanto, o que faz seu plano de produzir uma tragédia moderna falhar? Hölderlin tenta compor uma tragédia nos padrões gregos, a própria aspiração de Empédocles de se unir ao todo se lançando à morte acaba utilizando os modelos trágicos clássicos. A morte do herói é grega, mas a antecipação especulativa do fundamento da existência é moderna. Empédocles, tal como os heróis trágicos clássicos, cumpre seu destino com a morte, no entanto, os heróis modernos sofrem o fado de continuar vivendo, a sina da modernidade é continuar vivendo uma morte em vida. "Talvez fosse necessário dizer que Empédocles é ainda 'demasiado grego' e que reagiu como um grego num tempo marcado pela oposição, tipicamente moderna, entre arte e natureza" (Dastur, 1994, p. 175). Empédocles age precipitadamente, se antecipa à própria ação do drama. O herói trágico possui inquietações modernas, deseja absorver todas as oposições, mas isso se mostra impossível. O ato torna-se sem sentido porque a própria tragédia não acontece.

> Se o tema da tragédia é, de fato, a justificação do suicídio especulativo, podemos então compreender que Hölderlin abandonou seu projeto precisamente porque, durante a elaboração da tragédia, a ele se revelou a necessidade de

sustentar a separação e de compreender que os hespéricos devem retornar a sua sobriedade natural. (Dastur, 1994, p. 178)

Hölderlin ao perceber a impossibilidade de realizar uma tragédia moderna se pergunta, então, em que condições a tragédia é possível? A partir disso, como fazer uma tragédia? O autor percebe a importância de se voltar para a origem do trágico e é em Sófocles que ele busca encontrar o fundamento que forneça subsídios para escrever uma tragédia moderna. Contudo, por que a tragédia de Sófocles e não a de Ésquilo e nem de Eurípides? Porque, no trágico sofocliano, Hölderlin percebe o afastamento do divino. "Para Hölderlin, o trágico de Sófocles é o documento essencial do afastamento categórico do divino, que é, a seus olhos, a verdadeira essência da tragédia, que nem Ésquilo, nem Eurípides conseguiram 'objetivar' plenamente" (Beaufret, 1983, p. 20).

As peças de Ésquilo apresentam a relação entre homem e deus de forma definida e imutável, por isso o herói sofre: porque as relações já estão estabelecidas. Os heróis conhecem o limite e voluntariamente o transgridem, cometendo a *hybris* desafiam o divino. Em Eurípides, já ocorre uma mudança na representação do trágico (que, a partir de então, entra em decadência) e os deuses passam a atuar na trama, influindo na ação da peça.

Em Sófocles, os deuses não estão presentes senão por meio de um signo: a memória, a lei, a justiça. Da ausência divina, portanto, ou da falta do limite que separe o homem e o deus, constitui-se a força da tragédia. Nas peças de Sófocles, sobretudo as escolhidas por Hölderlin, a ação se concentra no homem que quer assumir o lugar dos deuses ausentes.

Hölderlin, para compreender o fundamento do trágico, passa a traduzir duas peças sofoclianas: *Édipo Rei* e *Antígona*. Na tarefa da tradução, o que está em voga não é apenas a passagem de uma língua para outra, mas a aproximação do sentido originário.[2] A tradução faz-se, portanto, como recriação da origem. Por quê? Ora, porque aquele significado patente que estava vinculado à palavra se perde com o tempo. Então, o grego no seu sentido originariamente grego não mais existe, o que permanece é a possibilidade do resgate pela via da tradução enquanto retomada do vigor essencial que somente a palavra rigorosamente articulada pode fazer surgir. O que

2. Segundo Lacoue-Labarthe (1998), a tarefa da tradução hölderliniana faz uso de uma apreensão diferenciada do próprio conceito de *mímesis*, ou seja, a tradução do grego para o alemão não é uma imitação, um reflexo de um tempo distante, mas a reconstrução da fala original, a repercussão da própria natureza em outra fala.

se almeja revelar com o trabalho de tradução é a experiência autêntica do trágico, a vivência inicial de seu surgimento, encontrando, desse modo, a força que mantém a possibilidade de sua presença. "O que se leva de uma língua para outra, de uma arte para outra, não são os fatos ou coisas possíveis de designação, mas a palavra, ou seja, a experiência do fundo da existência" (Cavalcante, 1994, p. 12). Então, ao traduzir Sófocles, Hölderlin revive e faz reviver o trágico. Por isso, as mudanças que o autor faz no texto (tão criticadas pelos filósofos do seu tempo como Hegel e Schelling) visam recriar o ambiente e a forma poética.

As traduções de *Édipo Rei* e *Antígona* são acompanhadas de comentários e interpretações chamadas *Observações*. São esses textos hölderlinianos que, depois de um trajeto de investigação que inicia com a influência do Romantismo, passa pelas primeiras poesias e o romance de formação, culmina com a tarefa da tradução enquanto recriação, tornam seu pensamento sobre a tragédia maduro. As concepções que ali aparecem revelam uma unidade e novidade na acepção do processo trágico. Nesse ponto Hölderlin retoma, portanto, a diferença entre gregos e modernos, já prenunciada no *Hipérion*. No entanto, sua leitura é outra, o que deseja é conhecer como aconteceu o processo trágico na Antiguidade, por que ele finda e em que medida o moderno pode produzir um trágico autêntico de forma a ultrapassar o limite a que chegou o trágico no modelo antigo. Sua visão mostra-se poética, não histórica. O que Hölderlin deseja, portanto, não é imitar os gregos, mas criar um trágico genuinamente moderno, autônomo e independente de qualquer modelo.

A acepção hölderliniana do trágico antigo

Para esclarecer como se fundamenta a concepção hölderliniana do trágico moderno, lembremos antes da definição da tragédia como paradoxo onde o originário, a natureza, só pode surgir de sua fraqueza, de um signo que represente a sua força. "Em sentido próprio o originário pode apenas aparecer em sua fraqueza" (Hölderlin, 1994, p. 63). Assim, o fundamento da tragédia se estabelece na busca da origem (que só aparece através de um outro). Essa origem, Hölderlin a define como elemento pátrio, ou seja, a natureza própria de um povo. O pátrio se modifica de uma nação para outra, de um tempo para outro, pois a natureza se revela por meio de realidades diferentes.

Para o grego nativo, o originário, o elemento de sua natureza era o "fogo do céu";[3] ou seja, na natureza aórgica e incontida revelava-se o próprio desse povo. O próprio é entendido aqui como condição original. Para nós, os modernos (e, hoje, os contemporâneos), o que caracteriza nossa força própria é o "instinto de formação", uma predisposição a representar e conceitualizar o conhecimento, o emprego da lógica e da análise ordenada. Para os gregos, o pátrio era o instinto da natureza, e o que impulsionava os homens era a presença do sagrado e um furor entusiástico provindo de uma relação íntima com a natureza; para nós, o elemento original concentra-se na capacidade de definição, na instituição de limites e na ordenação de dados. "Acredito que para nós a clareza da representação é, originariamente, tão natural como foi, para os gregos, o fogo do céu" (Hölderlin, 1994, p. 132).

Para que os gregos pudessem produzir arte, segundo Hölderlin, foi preciso que ultrapassassem o limite do seu próprio e conquistassem o que lhes era estrangeiro, pois a arte (aqui inserida como a tragédia) consiste na sua efetivação por meio de um elemento estranho (originário - outro, próprio - estranho, todo - unidade); a natureza não pode aparecer em sua plenitude, e a arte (tal como a filosofia e a religião, dirá o poeta em outros textos esparsos) se caracteriza como uma forma de expô-la. Esse processo de exposição deve conservar e instigar a relação de surgimento e repouso entre o pátrio e o estranho, de modo a manter uma interdependência entre eles. Assim sendo, foi preciso que os gregos superassem o "fogo do céu", sua natureza extática, para apropriar-se da ordem e da definição de limites. Pode-se perceber isso quando a arte homérica espalha-se na Grécia.

No entanto, não é somente a conquista do estranho que possibilita a arte, mas, como afirma Hölderlin, o "livre-uso do próprio". Nesse sentido, obtendo conhecimento daquilo que é contrário à nossa natureza, pode-se

3. O "fogo do céu" é o fogo divino e representa na mitologia grega o conhecimento, *a techné*. Prometeu, titã grego, teria roubado o "fogo do céu" de Zeus para dá-lo aos homens, que assim puderam evoluir e distinguir-se dos outros animais. Os homens, a partir de então, tinham a habilidade de modificar os elementos da natureza. Zeus furioso pela insolência do titã o aprisionou num rochedo, onde todos os dias uma águia ia comer-lhe o fígado que, sendo Prometeu imortal, voltava a regenerar-se. Esse castigo perdurou por longos anos. A história de Prometeu é narrada nas obras *Teogonia* (2003) e *Os trabalhos e os dias* (1990) de Hesíodo. Outra referência importante é a tragédia: *Prometeu acorrentado* de Ésquilo (1993), que narra o suplício do titã.

retornar a ela, para, então, entendê-la e manifestá-la livremente. A arte, dessa forma, consiste na oposição entre o pátrio e o estranho (ao que concerne a nossa natureza e ao desconhecido – o diferente, o outro). Ela se funda na relação em que ora um emerge, ora outro. Portanto, é preciso, antes, dominar o estranho para que o próprio seja completamente desvendado.

Hölderlin fala, no *Fundamento para Empédocles,* do vínculo entre o orgânico e o aórgico. Esses dois elementos nada mais são que outra denominação do pátrio (próprio) e o estrangeiro (estranho). Esse vínculo reflete uma ligação primeira, a dicotomia fundamental da natureza mesma que transparece tanto na realidade efetiva como na criação artística. Assim, podemos citar, por exemplo, as seguintes oposições constitutivas da poesia: materialidade da forma *versus* abstração do conceito; sonoridade e ritmo *versus* encadeamento prosaico da língua cotidiana; emprego das formas fixas da tradição literária *versus* criação de novas formas; o comportamento pré-determinado *versus* ato individual. Pode-se dizer que um modo possível de a arte se manifestar consiste na luta constante entre o próprio e o estranho. A própria relação entre arte e natureza advém dessa contraposição harmônica. "Na pureza da vida, arte e natureza só podem se contrapor harmonicamente. A arte á a florescência, a plenitude da natureza. A natureza só se torna divina pela ligação com a arte, em espécie distinta mas harmônica" (Hölderlin, 1994, p. 82). Assim sendo, pode-se entender que no reconhecimento do estranho para o livre-uso do próprio cada um leva o outro para sua plena realização, abrindo espaço para que a natureza transpareça na arte. Para que isso aconteça é preciso pensá-los não como excludentes, mas como forças que no seu próprio movimento de contraposição se criam e se recriam. No embate, ambos se efetivam.

Os gregos não conseguiram, entretanto, realizar o movimento constante entre o próprio e o estranho. Tendo superado o próprio, eles acabaram por se deter somente na exploração do estranho. Foi pelo apego em demasia à sobriedade homérica, segundo Hölderlin, que a arte luminosa da Grécia findou. Pode-se afirmar, então, que a exaltação (e permanência) exagerada em apenas um desses polos (pátrio/estranho) leva a arte para o declínio. O término da oposição, quer pela constância da forma comedida, quer pela animosidade aórgica, destrói a possibilidade do livre-uso do próprio e, portanto, a possibilidade da arte. "Os gregos não foram capazes de retornar ao que lhe era propriamente pátrio, morrendo de excesso de arte porque não conseguiram conciliar em si mesmos natureza e cultura" (Dastur, 1994,

p. 152). Conciliar natureza e cultura é instigar a existência do próprio e do estranho, ou seja, instigar o movimento da oposição harmônica entre eles, da qual a arte resulta.

Para que a arte surja, é preciso o movimento de embate contínuo entre contrários, homem e deus, próprio e estranho. A tentativa de um desses polos de assenhorar-se completamente do movimento acaba por levá-los à estagnação. Contudo um quer sobrepujar o outro. Quando um se sobressai, o outro apenas momentaneamente se retira, pois é com a queda de um que o outro aparece em seu vigor próprio, sem, no entanto, ocorrer o aniquilamento pleno de qualquer um dos dois. Pelo sacrifício de Édipo, por exemplo, é que o destino, a sentença oracular, a voz de deus se efetiva; isto é: com o declínio do herói, cumpre-se a palavra do oráculo.

Hölderlin afirma que o trágico se funda no extraordinário, a saber; a união ilimitada entre deus e homem. A união entre esses dois extremos na tragédia edipiana acontece, por um lado, pela presença do oráculo, a voz divina que se revela a Édipo; e, por outro lado, pela tentativa de Édipo de interpretar exageradamente o oráculo. Édipo age como se lhe fosse legítimo assumir o lugar do divino, portanto, não busca aproximar-se do deus, mas pôr-se no seu lugar, assumindo papéis que não lhe competem, quer como homem, quer como soberano de Tebas.

Sobre a compreensão hölderliniana do trágico moderno

Tratamos, há pouco, da distinção entre gregos e modernos no que tange à relação entre o próprio e o estranho. O que era nativo (próprio) ao grego era o "fogo do céu", e ao moderno, o "instinto de formação". Na passagem a seguir, Hölderlin se refere à modernidade como um tempo de ócio, onde vige a inoperância do divino, onde aquela presença efetiva do deus não existe mais: "num tempo de ócio deus e homem se compartilham na forma da infidelidade, essa que tudo pode esquecer, pois a infidelidade divina é o que há de melhor para se preservar a fim de que o transcurso do mundo não possua nenhuma lacuna e a '*memória do celeste não escape*'" (Hölderlin, 1994, p. 100).

Enquanto, em *Édipo Rei*, o herói se descobre apartado da presença divina e a ele se impõe a tarefa de assumi-la até o fim, condenando-se ao exílio, nas outras tragédias – de Ésquilo e Eurípides –, ao declínio do herói sucede geralmente a morte, e o deus é que estabelece sua sentença.

Segundo as *Observações sobre Édipo*, após o afastamento do divino deus e homem se relacionam pela infidelidade. O deus é infiel porque se afasta do homem; não que ele deixe de existir, sua força continua vigorando, mas isso se dá sob uma nova forma, a do seu afastamento, na voz do oráculo, por exemplo. O divino age agora por meio da lembrança. Ao homem cabe a tarefa de aceitar o afastamento do deus, como única forma possível de acesso ao divino devendo, então, cuidar da lembrança do sagrado, preservá-la. Pode-se entender a superação da infidelidade divina (a retirada do deus), no texto de Hölderlin, como uma empreitada que cabe ao homem assumir; só tornando sua essa tarefa é que o homem pode preservar a lembrança do divino. Por isso, Édipo aparece, segundo Jean Beaufret, como *athéos*: Édipo é o sem deus, ele é o herói abandonado pelo divino, cabe a ele agora assumir a sua existência a partir da falta do deus. Édipo não é morto e nem condenado a agonizar no cume de um rochedo como Prometeu fora, o deus não lhe impõe nenhuma pena, isto é, ele não recebe nenhum castigo como uma sentença a ser cumprida. O que Édipo sofre é o abandono do deus e o que ele pode fazer é apenas assumir a sina de tal solidão. Por isso, pode-se afirmar que a tragédia de Édipo é moderna, porque nela a palavra é mortificante, não leva à morte ou à destruição como notadamente acontece nas outras peças, mas a continuação da morte em vida. Assim, Édipo assume a si mesmo como aquele sem lugar. Não é um deus que lhe condena ao exílio, mas sua própria palavra, que é trágica:

> A palavra trágica é mais mediata, quando atinge o corpo mais sensível, ou mais imediata, quando atinge o corpo mais espiritual. A apreensão, a captura do espírito, que se dá no caso da palavra mortificante, é mais imediata porque, neste caso, a palavra age diretamente na esfera espiritual. A palavra mortificante é a que atinge o espírito, sem acabar em assassinato ou morte; é a que produz uma morte sem morte, uma morte em vida: a morte lenta de um longo exílio, de uma longa errância. Édipo é uma tragédia da palavra mortificante, uma verdadeira tragédia moderna. (Machado, 2006, p. 164)

Nas *Observações*, Hölderlin dá indicações de que, ao fazer seu tal desígnio, o do afastamento do deus, Édipo pode viver, a partir de então, para realizar essa tarefa. O destino de Édipo se configura, desse modo, em tomar sobre si a infidelidade divina. Beaufret (1983, p. 21, tradução nossa) expõe a seguinte pergunta sobre Édipo: "Qual é então seu destino? Aprender a assumir, ou seja, a fazer seu um tal abandono".

À infidelidade divina segue a infidelidade humana. O homem é, como afirma Hölderlin (1994, p. 100) nas *Observações*, um traidor: "Nesse momento, o homem esquece de si e de deus, e dá as costas, embora de modo sagrado, como um traidor. Nos limites mais extremos da dor, nada mais resta senão as condições do tempo ou do espaço".

Desse modo, segundo Hölderlin, Édipo – a partir da catástrofe, do reconhecimento de si como causador da morte de Laio e do incesto inconscientemente praticado – cede ao esquecimento de si e de deus, esquecimento também necessário para dar vazão a uma relação única com o divino. A partir da infidelidade torna-se acessível ao homem uma memória não mais presa ao antes e depois, a memória é agora aquela que permite a existência do tempo enquanto tal, é aquilo que une o antes ao depois. Entretanto, esse esquecimento não se concede mais a Édipo. Novamente, temos o paradoxo: até então afirmávamos que era preciso manter a memória do divino para conseguir assumir a infidelidade do deus, isto é, seu afastamento. Agora o esquecimento nos aparece como necessário, como imprescindível para poder preservar essa memória.

Ora, esse esquecimento não é contrário à lembrança do divino, ele consiste em olvidar a si mesmo e a deus como formas pré-concebidas, como conceitos já fixados no mundo, para entendê-los desde aquele âmago originário, desde o movimento que permitiu que as formas externas de seu aparecimento fossem possíveis. Esse momento que não é possível quantificar – o momento da dupla infidelidade, do duplo esquecimento, do nascimento de uma nova memória – deixa transparecer a força da natureza que doa ao homem seu destino. "Um tal esquecimento é para o homem, portanto, o nascimento de *uma memória de si mesmo* mais profunda do que tudo que se sabia até então" (Beaufret, 1983, p. 25, tradução nossa).

A modernidade é, portanto, esse tempo de ócio, de "indigência" como diz Hölderlin na Elegia *Pão e Vinho* — *dürfitiger Zeit* (Hölderlin, 1992, p. 59) — pois perdemos os deuses, vivemos sós, estamos em "hora de indecisão" — *der zaudern Weile* (Hölderlin, 1992, verso 3, p. 53). Agora a presença dos deuses não mais vigora, o nosso pátrio não é mais o fogo do céu, a força do sagrado, mas o cálculo e a precisão da palavra, o domínio de formas e conceitos, a razão.

Ao afastamento do deus, seguiu-se, para o homem, um tempo de pesar e hesitação. O homem estava acostumado com a presença sempre efetiva do deus e, agora, tinha de compreender sua relação com o divino sob um novo aspecto: o do afastamento. Essa perda trouxe, portanto, insegurança e para que não sucumbíssemos à dor da separação foi preciso manter viva a lembrança do divino. É disso que trata "Pão e Vinho", quando diz:

> Possamos em meio à treva encontrar algo palpável,
> Propiciar-nos o esquecimento, a sagrada embriaguez, dar-nos
> A palavra transbordante que, como enamorados,
> Seja insone, e taça mais plena e vida mais audaciosa.
> E a sagrada memória em vigília até o fim da noite.
> (Hölderlin, 1992, versos 34-36, p. 53)

Para nos mantermos acordados, isto é, para sustentarmos o vigor da existência, há de se preservar a memória dos celestes, tal como fazem os poetas em tempo de indigência, fazendo ver nisto que é o nosso pátrio - que devemos conquistar (a palavra fluente) - uma forma da presença de deus (deus enquanto fundamento daquela união originária da realidade, do pátrio). A tarefa do homem, agora, é entender o divino por meio do seu afastamento, ou, tal como Hölderlin mesmo fala da nas *Observações sobre Édipo* (Hölderlin, 1994, p. 100), a necessidade de preservar a memória celeste por meio da infidelidade divina.

Na modernidade, apartados da presença de deus, a lembrança do elemento originário, compartilhado por todos, é o que garante que não sejamos dissolvidos pelas necessidades vazias da vida mundana. Como alcançar esse elemento? Pode-se atingi-lo pelo equilíbrio em assumir plenamente a nossa existência enquanto tal, sem excessos ou faltas. Os gregos conseguiram apreendê-lo de modo exemplar. O destino do homem é ser homem e assumir essa tarefa sem recorrer a subterfúgios ou abandoná-la pela inércia. Dessa forma poderá ultrapassar a sua indigência, a falta do divino, tal como Hölderlin (2001, p. 168-169) define no texto *Sobre a religião*:

> O homem também alça-se *além* da carência, já que pode recordar seu destino, e que pode ser grato pela vida a ponto de sentir com mais largueza o elo mais amplo com o elemento onde ele próprio se desloca; já que ele se alça para além da necessidade graças à eficácia e às experiências que isso traz consigo. [...] Digo: aquele elo mais infinito, ultrapassando a necessidade, aquele destino

mais elevado que o homem experimenta em seu elemento, ele o experiencia mais infinitamente, satisfazendo-se mais infinitamente.

O homem só toca a infinitude na medida em que percebe a contingência de ser finito e pode, portanto, vislumbrar o fundo originário de si mesmo e do real.[4] Não vê a realidade enquanto fato, mas o que doa e sustenta sua vigência da realidade. Escreve Hölderlin (1994, p. 66) no texto *Sobre a religião*:

> Se o homem souber tocar oportunamente, descobrirá, em cada uma das esferas que lhe são próprias, uma vida mais elevada, maior do que a pautada pela necessidade, ou seja, uma satisfação mais infinita, maior do que a satisfação das necessidades. Da mesma maneira que toda satisfação, essa satisfação mais infinita é também uma pausa momentânea da vida real.

O homem ultrapassa o nível das necessidades corriqueiras e passa a se aproximar do elemento que lhe deu origem, como se escutasse o nascer de sua própria natureza.

No entanto, como vimos, não é apenas pelo pensamento que o homem esgota plenamente o elo com o divino, o rigor intelectual não explica a divindade, que pode ser pressentida através de suas próprias leis. Essas leis não são as jurídicas ou formais, Hölderlin cita o exemplo de Antígona que clama à lei divina para enterrar o irmão. Ao invocar a lei divina, Antígona recorre ao elemento primevo que mantém a união familiar antes mesmo das leis civis e familiares existirem. A lei divina precede o surgimento das regras formais e de conveniências: ela estabelece o modo de existir do homem em harmonia com todos os outros elementos da natureza. Ela trata, portanto,

---

4. A relevância dessa ideia para Hölderlin revela-se também na epígrafe do romance *Hipérion*: "Non coerceri maximo, contineri minimo, divinum est". Trata-se da inscrição tumular de Inácio de Loyola, fundador da ordem dos Jesuítas, e significa: "Divino é não estar limitado pelo que há de maior e mesmo assim estar cingido pelo que há de menor". A referência de Hölderlin ao epitáfio de Inácio de Loyola aparece anteriormente também num "esboço de Hipérion", publicado em 1794, na Revista *Thalia* de Schiller (esse texto recebe o nome, nas obras de Hölderlin, de *Fragmento Thalia*). Nesse artigo Hölderlin comenta que o homem possui dois estados ideais: o de extrema simplicidade e de extrema cultura e ambiciona constantemente alcançá-los. Segundo Hölderlin (2004, p. 113) a frase do epitáfio "pode assinalar a perigosa tendência do ser humano de tudo querer e a tudo subjugar como o mais alto e mais belo estágio que ele possa atingir". Segundo as notas de Philippe Jaccottet nas obras completas de Hölderlin em francês, essa epígrafe é apenas um pequeno extrato de um longo epitáfio ao padre jesuíta. Jaccottet (*in* Hölderlin, 2004, p. 1153) afirma que "Parece que Hölderlin interpretou essa frase como a oposição de duas atitudes humanas possíveis: conquista e sabedoria, expansão e concentração".

do elemento universal e não da existência particular dos indivíduos. Nas palavras de Hölderlin, nos versos finais do hino tardio "Patmos" temos:

> [...] mas o pai ama,
> ele que vige sobre todos,
> muitíssimo, que seja cuidada
> a letra firme, e o consistente bem
> interpretado. Segue-o o canto alemão.
> (Hölderlin, 1990, p. 203, tradução nossa)

A letra firme se constitui como a lei divina que permite ao homem se relacionar com o deus. Ao interpretá-la, o poema coloca o homem frente à força originária da natureza. Pode-se dizer, então, que existe uma tensão entre a letra firme, a palavra do deus, e o que subsiste, a interpretação do divino. O homem deve cuidar dessa relação e mantê-la sempre pulsante, para que a palavra do deus não se perca e, como afirma Hölderlin (1994, p. 100) nas *Observações*: "a memória do celeste não se acabe".

O canto alemão almejado é o espaço polissêmico da poesia, fruto da liberdade criadora, local uno de encontro entre o pátrio e o estrangeiro, e, portanto, o elemento que pode preservar essa relação de forma mais plena. No entanto, ao mesmo tempo que a liberdade da criação oferece ao poeta uma amplitude de possibilidades para sustentar a letra firme, mantém-no em um lugar intermediário entre a palavra do deus e a existência humana. Cabe ao poeta conquistar o "fogo dos céus", isto é, seu pátrio, sua natureza e, dessa forma, ser fiel à letra firme.

O "fogo dos céus" é aquilo que Hölderlin havia definido como elemento essencial que liga o humano ao divino e mantém a harmonia entre eles. O pátrio é o solo nativo, o lugar de pertença de um povo, o espaço que não pode ser medido por área territorial, mas garante a singularidade de um homem ou um grupo, porque os identifica e legitima sua existência. A tarefa da poesia alemã é árdua, porque se conserva no "entrelugar", na fugacidade do espaço que se transforma constantemente entre o homem e a palavra do deus.

Dos temas tratados até aqui, pode-se inferir que Hölderlin recebe uma forte influência das discussões de sua época (a diferença entre poética antiga e moderna, por exemplo), mas a sobrepuja de modo a buscar um caráter original que transcenda os modelos pré-concebidos de seus contemporâneos. Hölderlin é, sem dúvida, um homem de seu tempo, sente as mudanças causadas pela Revolução Francesa, pelas discussões políticas, pela necessidade de criar uma escrita alemã frente aos padrões estrangeiros; no entanto, esses são apenas os elementos que circundam e instigam seu trabalho em princípio. Somente quando adentra o âmbito da arte, quando passa a sentir a liberdade criadora da própria poesia, é que sua ação se efetiva e sua argumentação se desloca para o lugar anterior, existencial, que propicia toda e qualquer argumentação sobre sua época.

Assim, o exame que Hölderlin faz da peça sofocliana não se restringe ao estudo do trágico ao modo grego, mas, sobretudo, ao afastamento do divino que também é inerente à poética alemã de seu tempo. Hölderlin trata, portanto, via Sófocles, de como pode e deve o poeta moderno se portar frente ao afastamento do divino. Desse modo, o destino de Édipo, segundo Hölderlin, não é apenas o destino do herói clássico, mas uma representação que permite pensar o trágico na modernidade.

Referências bibliográficas

BEAUFRET, J. *Hölderlin et Sofocle*. Brionne: Gerard Monford, 1983.

CAVALCANTE, M. "Introdução: Pelos caminhos do coração". In: HÖLDERLIN, F. *Reflexões*. Rio de Janeiro: Relume-Dumará, 1994.

DASTUR, F. "Hölderlin: Tragédia e Modernidade". In: HÖLDERLIN, F. *Reflexões*. Trad. Márcia de Sá Cavalcante e Antonio Abranches. Rio de Janeiro: Relume-Dumará, 1994.

ÉSQUILO. *Prometeu acorrentado*. Trad. Mário da Gama Kury. Rio de Janeiro: Jorge Zahar, 1993.

HESÍODO. *Os trabalhos e os dias*. São Paulo: Iluminuras, 1990.

______. *Teogonia: A origem dos deuses*. 5ª edição. São Paulo: Iluminuras, 2003.

HÖLDERLIN, F. *Elegias*. Trad. Maria Teresa Dias Furtado. Lisboa: Assírio e Alvim, 1992.

______. "Escritos filosóficos de Hölderlin". In: ROSENFIELD, Denis (org.). *Filosofia & Literatura: o trágico*. Textos traduzidos por Kathrin Rosenfield. Rio de Janeiro: Jorge Zahar, 2001.

______. *Werke in einem Band*. Hans Jürgen Balmes (org.). Gütersloh: Bertelsmann, 1990.

LACOUE-LABARTHE. P. *Métaphrasis*. Paris: Presses Universitaires de France. 1998.

MACHADO, R. "Hölderlin e o afastamento do divino". In: MACHADO, R. *O nascimento do trágico: de Schiller a Nietzsche*. Rio de Janeiro: Jorge Zahar, 2006.

ECO E NARCISO: (IN)FINITUDES

Suely Aires[1]

O presente texto visa retornar ao ensinamento de Freud e Lacan, em especial ao conceito de narcisismo em sua íntima relação com o corpo, para pensar um enlace entre arte e psicanálise em um trajeto que aproxima a arte e o domínio da pulsão de morte. Nesse sentido, tomamos o encontro entre Narciso e Eco, no clássico de Ovídio (43 a.C. - 18 d.C.), *Metamorfoses*, para pensar o corpo pulsional em relação à voz e ao olhar.

Em *Metamorfoses*, Ovídio relata o mito de Narciso e seu encontro com a ninfa Eco, entrelaçando seus destinos. O *diálogo* entre Eco, incapaz de iniciar uma fala, e Narciso, que pressente a ninfa, mas não a vê, produz uma reduplicação da enunciação, em seu endereçamento, que não aponta para o idêntico. Em um estranho jogo de perguntas e frases interrompidas, Narciso e Eco são conduzidos, cada um a seu modo, ao silêncio e à morte. As palavras que antecedem Narciso foram proferidas por Tirésias, o oráculo de Apolo. Perguntado por Liríope, mãe de Narciso, sobre se o seu filho viverá até uma idade avançada, Tirésias responde: "*Si se non nouerit*" (Ovide, 2009, p. 126) – "Se ele nunca se conhecer"; ou, na tradução de Vera Lúcia Leitão Magyar, "Se ele nunca descobrir a si mesmo" (Ovídio, 2003, p. 61). A predição do oráculo pareceu vã, até que o tempo provou que estas palavras eram verdadeiras, "pelos fatos, por sua morte [de Narciso], por seu delírio estranho" (Ovide, 2009, p. 127 – tradução minha).

Coube ao oráculo anunciar o que iria acontecer, em um movimento de desvelamento da verdade que não implicava salvação, mas antecipação do

1. Doutora em Filosofia (Unicamp); professora de teoria e clínica psicanalítica (UFRB); membro fundador do Centro de Pesquisa Outrarte – Psicanálise entre ciência e arte (Unicamp); líder do Grupo de Pesquisa Psicanálise, Subjetividade e Cultura (CNPq). E-mail: suely.aires7@gmail.com

destino, "pois não é o aniquilamento que é trágico, mas a prefiguração do aniquilamento" (Szondi, 2004, p. 89). Liríope ouviu o vaticínio em relação a Narciso, mas nada ou ninguém pôde impedir que isso acontecesse. Em diversas tragédias, o oráculo funciona como um elemento de ligação entre o saber divino e o saber humano, o qual pode não saber interpretá-lo ou pode ser levado a um engano. A função do intérprete, daquele que ouve as palavras do oráculo, é fundamental para o desenrolar da ação, pois produz uma imisção do humano sobre o divino que antecipa as marcas do trágico. A interpretação conduz ao erro e à verdade trágica.

As palavras que antecederam Eco não tinham caráter oracular; eram uma punição de Juno contra a ninfa por falar demais, por enganá-la ao impedir que a deusa flagrasse Júpiter em suas traições: "A língua que tentou me enganar encurtará. Terá pouco uso, a voz será um resumo, daqui em diante" (Ovídio, 2003, p. 62). A língua curta de Eco segue duas diferentes versões: em uma, Eco está condenada a repetir apenas as últimas palavras ouvidas; em outra, que me parece mais provocativa, resta a Eco a possibilidade de escolher as palavras que repetirá (Brandão, 1991). No encontro entre Eco e Narciso, quando a ninfa finalmente se mostra, em um gesto de arrebatamento que visa enlaçar o jovem, Narciso a repele – "Antes morrer cem vezes que te pertencer" (Ovide, 2009, p. 131 – tradução minha). E Eco repete "(...) te pertencer", em uma suspensão temporal próxima à melancolia, pelo luto jamais completado.

A frase de Narciso não permite a Eco uma escolha que não fosse trágica: na versão de Ovídio, ela repete "(...) te pertencer", mas caso escolhesse a primeira parte da fala de Narciso, ela apenas poderia repetir "Antes morrer cem vezes (...)". Em ambos os fragmentos, a morte é o anúncio inscrito na fala de Narciso. Rejeitada, Eco passa a viver nas cavernas vazias, não come, não dorme, definha, enruga-se e descarna-se, até que todo o viço de seu corpo se desfaz, só lhe restando a voz e os ossos, e depois nem esses mais, pois dizem que se transformara em pedra, "mas todos conseguiam ouvi-la, porque sua voz ainda vive" (Ovídio, 2003, p. 63).

Narciso, por sua vez, segue seu destino – já vaticinado por Tirésias –, enamora-se da bela forma que vê refletida na fonte e, em deslumbramento, ali permanece até a morte. "Apaixonou-se por aquela imagem sem corpo, e encontrou substância em algo que era apenas um reflexo" (Ovídio, 2003, p. 63). Também Narciso definha, sem comer, sem dormir, sem descanso, "petrificado como uma estátua de mármore" (Ovídio, 2003, p. 63) diante do lago, tolamente iludido com a possível correspondência do amor. E, em uma repetição de gestos apaixonados, em que a imagem demonstra o mesmo amor que Narciso, o jogo de enganos se relança:

> Seus lábios, me parece, respondem quando estou falando, muito embora o que você diz eu não consiga ouvir. Sei a verdade, finalmente. Você é eu! Sinto isso, reconheço minha imagem agora [*sensi nec me mea fallit imago*]. Ardo de amor por mim mesmo [...] O que devo fazer? [Rogar? Implorar?] Dar ou tomar a pergunta? O que devo perguntar? O que eu desejo está comigo, minhas riquezas me fazem pobre. Se ao menos eu pudesse escapar de meu próprio corpo. (Ovídio, 2003, p. 63 – tradução modificada)

Narciso perde suas forças, escapa de seu corpo e morre prematuramente, cumprindo o destino trágico, já vaticinado por Tirésias. Ainda assim entristece-se por saber que o rapaz que ama deve morrer: "morreremos juntos" (Ovídio, 2003, p. 65). Alívio e tristeza inscritos no mesmo ato. Após definhar, perdendo aos poucos sua cor, sua força, sua audácia e graça, Narciso se despede e enuncia suas últimas palavras: "Adeus, amado rapaz, em vão adorado!" (Ovídio, 2003, p. 65). E Eco as repete: "Adeus, amado rapaz, em vão adorado!". Sua cabeça [de Narciso] tomba e a morte fecha seus olhos. No lugar de seu corpo, é encontrada uma flor. No entanto, há um além da morte: diz-se que na travessia do Estige, Narciso ainda se debruça sobre as águas do rio para olhar a própria imagem. A estranha (in)finitude que se coloca para Eco e Narciso se dá em relação à voz e ao olhar, sem corpo presente, pedra e flor.

Do corpo que pode receber a dupla inscrição do feminino e do masculino, vivido por Tirésias, ao corpo despedaçado de Penteo nos rituais a Baco, as *Metamorfoses* de Ovídio apresentam esse íntimo e estranho companheiro, o corpo, como aquilo que se extingue, que se faz apagar, em Eco e Narciso. Corpo que, para ganhar consistência e existência humana, necessita do olhar e da voz do Outro (Lacan, 1964 [1990]), exige fazer-se reconhecer, mas que também deve ser apropriado, tornado corpo próprio (Lacan, 1949 [1998]), por meio de uma operação, que enoda imaginário, simbólico e real. Essa operação permite incluí-lo na série de objetos do mundo, em um lugar privilegiado (Lacan, 1975-1976 [2007]), que dá a ele seu valor narcísico. O corpo próprio não é um corpo qualquer, não pode ser abandonado, constitui-se como base do eu, em um jogo de enganos que permite ter um corpo ao preço de não sê-lo. No mito, o corpo-pedra e o corpo-flor não são mais da dimensão humana, mas insistem como voz e olhar, estes, sim, ainda humanamente inscritos no registro da pulsão.

De modo extremamente resumido, poderíamos dizer que, na teoria psicanalítica, o corpo se constitui nos três registros de apreensão da realidade humana: imaginariamente, ao possibilitar uma identificação entre imagem corporal e eu (*moi*); simbolicamente, como efeito de um reconhecimento por parte do Outro que permite, por meio da palavra, uma posição social – ou seja, o corpo sofre efeitos da linguagem e depende do lugar ao qual é convocado para se constituir; e resta como presença real que faz obstáculo à palavra, como o que insiste em sua estranheza (Aires, 2014). Nenhuma das três acepções de corpo se coaduna ou se sobrepõe à definição de organismo. Ao falar de corpo, dizemos de um investimento que considera desejo e pulsão sobre uma materialidade corpórea, cujo efeito é uma diz-junção entre corpo e sujeito: encadeamento discursivo, significante, letra e resto. E as pulsões podem então ser apresentadas como "o eco do fato de que há um dizer no corpo" (Lacan, 1975-1976 [2007], p. 18).

Eis, então, a articulação entre corpo e linguagem por meio da noção de pulsão, que, na acepção freudiana, é apresentada como o conceito limite entre o psíquico e o somático (Freud, 1915 [2010]). Entre o que se diz e o que se escuta, entre o que se olha e o que se vê, entre o que se come e o que se cospe, entre o que se retém e o que se doa, um jogo de alteridade e apropriação permite ao sujeito fazer uso de seu corpo, torná-lo seu. Sendo corpo próprio de um sujeito, as *substâncias episódicas* do objeto *a* (Lacan, 1982 [2003], p. 314) – seio, fezes, olhar e voz – mostram-se, ao mesmo tempo, modos de inscrição do Outro, presentificando o corpo como aquilo que, de mais familiar, torna-se estranho, e que, em sua estrangeiridade, mostra-se íntimo.

A voz é, por excelência, esse estrangeiro que nos habita, em uma não identidade que produz o estranhamento diante da própria voz, quando ouvida de fora. O fato de que escutamos nossa própria voz pela garganta, na ressonância da caixa craniana, e a dos outros, pelas orelhas, tinge de estranhamento a voz própria que se faz escutar de fora. Poderíamos, então, dizer que a voz está condenada a "ser, sem cessar, uma cópia não conforme dela mesma" (Porge, 2014, p. 14), uma identidade que não se deixa confirmar placidamente, mantendo o germe do estranhamento.

A imagem, por sua vez, nos convida à identidade, a supor que se trata da especularização do mesmo objeto; como se se produzisse uma cópia conforme de si, um igual, em uma multiplicação que pode levar ao infinito. E entre os objetos do mundo, coloca-se a própria imagem, alienada e alienante, no jogo de espelhos que produz uma imagem separada do corpo, autônoma. Esse modo de apresentação da voz e da imagem especular, em um jogo de duplos, desconsidera, no entanto, os tempos e modos da pulsão, sua forma ativa, passiva e reflexiva (Freud, 1915 [2010]). Ou seja, a falha que se institui entre olhar, olhar-se e fazer-se olhar, mostrar-se; entre escutar, escutar-se e fazer-se escutar, chamar [*apeller*, fazer apelo].

Retornemos ao mito que une Eco e Narciso.

Eco foi condenada a ser, sem cessar, uma voz-cópia do outro, não conforme a si. Na impossibilidade de tomar a palavra e fazer-se reconhecer, de fazer apelo ao outro, a ninfa lança-se em um gesto estabanado e apaixonado, que produz o afastamento de Narciso. Embora estivesse escondida entre as folhagens, a aparição de sua imagem, o mostrar-se, não compôs cena ou quadro para o olhar de Narciso. A ausência de reconhecimento, a recusa, rejeição e abandono – o pior destino do amor, como nos indica Lacan (1972-1973 [1985]) –, mostraram-se efeitos de seu gesto. Sem ser olhada e sem voz própria, restou a Eco a morte em vida, o corpo-pedra que permanece em algum lugar, jamais visto, mas do qual se diz que ainda existe.

Narciso, por sua vez, distingue sua imagem-cópia-perfeita em um lago jamais visto, "de águas brilhantes e prateadas, até o qual os carneiros não vinham, nem as cabras, nem o gado, cuja superfície espelhada nunca nem um pássaro, ou animal, ou folha, jamais tocou" (Ovídio, 2003, p. 63). É nesse ambiente, nunca antes visto ou tocado, em que o olhar ainda não se constituiu, que surge o reflexo que levou Narciso ao engano solitário de supor ser outro o corpo que vê, em uma duplicação do mesmo que não pode ser reconhecido como idêntico, pois só há identidade se houver dois, e depois três, e apenas o significante o revela. Aprisionado à imagem, após reconhecer a si mesmo, entre ver e ser visto, Narciso é conduzido ao curto-circuito do terceiro tempo pulsional: não há como fazer-se olhar, não aí. Não há outro. E qual apelo pode se instituir? Retomo sua fala em *Metamorfoses*: "O que devo fazer? [Rogar? Implorar?] Dar ou tomar a pergunta? O que devo perguntar?" (Ovídio, 2003, 65). Não há tampouco como fazer-se escutar. Sem alteridade, o corpo-flor fenece.

À materialidade da voz se opõe a evanescência da imagem. Diferenciando som e sentido, ruído e verbo, pulsão e enunciação, a voz, ainda que exterior ao sujeito, não se faz separada do corpo. Sua presença indica a operação topológica de mostração da continuidade e da descontinuidade entre dentro e fora. Entre *oris* e *auris*, entre boca e orelha, a voz se faz objeto tr(a)nsicional (Lacan, 1964 [1990]). O grito, o blá-blá-blá e o apelo constituem voz, cuja dimensão temporal se sustenta e se desdobra no silêncio, em uma alteridade irremediavelmente perdida e presente: o silêncio é parceiro da voz. "Como objeto a voz se destaca do corpo; vinda do Outro, ela se destaca da palavra" (Rabinovitch, 1999, p. 13).

Eco, sem corpo, já pedra, sem ser vista, pois habita cavernas, mantém apenas a voz-objeto; voz vinda do outro, pequeno outro, que não a interpela, dirigindo-se a um vazio. Se antes falava para enganar, falava demais, após o castigo imposto por Juno, a ninfa manteve o uso de sua língua encurtada, de sua voz resumida, para se incluir na aventura com Narciso. Nesse sentido, a versão do mito que permite a Eco escolher as palavras que repetirá deixa-lhe um resto possível de subjetividade na manutenção da palavra. Contudo, em seu percurso trágico, depois do abandono – ao fim desse trecho de *Metamorfoses* –, Eco testemunha sua presença por meio da boca aberta, da caverna, do vazio, em que o grito se faz abismo e ruptura do silêncio que o precede. Na versão de Ovídio, sequer a escolha das palavras a serem repetidas lhe resta. A voz surge em sua dimensão de objeto-dejeto da ação de um outro.

Ao distanciamento progressivo de Eco, à queda do objeto voz, contrapõe-se a pregnância totalizante da imagem, aproximação contínua e nunca alcançada de Narciso em relação ao outro-si mesmo: um *mise-en-abîme* que o leva à morte. Ao desconhecimento de seu caráter especular, de que, diante do espelho, eu é um outro, soma-se a ausência de uma voz [do Outro] que o reconheça frente ao espelho e que possa enunciar: "aquele outro, no espelho, és tu". Sem o duplo movimento de ver, ser visto, não se produz a distinção do reconhecer-se; não se torna possível que, de sua insuficiência, ele se precipite à alienação da imagem (Lacan, 1949 [1998]) que constituirá um pálido reflexo do que ele é, em outro lugar, aquele da palavra. Entretanto, em seu relato, Ovídio afirma que Narciso nunca foi insuficiente, bastava-se a si mesmo, os seus diversos apaixonados o atestam. Apenas após o encontro com o espelho se institui a falta que permite a Narciso desejar o outro e, por engano, desejar a si mesmo.

Sem mediação da palavra, a imagem separada do corpo mantém-se em uma consistência que ultrapassa o sujeito e parece seguir sem ele, "estátua de mármore" (Ovídio, 2003, p. 63) que indica a morte do sujeito e sua permanência rígida ou espectral. E aqui tanto o convidado de pedra (Molière, 2007) quanto a boneca Olímpia (Hoffmann, 1993) nos servem como imagens da autonomia do corpo sem vida, morto-vivo que não se sabe morto, como no sonho freudiano (Freud, 1900 [1977], p. 459-460); mas que também não se sabe vivo, por desconhecer o móvel do desejo. Uma estátua que parece prestes a ganhar movimento e precipitar o sujeito em angústia: morto ou vivo? Sujeito sem corpo? Corpo sem sujeito?

O lago jamais visto, jamais tocado, cumpre, a nosso ver, a função de palco trágico. A imagem de Narciso conduz a cena, em uma instantaneidade que desconsidera o tempo, e que não diferencia ver e olhar, ser visto e ser olhado, e impossibilita o fazer-se ver, mostrar-se, fazer-se olhar. Não há desdobramento temporal que o levaria ao momento de concluir, retirando-o do instante de olhar (Lacan, 1945 [1998]); sequer lhe resta a palavra, o apelo, ou o endereçamento amplo em que um qualquer, uma qualquer, pode se precipitar, como fizera Eco na mata, e aí se incluir no reconhecimento do enunciado e no relançamento da enunciação. O ato se encena na absoluta solidão do amor. A ilusão ainda mantinha Narciso em uma relação de endereçamento e sofrimento pela rejeição do outro, mas é o fim da ilusão que o lança no abandono e o leva à morte.

Em *Metamorfoses*, a dimensão trágica da relação entre corpo, voz e olhar se faz e refaz a cada relançamento do desejo, que, ainda que não articulável, é articulado (Lacan, 1958-1959 [2013]) e se repete nos desfiladeiros significantes, desfiladeiros que bordeiam o abismo e, por vezes, com ele se confundem. A (in)finitude de Eco e Narciso se compõe ao preço de um corpo ausente, presentificado como pedra e flor, metamorfose que parece elidir o desejo e dar existência à morte.

Nesse sentido, ao presentificar a dimensão trágica e a encenação das metamorfoses, como modo de relação primordial do homem com a morte, o texto de Ovídio produz o novo, possibilitando a aparição de um princípio de disjunção e de diferença (Freud, 1915 [2010]), o qual, a nosso ver, constitui um enlaçamento entre arte e pulsão de morte. Cabe, no entanto, considerar que, por meio do desenrolar significante, a aposta pulsional em Eros é relançada. Arte, pulsão de vida e pulsão de morte se enlaçam, tendo como quarto elemento o corpo, pois na relação do homem com a morte, não há dúvida que é no corpo "que se trava a batalha mais insidiosa e mais desesperadora porque perdida de antemão" (Fabris, 1996, p. 02).

Referências bibliográficas

AIRES, S. "Corpo e afeto: considerações sobre o corpo". *Revista Diálogos Possíveis*. Salvador, ano 13, n. 2, p. 43-55, jul./dez. 2014.

BRANDÃO, J. *Dicionário mítico-etimológico da mitologia grega*. Petrópolis: Vozes, 1991.

FABRIS, A. "Il corpo come spettacolo nel dolore". *Estetica News*. Roma, v. 19, 1996.

FREUD, S. "A interpretação dos sonhos (1900)". In: FREUD, S. *Obras Psicológicas Completas de Sigmund Freud. Edição Standard Brasileira*. Rio de Janeiro: Imago, 1977, vols. IV e V.

______. "Os instintos e seus destinos (1915)". In: FREUD, S. *Obras Completas, volume 12: Introdução ao Narcisismo: ensaios de metapsicologia e outros textos* (1914-1916). Trad. e notas: Paulo César de Souza. São Paulo: Companhia das Letras, 2010.

HOFFMAN, E. *Contos fantásticos*. Trad. Cláudia Cavalcanti. Rio de Janeiro: Imago Ed., 1993.

LACAN, J. "O estádio do espelho como formador da função do eu (1949)". In: LACAN, J. *Escritos*. Trad. Vera Ribeiro. Rio de Janeiro: Jorge Zahar, 1998.

______. "O tempo lógico e a asserção de certeza antecipada (1945)". In: LACAN, J. *Escritos*. Trad. Vera Ribeiro. Rio de Janeiro: Jorge Zahar, 1998.

______. "Nota italiana (1982)". In: LACAN, J. *Outros Escritos*. Trad. Vera Ribeiro. Rio de Janeiro: Jorge Zahar, 2003.

______. *Le Séminaire livre VI: le désir et son interprétation* (1958-1959). Paris: Seuil, 2013.

______. *Seminário 11: Os Quatro Conceitos Fundamentais da Psicanálise* (1964). Trad. M.D. Magno. Rio de Janeiro: Jorge Zahar, 1990.

______. *Seminário 20: Mais, Ainda* (1972-1973). Trad. M.D. Magno. Rio de Janeiro: Jorge Zahar, 1985.

______. *Seminário 23: O Sinthoma* (1975-1976). Trad. Sérgio Laia. Rio de Janeiro: Jorge Zahar, 2007.

MOLIÉRE. *Don Juan: o convidado de pedra*. Trad. e adaptação: Millôr Fernandes. Porto Alegre: L&PM, 2007.

OVIDE. *Les Métamorphoses*. Texte établi par Georges Lafaye; émendé, présenté et traduit par Olivier Sers. Paris: Les Belles Lettres, 2009.

OVÍDIO. *Metamorfoses*. Trad. Vera Lucia Leitão Magyar. São Paulo: Madras, 2003.

PORGE, Érik. *Voz do eco*. Trad. Viviane Veras. Campinas, SP: Mercado de Letras, 2014.

RABINOVITCH, S. *Les voix*. Paris: Editions Erès, 1999.

SZONDI, P. *Ensaio sobre o trágico*. Trad. Pedro Süssekind. Rio de Janeiro: Jorge Zahar, 2004.

A DIMENSÃO DO SUBLIME RELACIONADA AO ESPAÇO: apreciação da paisagem, proteção da natureza e a perda do espaço[1]

Barbara Bożętka[2]

O significado da ideia do Sublime pode ser analisado a partir de diferentes perspectivas. O estudo aqui apresentado centra-se em um domínio espacial relativo a interações entre o conceito artístico-filosófico e a forma (não omitindo o conteúdo) do meio ambiente.

Pode-se argumentar que a ideia do Sublime, a qual – entre outros aspectos e influências – expressa a capacidade da natureza de causar e gerar afeição humana, ultrapassou um conceito estritamente artístico, provocando várias tendências engajadas na mudança, composição e apreciação das entidades espaciais.

A noção do Sublime tem sido investigada, em relação à evolução da ideia e implicações relevantes, para a pintura de paisagem,[3] teoria da paisagem e, também, com referência à paisagem e à estética ambiental. A ênfase é colocada sobre o tema da paisagem, no entanto, devido a uma grande variedade de influências do Sublime, a questão da posição da natureza na consciência geral e na alteração da sua percepção, bem como nas alterações das atitudes para com a natureza foram incorporadas ao estudo.

1. Tradução de Rachel Costa.

2. Doutora, *Nicolaus Copernicus University*, Polônia.

3. NT. *Landscape art* foi traduzido por "Pintura de paisagem", visto que em português não é utilizada a expressão "Arte da paisagem".

O Sublime: da Arte à Natureza

O primeiro tratado reconhecido sobre o Sublime – de Pseudo Longinus (do século I ou III) – mostra o Sublime à luz de sentimentos grandes e nobres, fascinação e prazer, envolvidos na situação e no processo de recepção de uma obra de arte (subsequente ao elevado estado de criação; "*On the Sublime*", 1951). Assim, como observou Umberto Eco (2010), a arte, sozinha, tem sido compreendida como a fonte do Sublime, e ela desempenhou esse papel por muito tempo – até o século XVIII.

Notavelmente, o século XVIII trouxe consigo uma mudança significativa na percepção do conceito. Kant (2004 [1790]), ao tratar do Sublime, presta atenção aos fenômenos naturais como um estímulo para a experiência sublime. No final desse século, a ideia do Sublime estava ligada, principalmente, à experiência humana com a natureza, e não com a arte em si, embora a arte fosse compreendida como demonstração e contato com o Sublime (exatamente o Sublime orientado para a natureza). Diferentes características gerais do Sublime, como vastidão, severidade, complexidade e capacidade de despertar emoções profundas, foram conectadas por um teórico da ideia do início do século XVIII (Edmund Burke, 1968 [1757]) com trovoadas, cachoeiras gigantescas, ou outros turbulentos espetáculos da natureza.

De fato, como observa Hampsher-Monk (1998; Rydz, 2005), houve a antecipação do movimento romântico no trabalho de Burke ao destacar o papel das emoções na recepção da arte. A experiência da natureza, em conformidade com a perspectiva do Sublime considerada por Burke (1757) e Kant (1790), ressaltou a imensidão, a espetacularidade, e, adicionalmente, o que domina por completo e pode ser aterrorizante. Depois disso, a elaborada sensibilidade romântica tentou resolver o dilema de como apresentar os sentimentos e estados de espírito decorrentes dos conflitos referentes ao caráter excepcional da natureza do Sublime (Eco, 2010).

O século XVIII tende a ser um momento de avançado debate estético (por exemplo, Eco, 2010; Porteous, 1996; Bell, 2012). Isso não é sem importância para a mudança geral na orientação filosófica e socioeconômica pela qual passava a Europa, envolvendo processos tais como a industrialização e a urbanização. Os processos técnicos e socioeconômicos que começaram a operar nesse momento produziram inevitáveis consequências para o meio ambiente e para toda categoria de entidades espaciais que são utilizadas hoje para identificá-lo. No entanto, na discussão do século XVIII, o foco foi colocado sobre um conceito-chave: a paisagem. Em consequência disso, esse período teve uma importância especial para o desenvolvimento tanto da teoria da paisagem quanto de sua prática.

O Sublime em três paisagens do século XVIII

O atraente e animado debate, centrado na Grã-Bretanha, sobre a estética da paisagem no século 18 foi afetado por mudanças dentro da arte da jardinagem e gerou um forte impacto sobre noções hoje denominadas "avaliação de paisagem" e "percepção de paisagem". Aconteceram alterações consideráveis no gosto pela jardinagem nesse período (Lacey, 2006; Porteous, 1996; Siewniak, Mitkowska, 1998; Böhm, Zachariasz, 2005). Essencialmente, a apreciação de paisagem tornou-se uma questão muito importante para as elites; simultaneamente, a paisagem em si tornou-se uma forma de arte.

Para além da urbanização e da industrialização, a mudança geral foi influenciada pelos efeitos da revolução científica e pela crescente popularidade das viagens.

> Particularmente, Grand Tours, visitando a Itália é diferente, suas paisagens distintas, e os encontros com a paisagem alpina, contribuíram para a reavaliação de uma paisagem (Porteous, 1996; Serrão, 2004).

No que diz respeito a atributos formais, é digno de nota que padrões fechados e geométricos na composição de jardins foram quase completamente abandonados na Grã-Bretanha (Lacey, 2005), e um novo estilo de paisagem, o estilo inglês, foi desenvolvido. Como resultado de uma vívida discussão teórica e da avaliação dos resultados conseguidos por renomados arquitetos e jardineiros ingleses (como C. Brown, H. Repton, W. Kent, G. Hamilton), três tipos principais de paisagem, e simultaneamente construções estéticas de paisagem, desenvolveram-se: o Belo, o Pitoresco e o Sublime.

A principal deliberação conceptual que deu origem à controvérsia sobre o Pitoresco de 1790-1820 (Siewniak, Mitkowska, 1998) envolveu a oposição entre o Belo e o Pitoresco. Em geral, o Belo empregava formas composicionais suaves, elegantes e delicadas em cores brilhantes, enquanto o pitoresco introduziu a severidade, a nitidez, e formas e objetos mais selvagens a uma paisagem tranquila e domesticada. Argumenta-se que as clássicas paisagens selvagens de Salvator Rosa, que retratavam montanhas escarpadas, desertos e mares revoltos desempenharam um papel importante na aceitação crescente da desarmonia, da desproporção e da irregularidade (ver Porteous, 1996).

Para muitos teóricos, o Sublime pode ser tratado como a forma radical do Pitoresco (Siewniak, Mitkowska, 1998). As enfatizadas paisagens ou cenas sublimes criavam um clima de mistério, por vezes ligado ao medo, e requeridos tons de obscuridade, poder, vastidão e infinitude. Escarpadas, vastas, severas, sombrias e pesadas cenas de cachoeiras, grutas, abismos e bosques selvagens foram crescentemente implementadas na composição de paisagens. Ao mesmo tempo, cresceu a popularidade das paisagens naturais ou subnaturais dramatizadas. Caracteristicamente, paisagens sublimes foram inicialmente um gosto da minoria, mas, no mais tardar, no final do século XVIII, as montanhas e a selvageria ganharam total apreciação e passaram a ser vistas como esteticamente agradáveis (Porteous, 1996; Serrão 2004).

A capacidade das paisagens sublimes de despertar emoções envolvendo sensações de unidade na desigualdade para o mundo exterior (ou infinitude) e, além disso, envolvendo encontros com algo surpreendente, por vezes, inspirando sentimentos aterrorizantes são características e estados analisados por Burke (1968 [1757]). No entanto, há um ponto particularmente importante de se mencionar nesse contexto que Eco (2010) destaca. Ele, aparentemente seguindo a reflexão oculta nas observações de Burke e Kant sobre a necessidade de uma distância segura de turbulências magníficas da natureza (Kant, 2004; Specht, 2013), desenvolve o argumento. Eco (2010, p. 290-291) pergunta diretamente "Quando o medo pode ser um prazer?", e, em seguida, responde com igual simplicidade – quando você não estiver muito próximo a ele. Essa suposição é, de alguma forma, confirmada por uma combinação de cenas de paisagens sublimes – elas foram compostas de modo a conduzir os humores, evocando sentimentos diversos (incluindo melancolia em grutas), mas não privam o visitante do prazer e do equilíbrio de sentimentos.

É importante ressaltar que, com uma mudança geral da preferência da paisagem no século XVIII, o processo de "sublimação" das montanhas foi instigado (Porteous, 1996). Grand Tours explorou os Alpes, e, rapidamente, a poesia das montanhas foi distinguida e consideravelmente acrescentada ao desenvolvimento da ideia Sublime no século XIX.

O movimento romântico e o Sublime

O início do século XIX é uma época de grande influência do Sublime na Europa. Mudanças advindas da Revolução Francesa, do desenvolvimento da ciência, da popularidade das observações da natureza, do louvor de Rousseau a valores intocados e inatos reforçaram as ideias românticas da natureza – esta passou a ser tratada como uma entidade divina (Porteous, 1996). Caracteristicamente, a beleza romântica da natureza é impossível de ser apreendida por formas exatas e claras, mas ela move a alma por meio de visões maravilhosas e sublimes (Eco, 2010). Talvez isso seja poesia, especialmente dos Lake Poets: Wordsworth e Coleridge, que magistralmente mostraram sentimentos profundos pela natureza e destacaram o papel da emoção na natureza do entendimento.

Do outro lado do Oceano Atlântico, na América do Norte, o mundo sem precedentes de Thoreau, sua vida (com o período em Walden Pond) e sua escrita deram uma importante contribuição para o pensamento sobre o espírito e a religião. A alma, a alegria interior e o desenvolvimento pessoal estavam intimamente ligados à natureza metafísica e à simplicidade da vida, possibilitando a contemplação do divino e da natureza (Thoreau, 2006). Em certa medida, o transcendentalismo e a posição profunda da natureza em seu pensamento foram influenciados pelas obras de Emerson, particularmente o manifesto "Natureza" (Dean, 2006). Thoreau acredita que no selvagem sobrevive um mundo que ainda serve como uma entrada para muitos que agem em prol da conservação da natureza. A antecipação de Thoreau em relação à história atual da ecologia e do meio ambiente tem sido única, e, até agora, tanto o seu pensamento como sua atitude estão intimamente associados a uma ética não conformista e ao amor pela natureza. Assim, ele se tornou um dos primeiros teóricos a construir uma base filosófica para o movimento ecológico, para o desenvolvimento da ética ambiental e, em termos gerais, para a "perspectiva ecológica".

A força da natureza não foi o aspecto que liderou o "tema do culto à natureza", em vez disso, foram a correspondência entre um estado interior do ser humano, a natureza que nos circunda e a manifestação de Deus na natureza as questões que desempenharam papel principal.

O Sublime em seu sentido artístico mais estrito esteve presente na literatura e na pintura, especialmente nas paisagens de Turner. Paisagens perigosas e, muitas vezes, exóticas, carregadas de montanhas acidentadas, avalanches, céu violento e um incontrolável e indomável mar eram, para citar Porteous (1996, p. 68), "selvagemente sublimes". Sem dúvida, o ponto de vista de Turner dominou a pintura de paisagem do final do século XIX e exerceu impacto sobre as tendências artístico-filosóficas da época

Região selvagem

Em consequência da introdução de ideias europeias na América do Norte, como a atitude positiva em relação à naturalidade da vida humana de Rousseau, uma postura de influência negativa das cidades, e o conceito do Sublime, uma considerável mudança de consciência da paisagem teve lugar nos Estados Unidos no início do século XIX (Porteous, 1996). O pensamento de Thoreau, mencionado anteriormente, tornou-se um dos sinais mais eminentes dessa modificação.

Como Porteous (1996) afirma, selvagens, vastas áreas da América do Norte que deixaram de ser vistas como "terra inimiga" deveriam ser preparadas para serem usadas de modo semelhante à Europa, de preferência na forma de paisagens britânicas. A crença romântica de que o poder de Deus está presente em áreas selvagens aumentou as viagens populares e a experiência do autêntico mundo natural (especialmente florestas primitivas e montanhas), e uma convicção sobre a inferioridade cultural do continente valorizou significativamente a nova ideia sobre a paisagem americana. A natureza selvagem começou a ser muito valorizada, a elite estava ciente de que o selvagem é excepcionalmente norte-americano, que não é mais possível na Europa já cuidadosamente modificada (ver Porteous, 1996; Lowenthal, Prince, 1965). Acreditava-se que experiência com o selvagem tornava os americanos mais inocentes e mais morais que os europeus (Porteous, 1996). Além do sublime, as características preferidas para o selvagem eram: nobre, inocente, moral, vasto, estético (Porteous, 1996, p. 78). Ademais, enquanto a sublimidade da paisagem americana tornou-se um orgulho, paisagens europeias foram reduzidas ao pitoresco. Assim, a noção do selvagem como um evidente ambiente estético foi criada e foi reforçada por fortes vínculos entre a estética da paisagem e o caráter nacional (Porteous, 1996). O medo do selvagem foi ultrapassado por sua crescente apreciação.

O valor estético das áreas primitivas e sua importância para uma nação deu lugar a um forte impulso de proteção da paisagem natural. George

Catlin, um famoso pintor de paisagens americano fez o apelo para a criação de um "parque nacional" (Nash, 1973). A "Hudson River School of Painting" reuniu artistas fascinados pela sublimidade natural da paisagem (T. Cole, A. Durand e F. Igreja). Valores excepcionais do Vale do Rio Hudson inspiraram Allstone e Cole a alcançar objetivos ambientais: preservar a beleza do ambiente (Böhm, Zachariasz, 2005). A ideia de proteção legal dos "parques nacionais" promovida pelo movimento National Parks (Böhm, Zachariasz, 2005; Porteous, 1996) levou em 1872 à criação do primeiro parque nacional do mundo: The Yellowstone National Park.[4] Quase ao mesmo tempo, o estilo americano de paisagem e o movimento para organizar parques em cidades evoluiu (Böhm, Zachariasz, 2005). É importante salientar, como assinala Porteous, que as ideias de J. Muir, de F.L. Olmstead, do movimento The National Parks, do Sierra Club e do Wilderness Act de 1964, acompanham a "ideologia profundamente arraigada da pureza selvagem" (Porteous, 1996, p. 78).

Essa transformação da percepção da paisagem desempenhou um papel fundamental não só no desenvolvimento do movimento mundial de proteção da natureza, mas, olhando para trás na perspectiva atual, também foi muito importante para a conceituação da trajetória do desenvolvimento civilizacional. O selvagem, o Sublime, Thoreau e outros pensadores inspiraram John Muire, que fomentou a moderna conservação da natureza. Mais adiante, essas questões influenciaram Theodor Roosevelt, o qual projetou a implementação da proteção da natureza pelo sistema legal. Além disso, no século XX, essas noções se tornaram uma das fundamentações do livro *Silent Spring* (1962), de Rachel Carson, o qual impulsionou uma mudança global nas atitudes para com o meio ambiente e seu desenvolvimento, o que resultou na transição para o conceito de Desenvolvimento Sustentável (por ex. Meadows *et al.*, 1992; Boyden, 2011; Brundtland Report,[5] 1987; Walker & Salt, 2006).

Além do mais, uma filosofia ecológica e ambiental contemporânea e, especialmente, uma "ecologia profunda",[6] estão decisivamente relacionadas à noção de selvagem. O valor inerente dos seres vivos, independentemente

4. Atualmente, há 59 parques nacionais nos Estados Unidos e mais de 300 na América do Sul.
5. Em particular, o *Brundtland Report* ("Nosso futuro comum") formalizou o caminho do desenvolvimento global, chamando atenção para as questões sobre o limite do crescimento, o papel do meio ambiente, e a responsabilidade compartilhada (WCED, 1987).
6. O termo foi cunhado por Arn Naess em 1973.

de sua utilidade instrumental para as necessidades humanas, é um ponto focal de seus princípios (ver Leopold, 1949).

Influência dos conceitos estéticos do século XVIII no planejamento espacial e na estrutura da paisagem contemporânea

A evolução das ideias estéticas do século XVIII acarretou consequências significativas para a paisagem e o planejamento do espaço, para a composição da paisagem e, parcialmente, para as preferências de paisagem que encontramos hoje. Pelo menos várias delas devem ser mencionadas aqui.

Conforme descrito anteriormente, o Sublime trouxe consigo grande valorização da natureza selvagem, o que resultou na proteção da natureza e no desenvolvimento do ecologismo – eles estão hoje conectados às ideias de patrimônio e implicam um grande respeito pela diversidade e pela complexidade. Além disso, o Sublime foi, em alguma medida, incorporado à ecologia profunda e contribuiu para possibilitar eficazes mudanças, como a alteração para sustentabilidade.

O desenvolvimento da proteção ambiental e uma visão sobre a importância do sistema ecológico de qualquer unidade espacial foi acompanhado por novas estratégias de planejamento, que estão cada vez mais sofisticadas e envolvem conceitos e movimentos tais como as redes verdes, jardinagem ecológica e a arte verde, frequentemente empregadas, hoje em dia, no planejamento de cidades. Obviamente, embora não sempre diretamente surgidos do sublime, estes conceitos são formados sob a base previamente enfatizada pela ideia – a natureza e seus valores estéticos e espirituais. Em uma escala muito menor, examinando um arranjo de paisagens compostas individualmente, tais como parques e jardins – o Sublime é refletido tanto em elementos de naturalidade quanto na dramatização das paisagens.

De acordo com Porteous (1996), a noção de pitoresco estabeleceu critérios para a avaliação de paisagens, desenvolveu gostos turísticos modernos que enfatizam o cenário e pontos de vista cênicos e forneceu uma seleção de paisagens frequentemente encontradas no subúrbio. O Belo é responsável pela evolução da noção inglesa de "campo", por aumentar a popularidade da paisagem rural na forma de "beleza/ pastoril", e, além disso, pela preferência geral por gramados e subúrbios no gosto da paisagem contemporânea.

O sublime, ameaças e perigos - o contexto ambiental

Quão profunda é a relação entre o Sublime e as emoções de medo e perigo? Desde o início da ideia essa ligação é forte. O Sublime evoca o poder e a perda, exemplificados pela desolação, solidão e pelo silêncio (Burke, 1968 [1757]). Como mostrado no item 2, a pergunta sobre a proximidade e a intensidade do medo e do perigo, precisamente colocada por Eco (2005), é legítima. O sofrimento, a ansiedade, as emoções abruptas são as razões do sublime somente se elas não são certamente prejudiciais (Eco, 2010, p. 290-291). Portanto, o aterrorizante no Sublime encontra-se a uma distância, ou mostra um grau que a psique humana é capaz de superar (Kant, 1994 [1790]; Specht, 2013). Em outras palavras, o aterrorizante é mais possível do que real. No entanto, se ele ultrapassa os limites de segurança da experiência humana, se ele chega muito perto, isso cria a situação inadequada de um perigo real, a qual excede o Sublime e se torna tragédia.

Desastres naturais acontecem desde o início da presença humana na Terra. No entanto, o conhecimento do século XX teve de ir além dessa afirmação óbvia e teve de observar que a irresponsabilidade das atividades humanas contribuiu consideravelmente para as ameaças naturais. Isso confirmou que o impacto humano resultou em uma profunda deterioração das paisagens e lugares e, além disso, tem sido frequente na história moderna. Um alerta ecológico amplia a escala - do local ao global. O ritmo do progresso é tão rápido que passa a exigir rígido gerenciamento e controle (Dyball, Newell, 2015). Rápidas alterações feitas pelo homem são encontradas em quase toda parte e há várias evidências de que elas podem constituir grave ameaça tanto para os seres humanos quanto para o meio ambiente. No entanto, não somos a primeira geração a estar ciente da direção dessas mudanças. A premonição do que o futuro pode trazer se a indústria e o crescimento socioeconômico generalizado acelerarem acompanha os teóricos e os artistas desde, pelo menos, o movimento Romântico. Essa época, como foi dito anteriormente, alterou a percepção do Sublime e a resposta humana à natureza. Além disso, outra novidade apareceu - não só a própria natureza pode levar a sensações de medo e temor, mas também processos ligados à sua devastação e perda de beleza[7] podem resultar em forte medo e ansiedade. O movimento selvagem é uma pressão crescente

7. Essa questão foi enfatizada fortemente pelos sentimentos antimáquinas e a estética anti-industrial.

para proteger áreas valiosas, pode reafirmar uma abertura para sentimentos encapsulados pelo Sublime.

Conquistas das ciências empíricas ajudaram a entender as consequências ecológicas e socioeconômicas da exploração excessiva dos recursos naturais. No entanto, a questão da experiência pessoal, da vida humana individual, frente ao poder das mudanças que conduzem a uma perda de seu espaço, domínio ou mesmo de sua casa quase não é tratado. O foco da análise sociocultural no aspecto da deterioração ambiental é geralmente colocado no nível de grupos ou comunidades (ver Datel, Dingemans, 1984; Ambiente Global 2011-2014). Não são muitos os pesquisadores que salientam a posição dos indivíduos no presente quadro de referência, mas, se o fizerem, sua compreensão pode ser excepcional, tal como está conectada à geografia humana (por exemplo, Tuan, 1974, 2008 e Relph, 1996).

Por outro lado, consequências negativas gerais da transformação dos espaços foram trazidas à tona por diversas disciplinas da arte e da ciência, abrangendo geografia, arquitetura, psicologia e filosofia.

"O Ser do humano é espacial" - afirmou Heidegger (1994 [1927]). O espaço afeta não só o que vemos no mundo, mas também como o vemos (Warf, 2006), e é extremamente importante para a identidade. Entre as muitas construções teóricas do espaço ("unidades espaciais"), um lugar é especialmente rico em significados e conotações; como uma categoria centrada no homem que enfatiza a perspectiva de um indivíduo. Associações entre pessoas e lugares abrangem as questões da experiência do lugar, da sensação do lugar, do seu sentido ou da situação de estar enraizado em um lugar.[8] Eles são importantes para a construção de vínculo afetivo entre as pessoas e o lugar ou ambiente, frequentemente chamado de "Topophilia" (ver Tuan, 1974).

Lamentavelmente, as relações entre pessoas e lugares são, às vezes, muito frágeis. O rompimento delas pode ser causado por fatores naturais ou humanos e podem levar a sérias consequências. As alterações ambientais em larga escala, não instigadas e fora do controle dos próprios habitantes, frequentemente parecem perturbadoras, disruptivas e divisoras (Burgess, Ouro, 1982). Datel e Dingemans (1984), ao analisar a desvalorização estrutural e funcional de várias cidades norte-americanas, descobriram que

8. Entretanto, Punter (1982) afirma que essas noções, as quais são usualmente associadas a um espaço, derivam diretamente da conceptualização da paisagem.

mudanças físicas de grande escala, ocorridas em vários tempos e lugares, tiveram um resultado semelhante: desenraizamento de habitantes.

A perturbação do espaço e do ambiente ou o arranjo espacial inadequado podem resultar em aparecimento de lugares e áreas, que não só estão "em-nenhum-lugar", mas também são inóspitas e alienígenas. Sua estrutura depreciada e sua desvalorização estética frequentemente dão origem a sentimentos crescentes de relutância, que são, obviamente, contrários ao prazer estético. A teoria da geografia e a arquitetura da paisagem criaram o termo "Placelessness"[9] para a destruição de características individuais de uma paisagem e lugar. Um conjunto de significados negativos é encapsulado em "distopia", "cacotopia" - um lugar anti-ideal. "Espaço exclusivo" e "espaço perdido" indicam áreas urbanas não utilizadas, aparentemente pertencentes a ninguém, rejeitadas e tratadas como lixo (Trancik, 1986).

Extensas variações negativas de lugares e paisagens podem levar a consequências trágicas enfrentadas pelos indivíduos, grupos e culturas, afetando diversas esferas da existência humana e, até mesmo, sua totalidade. A perda do seu lugar é o mais dramático. Lamentavelmente, essa situação não é rara na história do progresso e do uso da terra. É verdade que "a perda" é muito ampla, que envolve a expropriação e compreende o estado de separação, alienação e erradicação. Esses estados podem ser associados a características geralmente atribuídas à melancolia, mas, caso seja de alta intensidade, atribui-se à tragédia. A perda grave pode e faz quebrar a distância do medo e do sofrimento. A perda severa desobedece às regras do Sublime, o qual localiza o sujeito da experiência em uma posição relativamente segura. Infelizmente, há muitos indivíduos, comunidades e culturas que experimentam a perda grave, frequentemente externamente imposta.

A importância da continuidade das paisagens e dos lugares está, em primeiro lugar, nos protestos contra a degradação do solo. Nos últimos anos, com a grave dissidência dos povos indígenas em todo o mundo, o drama da terra mudou - das tribos nativas do Camarões e da Amazônia, à Suécia e à Noruega (por exemplo, Dzikie Życie, 2012-2013). No entanto, o problema não se limita aos povos indígenas e ocorre também nas sociedades pertencentes a economias pós-fordismo.

9. NT. Sem lugar.

Embora possa ser uma observação marginal, é importante agora citar Appleton (1996), que argumenta que as campanhas ambientais pró-paisagem sempre têm um lado estético.

O sublime metropolitano?

Recentemente, vários teóricos da arquitetura e urbanismo tentaram reavaliar o conceito do Sublime. Eles modificaram a atenção para cenas humanas criadas em larga escala, particularmente para a construção altamente organizada do tecido urbano que consiste em parcelas densas de arranha-céus em cidades "modernas" e "pós-modernas". Bell (2012), seguindo Costa (1994), liga estreitamente esse tipo de projeto de cidade com a noção de Sublime e o denomina "Sublime moderno". Supõe-se que a paisagem metropolitana industrial e a vida em megacidades são impossíveis de compreender (*ibidem*). Além disso, a composição dos núcleos de cidades metropolitanas expõe características formais muitas vezes relacionadas ao Sublime: objetos altos, linhas retas, cores escuras, formas afiadas. De modo geral, com a vastidão e a impressão de ausência de limites, eles são considerados uma continuação ou um reflexo da ideia do Sublime.

No entanto, parece que o problema da excitação estética desse tipo de paisagem deve ser tratado como uma questão em aberto. Embora a expansão da esfera tecnológica possa ser seguida pelo suporte do interesse público, como Nye (1994) demonstra, para a sociedade norte-americana, é frequentemente argumentado que as cidades modernas não só cada vez mais rejeitam o direito dos habitantes ao prazer sensorial (Porteous, 1996, p. 108), mas também os priva de um conjunto de valores fundamentais (Millais, 2009).[10] Digno de nota, o estereotipado moderno sistema urbano inibe a coesão social e cultural (Wallis, 1990) e reforça o destacamento de pessoas do ambiente natural. Desnecessário dizer que os significados das paisagens das cidades de hoje são frequentemente manipulados (Penning-Rowsell, 1989).

No contexto da origem do conceito de Sublime, a presença de características de composição formal trazidas à tona pelo Sublime pode não ser suficiente para incorporar bairros de arranha-céus e tecnologias avançadas à

10. Para obter mais informações sobre "*city jungles*" vida real e cenário ver Alvarez (1995), "Keeping the place".

ideia. Para além da forma, o Sublime encapsulou algum conteúdo relevante, aspectos da semiótica e de conotação. A palavra "sublime", de origem latina [*sublimis*] significa algo que é "posição ou levantado ao alto, no alto". A teoria estética geral, por sua vez, salienta a capacidade de proporcionar prazer estético por um determinado objeto ("sublime"), e a própria arte conectou por séculos emoções profundas com o Sublime. O Sublime excede as formais e estritas regras estéticas e vai muito além da atratividade temporária.

Referências bibliográficas

ALVAREZ, A. "Keeping the peace". In: *Night*. New York-London: W.W. Norton & Company, 1995. p. 219-256.

APPLETON, J. *The Experience of Landscape* (rev. ed.). Chichester: John Wiley, 1996.

BELL, S. "The power of landscape as revealed through the sublime: is it time for a rediscovery? Proceedings of ECLAS 2012". In: *The Power of Landscape*. Warsaw: Univ. of Life Sciences, 2012. p. 436-441.

BÖHM, A. ZACHARIASZ, A. *Landscape Architecture and Gardening Art. An Illustrated Dictionary*, vol. 3. Warszawa: Krajowy Ośrodek Badań i Dokumentacji Zabytków, 2005.

BOYDEN, S. *Our Place in Nature: Past, Present and Future.* Canberra: Nature and Society Forum, 2011.

BURGESS, J. GOLD, J. On the significance of valued environments. In: BURGESS, J.; GOLD, J. 1982, *Valued Environments*. London: George Allen & Unwin, 1992. p. 1-9.

BURKE, E. *Philosophical Enquiry into the Origin of our Ideas of the Sublime and Beautiful*, 1757. Polish edition: BURKE E., 1968, *Dociekania filozoficzne o pochodzeniu naszych idei wzniosłości i piękna*. Transl. P. Graff, Warszawa: Państwowe Wydawnictwo Naukowe, 1968.

CARSON, R. *Silent Spring* (1962). Boston: Mariner Books, 2002.

COSTA, M. *Le sublime technologique*. Lausanne: Iderive, 1994.

DATEL, R.E., DINGEMANS, D.J. "Environmental perception, historic preservation and a sense of place". In: SAARINEN T.F. *et al.*, (eds.). Environmental perception and behavior: An inventory and prospect.

Department of Geography Research Paper, University of Chicago, n. 209; p. 131-144, 1984.

DEAN, B.P. “Introduction”. In: THOREAU, H.D. *Letters to a Spiritual Seeker*. New York-London: W.W. Norton & Company, 2006. p. 11-25.

DYBALL, R.; NEWELL, B. *Understanding Human Ecology. A System Approach to Sustainability*. London- New York: Earthscan from Routledge, 2015.

DZIKIE ŻYCIE (a monthly of nature preservation). Bystra, Poland. Issues 2012-2013

ECO, U. “The Sublime”. In: Eco U. (ed.). *History of Beauty*. New York: Rizzoli, 2010. p. 275-297.

GLOBAL ENVIRONMENT. A Journal of History and Natural and Social Sciences, issues 7-13, 2011-2014.

HAMPSHER-MONK, I. “Edmund Burke”. In: *Routledge Encyclopedia of Philosophy.* Craig E (ed.), vol. 2. London: Routledge, 1998.

HEIDEGGER, M. *Sein und Zeit*, 1927 (Being and Time; Polish edition: *Bycie i czas*, 1994), Warszawa: Wyd. Naukowe PWN, 1994.

KANT, I. 1790, Critique of Judgement, (Polish edition 2004), *Krytyka władzy sądzenia*, transl. J. Gałecki, Warszawa: Państwowe Wydawnictwo Naukowe, 2004.

LACEY, S. *Gardens of the National Trust*. London: National Trust Books, 2005.

LEOPOLD, A. A Sand County Almanac, 1949 (Polish edition 2004), *Zapiski z Piaszczystej Krainy*, transl. R. Kotlicki, J.P. Listwan, Bystra: Stowarzyszenie Pracownia na rzecz Wszystkich Istot, 2004.

LOWENTHAL, P.; PRINCE, H.C. English Landscape Tastes. *Geographical Review*. 54; p. 309-346, 1965.

MEADOWS, D.H.; MEADOWS, D.L.; RANDERS, J. *Beyond the Limits: Global collapse or a Sustainable Future.* London: Earthscan, 1992.

MILLAIS, M. *Exploding the Myths of Modern Architecture*. London: Frances Lincoln Limited, 2009.

NASH, R. *Wilderness and the American Mind*. New Haven: Yale University Press, 1973.

NYE, D.E. *American Technological Sublime*. Cambridge-London: The Massachusetts Institute of Technology Press, 1994.

PENNING-ROWSELL, E.C. “Themes, speculations and an agenda for landscape research”. In: *Landscape Meanings and Values*. E Penning-Rowsell, D. Lowenthal (eds.), London-Sydney: Allen & Unwin, 1986. p. 114-128.

PORTEOUS, J.D. *Environmental Aesthetics. Ideas, Politics and Planning.* London and New York: Routledge, 1996.

PSEUDO-LONGINUS. "O wzniosłości (O górności; On the Sublime)". In: SINKO, T. (ed. transl.). *Trzy poetyki klasyczne. Arystoteles. Horacy. Pseudo-Longinos.* Warszawa-Wrocław: Ossolineum, 1951.

PUNTER, J.V. "Landscape aesthetics: a synthesis and critique". In: BURGESS J., GOLD J. *Valued Environments.* London: George Allen & Unwin, 1992. p. 100-123.

RELPH, E. "Reflections on Place and Placelessness". In: *Environmental and Architectural Phenomenology Newsletter.* ed. 7, v. 3, p. 14-16, 1996.

RYDZ, R. *Edmund Burke na* ścieżkach *wolności* (Edmund Burke on Liberty), Poznańskie Studia Historyczne, Poznań: Wydawnictwo Poznańskie, 2005.

SERRÃO, A.V. "Filosofia e paisagem. Aproximações a uma categoria estetica". In: *Philosophica*, Lisboa, ed. 23, p. 87-102, 2004.

SIEWNIAK, M., MITKOWSKA, A. *Tezaurus sztuki ogrodowej.* Warszawa: Oficyna Wydawnicza Rytm, 1998.

SPECHT, R. Pojęcie wzniosłości w filozofii Kanta (The notion of the Sublime in Kant's Philosophy), *Studia z Historii Filozofii* ed. 2, v. 4, p. 167-184, 2013.

THOREAU, D.H. *Letters to a Spiritual Seeker.* New York-London: W.W. Norton & Company, 2006.

TRANCIK, R. *Finding Lost Space. Theories of Urban Design.* New York: John Wiley & Sons, 1986.

TUAN, YI-FU. *Topophilia. A study of Environmental Perception, Attitudes and Values.* New York: Columbia University Press, 1974.

TUAN, YI-FU. *Space and Place. The Perspective of Experience.* Minneapolis-London: University of Minnesota Press, 2008.

WALKER, B. SALT, D. *Resilience Thinking*: Sustaining ecosystems and people in a changing world. Washington: Island Press, 2006.

WALLIS, A. *Socjologia przestrzeni.* Warszawa: Niezależna Oficyna Wydawnicza, 1990.

WARF, B. "Identity". In: *Encyclopedia of Human Geography.* London-New Delhi: Sage Publications, 2006.

WORLD COMMISSION ON ENVIRONMENT AND DEVELOPMENT (WCED). *Our Common Future* (The Brundtland Report). Oxford: Oxford University Press, 1987.

SOBRE O TEMPO TRÁGICO NO WAGNER DE BADIOU

Igor Baggio[1]

Antes de entrarmos de fato em nosso tema, a questão relativa ao tempo ou, melhor dizendo, ao significado de uma temporalidade trágica na música de Wagner, segundo Alain Badiou, começaremos situando minimamente a origem de seu livro sobre o compositor, *Five Lessons on Wagner*, do qual retiramos tal tema, bem como a natureza de sua estratégia de interpretação do projeto wagneriano em termos mais gerais, assim como do chamado "caso Wagner" mais especificamente. A partir daí poderemos passar brevemente ao ponto que nos importa aqui.

Five Lessons on Wagner é um livro publicado originalmente em inglês, em 2010, e que teve origem em traduções de notas detalhadas em francês que o filósofo havia preparado para suas falas em alguns eventos sobre Wagner, que tiveram lugar na École Normale Supérieure, nos idos de 2001, sob a direção do compositor François Nicolas. Em meio a esses eventos, como nos informa o prefácio do livro, contava Badiou com a tarefa de discorrer, a pedido de Nicolas, sobre a relação entre Adorno e a filosofia contemporânea, em geral, e Wagner, em particular, bem como fornecer sua visão a respeito de *Parsifal*, num seminário dedicado inteiramente a essa obra.

Comparado ao material original em francês relativo a esses seminários, disponibilizado na Internet, o livro de Badiou é, naturalmente, muito mais abrangente e bem articulado em um todo coerente. Uma marca disso, por exemplo, é o fato de que, a despeito de as ideias de Adorno em torno da dialética negativa e sobre Wagner consistirem, tanto no livro quanto nas anotações, um ponto de referência teórico fundamental, a partir do qual

1. Doutor em filosofia pela Universidade de São Paulo e mestre em música pela Universidade Estadual Paulista "Júlio de Mesquita Filho". É autor do livro *O dodecafonismo tardio de Adorno* (EDUNESP, 2011). E-mail: igor_baggio@hotmail.com

Badiou construirá sua própria interpretação, o filósofo francês também consegue integrar em seu livro boa parte da tradição crítica e filosófica do "caso Wagner", desde Baudelaire até Lacoue-Labarthe, tangenciando questões célebres levantadas por Mallarmé, Nietzsche, Thomas Mann e outros a respeito da obra do compositor. Ainda assim, fica claro desde o início que é Lacoue-Labarthe, por um lado, e Adorno, por outro, os dois autores mais recentes que indicarão os termos da releitura de Wagner pretendida por Badiou.

Se por um lado Adorno aparece para Badiou como aquele que teria fornecido os termos mais férteis a partir dos quais "o caso Wagner" poderia ser reaberto e reavaliado hoje, tendo em vista uma apropriação nova de seu sentido, e isso a despeito da posição mais geral de Adorno sobre Wagner ser amplamente criticada por Badiou, o livro de Lacoue-Labarthe, *Musica Ficta*, de 1991, sumariza, em larga medida, os pontos filosófico-interpretativos a respeito de Wagner que Badiou gostaria de refutar com seu livro. Portanto, isso quer dizer que, a despeito do debate ocasional com a tradição, é com Adorno e Lacoue-Labarthe com quem Badiou realmente deseja dialogar. Tendo isso em vista, nossa questão aqui será mostrar como a "desconstrução" das posições desses autores pretendida por Badiou terá como um dos pontos culminantes a reavaliação dos sentidos da temporalidade e do tempo trágico em alguns dos dramas musicais de Wagner. É isso o que gostaríamos de mostrar. Dito isso, à guisa de introdução, podemos passar agora a ver como esse debate entre Badiou, Lacoue-Labarthe e Adorno acontece, ainda que, devido à exigência de sermos sucintos, as simplificações se imponham em vários momentos.

Segundo Badiou, *Musica Ficta*, o livro de Lacoue-Labarthe, destila a essência das posições "anti-wagnerianas", posições estas que, em meio à tradição do "caso Wagner", ainda apareciam mescladas com uma não pequena dose de assentimento, admiração e fascínio. Se, até Adorno, as leituras críticas e filosóficas da obra de Wagner haviam sido sempre ambivalentes, a despeito de terem todas, no entender de Badiou, tendido já para a denúncia da faceta perigosa e ideológica do projeto wagneriano – faceta que Badiou em nenhum momento deixa de reconhecer –, com o livro de Lacoue-Labarthe o anti-wagnerismo teria alcançado seu ápice. Eis a tese central do capítulo inicial do livro de Badiou, dedicado a uma crítica de *Musica Ficta*. Tendo em vista o modo como o "caso Wagner" é passado em revista neste livro, Badiou entende que o núcleo duro do anti-wagnerismo subjacente a todas as suas versões poderia, se levado a suas últimas consequências, desembocar na posição eminentemente negativa de Lacoue-Labarthe, uma posição resumida pelas seguintes colocações de Badiou (2010, p. 9):

> Na opinião de Lacoue-Labarthe, é o aparato wagneriano como um veículo para a estetização da política; é Wagner como a transformação da música em um operador ideológico que, em arte, sempre envolve constituir um povo; isto é, figurando ou constituindo uma política. O que está sendo elaborado aqui é uma visão de Wagner como um proto-fascista (estou usando o termo em sua acepção descritiva) na medida em que ele supostamente inventou um aspecto de fechamento na ópera ao atribuir a esta a tarefa de configurar um destino nacional ou *ethos* e, desse modo, terminou encenando derradeiramente a função política da própria estética.

A despeito de reconhecermos em vários momentos da obra teórica e dramático-musical wagneriana argumentos, visões de mundo e técnicas musicais e teatrais que corroboram esse tipo de interpretação – e isso é algo que, digo novamente, o próprio Badiou não deixa em nenhum momento de fazer –, *não* deveríamos continuar a tratar da questão da "grande arte", em geral, e das obras dramático-musicais wagnerianas, em específico, simplesmente reduzindo-as a essa perspectiva que Badiou chama de "teológico-política". Eis uma das teses centrais do livro de Badiou. Pois no entender desse, tanto Adorno quanto Lacoue-Labarthe estariam, ao fim e ao cabo, construindo ou reconstruindo uma figura de Wagner "baseada em uma determinação filosófica especulativa que em realidade tem a ver com o teológico-político, ou, se se preferir, com a estetização da política, isto é, a política como uma religião artística (o que é uma definição possível do fascismo)" (Badiou, 2010, p. 11).

Badiou destaca quatro pontos da leitura de Lacoue-Labarthe, mas que também já compareciam em termos não muito distintos em Adorno, servindo para sustentar as interpretações filosóficas de Wagner nesses termos essencialmente denunciatórios: 1) o papel do *mito*, que diz respeito à pretensa submissão total do drama e da ópera a mitos fundadores; 2) o papel da *tecnologia*, que diz respeito principalmente à "amplificação" (termo de Lacoue-Labarthe) extrema dos efeitos musicais e teatrais sobre o público, fundando, com isso, algo como um protofenômeno de manifestações culturais de massa; 3) o papel da *totalização*, que se refere, mormente, à fusão de todas as formas artísticas em uma monumental obra de arte total, uma

Gesamtkunstwerk; e, finalmente, 4) o papel da *unificação*, que diria respeito à subsunção das diferenças entre os elementos constituintes do drama musical, principalmente os elementos musicais, ao princípio do *melos*, da melodia infinita, a algo como um impulso em direção à melodização total, isso combinado à absorção do mito pela própria música por meio do uso espúrio (isto é, não puramente musical) dos *Leitmotive*.

Esses quatro pontos destacados por Badiou já nos facultam começar a abordar de que modo o filósofo pretende recuperar um sentido positivo para a concepção wagneriana do drama musical, tendo em vista o momento atual. No que nos diz respeito aqui, o que devemos esclarecer agora pode ser resumido na seguinte questão, que aponta para um dos sentidos propriamente musicais que tal recuperação assumiria: como essas acusações reiteradas contra o projeto wagneriano cobraram sentido junto à questão da experiência temporal em seus dramas-musicais e como essa questão pode ser encarada em outros termos, isto é, em termos não apenas críticos, mas agora também afirmativos, tendo em vista as condições de possibilidade atuais para as "grandes obras de arte"? Essa questão ainda poderia ser desdobrada em outra: como alguns modelos de temporalidade presentes nos dramas musicais wagnerianos poderiam nos fornecer pistas para possíveis saídas da crise da "grande arte" em nossos dias – crise que Badiou entende principalmente a partir das tendências vanguardistas das últimas décadas, que promoveram a ideia de que "a grande arte", ao fim e ao cabo, possuiria apenas uma função ideológica a ser combatida pelos ataques reiterados às formas estéticas globais e mesmo à dita "instituição arte", para não falarmos dos ataques às fronteiras entre grande arte e produtos advindos da esfera da indústria do entretenimento e àquelas entre arte e vida ordinária.

Para respondermos a essas questões, tendo em vista o livro de Badiou, devemos agora retornar brevemente a Adorno. Pois o fenômeno a que Badiou se refere, utilizando-se da célebre expressão benjaminiana "estetização da política" e da referência à noção de uma "teologia política", também estivera no centro das preocupações de Adorno em sua monografia sobre Wagner, ainda que, aí, esse fenômeno apareça dependendo principalmente de um outro fenômeno subjacente: a "fantasmagoria". Para Adorno, a intenção do drama musical wagneriano em sintetizar todas as artes e mesmo todos os diferentes estratos do material musical, subsumindo-os em uma unidade superior sem falhas, a uma identidade e a uma totalidade, dependeria intimamente, em última análise, da ocultação do trabalho técnico e artístico realizado junto à obra de arte. No entender de Adorno, essa ocultação do trabalho estético sobredetermina o caráter de aparência da arte de modo exponencial, levando, por fim, a efeitos cegadores e aglutinadores (leia-se ideológicos) junto ao público, que já seria concebido como massa, desde o início do processo de composição. Nesse sentido, a relação do fenômeno da fantasmagoria com a esfera de uma possível "teologia política" e com a estetização da política pode ser claramente detectada no seguinte comentário de Adorno (2003, p. 102) sobre o *Parsifal*:

> A adição de todas as formas de reação dos órgãos sensíveis à totalidade do drama musical tem como pressuposto não só a ausência de um estilo obrigatório, como a dissolução da metafísica. Na obra de arte total esta quer não tanto expressar-se como produzir-se. A "profanidade" (*Profanität*) consumada queria gerar por si mesma uma esfera sacra: em *Parsifal* não se faz mais que elevar à autoconsciência toda essa tendência inicial. De tal essência do artifício deriva o caráter ilusionista da obra de arte total.

O próximo passo para nos aproximarmos da caracterização de Badiou das posições anti-wagnerianas seria apenas reconhecer na Nação e no Estado a realização material dessa fantasmagoria, o que, de fato, é um passo que também já se insinua nas interpretações adornianas. *Parsifal* aparece para Adorno como o exemplo privilegiado de uma vivência da fantasmagoria na esfera do sacro, o que vai diretamente ao encontro das palavras de Badiou a respeito de uma "teologia política" ou estetização da política. Sem dúvida, *o* momento privilegiado para uma análise dessa vivência, no que diz respeito à temporalidade, é aquele do interlúdio orquestral do primeiro ato que tem início logo após Gurnemanz proferir as célebres palavras à *Parsifal*: "Vê, meu filho, aqui o tempo converte-se em espaço".[2] Para Adorno, conjuntamente com o episódio da estada de *Tannhäuser* no *Venusberg*, essa passagem, integrante da chamada *Verwandlungsmusik*, demonstraria claramente como em decorrência da ausência de progressão harmônica, de um trabalho composicional calcado em variações e desenvolvimentos de motivos, e da aplicação de uma técnica de transição mínima à orquestração, a fantasmagoria se deixaria ler como sinônimo da perda de uma experiência temporal e subjetiva autêntica. É tendo isso em vista que Adorno (2003, p. 104) irá ainda afirmar que:

---

2. Parsifal, Ato 1, *Verwandlungsmusik*, imediatamente antes do Interlúdio orquestral.

> A detenção do tempo e a completa ocultação da natureza pela fantasmagoria se confundem, portanto, na lembrança de um arcaísmo que não conhece nenhum tempo não garantido pelos astros. O tempo é o momento decisivo da produção, sobre o qual a fantasmagoria, enquanto ilusão de eternidade, engana.[3]

Para Adorno, portanto, não haveria que se falar em uma temporalidade trágica com relação a Wagner, em uma chave positiva, porque, no fundo, simplesmente não haveria, de fato, qualquer experiência temporal em jogo em suas obras, a não ser a mera recaída ideológica do tempo no espaço. Ao serem escamoteados o caráter propriamente espiritual, subjetivo e racional do trabalho musical, encarnado nos processos de manipulação motívico-temáticos inaugurados por Beethoven na consecução da grande forma estética, a processualidade e a qualidade eminentemente temporal da música simplesmente recairiam novamente, em Wagner, no âmbito da repetição espacial de gestos corporais, de cuja sublimação essa qualidade havia sido primeiramente originada.[4] Eis o que Badiou não está disposto a conceder a Adorno com relação à experiência temporal em Wagner. Contrariamente a isso, Badiou (2010, p. 123) afirma que "Wagner pode ser creditado por ter criado não apenas uma experiência original do tempo, como três tipos distintos de tempo que eram suas concepções assinaturas, que foram realmente inventadas por ele e são paradigmáticas de sua música". Afora esses três tipos de temporalidade, as quais comentaremos a seguir, Badiou ainda ressalta dois dispositivos eminentemente temporais lançados pela música de Wagner, em chave que poderíamos chamar de crítica em relação à totalidade e à unidade identitária da fantasmagoria estática.

Como em Ésquilo, existe, para Badiou, uma experiência temporal crucial sendo jogada em Wagner, flagrada naqueles momentos em que os personagens recontam, intermináveis vezes, eventos já ocorridos. Ao contrário do que poderíamos ser levados a pensar, nesses momentos nunca estaríamos diante da mera repetição e da consequente "retoricização" do sofrimento subjetivo encarnado nos personagens, como poderia pensar Adorno. Tratar-se-ia, sim, de um modo de ser do sujeito musical wagneriano que se desdobra como discurso que modula a ação. O "caráter de discurso"

---

3. Daí a explicação de Adorno para a célebre fala de Gurnemanaz: "Os personagens mesmos perdem sua posição temporal empírica enquanto se entra no reino dos seres ideais" (Adorno, 2003, p. 85).

4. Adorno (2003, p. 26-39) analisa esse ponto em detalhe no capítulo 2, "Gesto", do *Ensaio sobre Wagner*.

da subjetividade em Wagner possui, para Badiou, um forte valor crítico, já que é por meio da objetivação discursiva que a metamorfose subjetiva operaria o drama nessas passagens. Isso é algo que também aponta para uma interpretação positiva da temporalidade musical wagneriana frente a Adorno. Nas palavras de Badiou (2010, p. 117): "Como resultado, a música, como eu já mencionei, será uma música de metamorfoses, na qual nós vemos como um sujeito, através do contar a estória, transforma completamente sua situação ou enuncia um discurso e muda sua situação".

Há também o que Badiou nos diz sobre o caráter dos momentos de "espera", nos dramas musicais de Wagner, quando nada parece ocorrer e o tempo parece ser suspenso. Segundo nos afirma Badiou, Adorno havia criticado tais momentos de espera por estes terem sido sempre pensados de antemão, tendo em vista a emergência da resolução final das obras. Ao contrário da qualidade da espera no teatro de Beckett, por exemplo, onde a espera seria, de fato, uma "espera em vão", completamente aberta e indeterminada frente ao futuro, a espera em Wagner já contaria sempre com o gesto final de reconciliação. Contrariamente a isso, Badiou argumentará que o terceiro ato do *Tristão* seria, nada mais nada menos, que *o* exemplo paradigmático de uma espera em vão, independente de qualquer resolução músico-dramática convencional continuar existindo aí. Nessa chave de leitura, a chegada de Isolda não representaria uma verdadeira solução para a espera de Tristão, mas apenas algo inefetivo diante do sofrimento de Tristão, já que, ao fim e ao cabo, nada de positivo é alcançado com essa chegada. Nas palavras do autor:

> [...] mesmo que Isolda realmente chegue, sua chegada é, de certa maneira, *para além* de toda espera, já que a única coisa que Tristão pode então fazer é morrer. Tudo que ele diz é "Isolda", e morre. É um pouco como um *suplemento* para a espera, ao invés de sua resolução; não é de forma alguma o começo de outra coisa, mas apenas o fato de que, para além da espera e como que em excesso a ela, existe efetivamente essa última figura da morte de Tristão nos braços de Isolda. Mas a espera como tal é apresentada estruturando-se por si mesma. (Badiou, 2010, p. 121)

Por fim, retornemos aos três tipos de temporalidade que Badiou reclama como sendo as "concepções assinaturas" do tempo musical wagneriano, concepções estas que seriam irredutíveis ao fim da experiência temporal da música em Wagner, nos termos propostos por Adorno. Badiou chama o primeiro desses três tipos de temporalidade de "o tempo dos mundos díspares" e o explica dizendo que esse tempo seria criado pela música para sustentar dramaticamente passagens em que estaria ocorrendo uma transição de um mundo para outro. Outra alcunha para esse senso de temporalidade em Wagner é sugerido pela expressão "tempo errante" (*wandering time*), sendo o exemplo mais claro para tal tipo justamente o interlúdio do primeiro ato de *Parsifal* ao qual aludimos anteriormente. Eis como Badiou (2010, p. 124) descreve a mesma passagem da *Verwandlunsmusik* mencionada acima:

> Aqui temos uma transição – uma marcha, estritamente falando, uma marcha que antecipa a procissão dos cavaleiros que vem imediatamente depois disso. Movemo-nos de fora para dentro, da narrativa para a cerimônia, da vida potencial para a morte iminente; em outras palavras, nos é proporcionado como que um anfitrião para transições de um mundo simbólico a outro. [...] Ouvindo essa passagem, tem-se uma poderosa sensação de uma experiência do tempo sendo criada, o que é expresso diretamente pela figura sonora.

Ao contrário da leitura adorniana, que aproveita do mote de Gurnemanz para ilustrar sua ideia de que a ausência de trabalho motívico-temático em Wagner equivaleria à deposição da organização temporal por parte do sujeito musical, Badiou salienta não a percepção da espacialização do tempo por parte de Parsifal, mas, sim, o caráter da música como um todo, que representaria uma passagem de um ponto espacial e espiritual a outro. Na leitura de Badiou, torna-se improvável a separação entre o caráter espaço-temporal do que ocorre na cena e o significado simbólico e espiritual da música dessa cena para os personagens, e, por isso, sua leitura não precisa privilegiar o ponto de vista da fala de Gurnemanz, mas, sim, abarcar a contradição espaço-temporal inscrita na totalidade desse momento da obra. Com efeito, uma interpretação bastante interessante e prenhe de consequências.

O segundo tipo de tempo na obra wagneriana analisado por Badiou é chamado, pelo filósofo, de "o tempo do período de incerteza", e se refere a uma decisão ou incidente do enredo com a subjetividade, com um tipo de "entretempo" (*in-between time*), um tipo de experiência temporal própria de quando a criação de uma possibilidade ainda não tomou forma verdadeiramente e, por isso, há algo pairando de modo incerto (Badiou, 2010, p. 123). Badiou compara esse tipo de tempo ao que seria um modo atual, bastante típico, de vivenciarmos a temporalidade, isto é, após a derrocada dos paradigmas sociais, políticos e estéticos da modernidade assim como a impossibilidade de formação de outros paradigmas que viessem ocupar seu lugar. O exemplo inequívoco, na obra de Wagner, seria o prelúdio ao terceiro ato de *Tannhäuser*, no qual a orquestra teria o papel de, apenas com recursos musicais, expressar o caráter cindido da subjetividade de *Tannhäuser* após o fracasso de sua peregrinação a Roma em busca de perdão, quando o herói aparece, em um monólogo, sofrendo intensamente por não pertencer nem à esfera cristã nem à esfera pagã. Em termos musicais, Badiou (2010, p. 126) no oferece uma ilustração bastante interessante desse tipo de tempo:

> A técnica que ele [Wagner] usa para alcançá-lo [o *in-between time*] é uma espécie de incerteza temática combinada com um efeito de dispersão, uma leveza orquestral dispersa. Em outras palavras, nós não sabemos exatamente qual é ou será o tema dominante, e a orquestração, ao invés de acompanhá-lo com uma afirmação orgânica, tende um tanto a desviar-se.

Por último, teríamos o terceiro e decisivo tipo de experiência temporal que Badiou denomina "o paradoxo do tempo trágico", ou seja, à forma específica de temporalidade que teria lugar junto ao conflito trágico entre o particular e o universal, nos dramas musicais de Wagner. Mais especificamente, eis como Badiou (2010, p. 127) toma o conceito do trágico em seu estudo:

> O trágico é sempre o conflito entre a aparência das coisas e algo muito mais extensivo, que é revelado em uma lacuna nessa aparência e que tem influenciado secretamente seu destino por um longo tempo. O desnudamento dessa vasta e escondida temporalidade que domina sobre a aparência é o tempo do paradoxo trágico.

O exemplo mais claro dessa experiência temporal seria o monólogo de Hagen, no primeiro ato de *Götterdämmerung*, em que o filho de Alberich revela com seu discurso estar tecendo o destino de Siegfried. O que chama a atenção de Badiou nessa passagem é o modo como a música composta para esse monólogo constrói a relação entre o particular ou a aparência, representados aqui por Siegfried, e a essência ou universalidade de seu destino, encarnados pelo discurso de Hagen. Wagner se utiliza de metamorfoses dos *Leitmotive,* associados a esses dois personagens, para a construção desse efeito temporal, notadamente ao submeter os motivos associados à espada de Siegfried e a Wotan a uma orquestração grave associada a Hagen.

Daí também Badiou (2010, p. 127) caracterizar esse tipo de tempo com as seguintes palavras:

> Quando Wagner quer produzir esse tipo de tempo, ele o faz jogando o discurso ou o tema explícito, ou mesmo a melodia às vezes, contra profundas e subterrâneas camadas de música, usualmente orquestradas no registro grave. Esta é a própria essência das inovações métricas e orquestrais de Wagner, a saber, sua capacidade em criar, em contraste a um discurso melódico existente, esse tipo de onda ascendente da camada mais profunda e submersa da música [...].

Portanto, contra Adorno, Badiou entende que, com a criação de uma experiência temporal trágica, a música de Wagner estaria dando conta, aparentemente, não apenas de sustentar a fantasmagoria, como também, e caracteristicamente, de destruí-la nesses momentos onde o universal invadiria a normalidade da situação aparente da subjetividade dos personagens de maneira violenta e inesperada. Nesses momentos, o espaço e a imagem fixa do presente eterno talvez estejam sendo impulsionados novamente em direção ao tempo e ao futuro. Seja como for, trata-se de um exemplo paradoxal de tempo, já que a erupção violenta do destino confronta-se, aqui, com o registro da subjetividade que se tinha como livre. Dessa confrontação, Badiou afirma emergir uma experiência temporal extremamente central na música de Wagner, uma centralidade também ligada, sobretudo, à mudança de funções ocupadas pelos elementos musicais na articulação do drama, principalmente os *Leitmotive* e a orquestração. Para a construção desse tipo decisivo de temporalidade musical, Wagner como que subverteria funções estabelecidas por ele mesmo para os elementos musicais no interior de suas obras. Algo como a alegorização dos elementos musicais é o que se anuncia. No caso do monólogo de Hagen, esse procedimento saltaria aos ouvidos:

> Os *Leitmotives* então não mais servem para identificar os personagens com quem eles são usualmente associados, mas sim para expressar o destino sendo arquitetado por Hagen.
>
> A possibilidade de que um dado tema pode não apenas estar atuando numa narrativa ou papel subjetivo, mas também servindo como material para outro tema – como se de fato ele *fosse* outro tema – é uma faculdade profundamente incrível ligada à virtuosidade harmônica e orquestral de Wagner. (Badiou, 2010, p. 128-129)

Palavras ainda endereçadas a Adorno, quem sempre voltou a criticar o uso meramente psicologizante dos *Leitmotive* por Wagner, quem os teria associado apenas como rótulos aos personagens, de modo estático e sem abertura a possíveis desenvolvimentos. No fundo, toda a releitura de Badiou da obra wagneriana possui um objetivo bastante preciso e reconhecido pelo autor, a saber, o de repensar uma possível re-emergência de um lugar para a reafirmação da "grande arte" na contemporaneidade. Contra todos os intermináveis discursos tecidos nos últimos anos em torno do caráter pretérito da arte elevada, da arte burguesa, da forma estética, Badiou pensa que nosso momento histórico precisa assumir uma tarefa de refundação da grande obra de arte, uma arte capaz de sustentar novamente a exigência de portar verdades estéticas. Tudo isso vem endereçado, como já aludimos, às inúmeras estratégias passadas e presentes da antiarte, todas calcadas na negação da existência de um conteúdo de verdade especificamente estético, frente à efetividade sócio-histórica e à racionalidade científica. Contra a reiteração interminável do discurso político e estético, que se alimenta da afirmação acerca da necessidade incontornável do despedaçamento dos grandes ideais modernos e da afirmação benéfica da autonomização dos fragmentos do projeto moderno, Badiou tenciona mostrar que, assim como em política, nem todo grande projeto artístico deve, necessariamente, estar fadado a confundir a universalidade de uma totalidade com a cegueira totalitária. Em relação ao seu Wagner, nos defrontamos justamente com um fenômeno dessa natureza, uma grandeza sem totalidade afirmativa.

Referências bibliográficas

ADORNO, Th. W. *Die musikalischen Monographien*. Gesammelte Schriften 13. Frankfurt: Suhrkamp, 2003. Digitale Bibliothek 97.

BADIOU, A. *Five Lessons on Wagner*. London; New York: Verso, 2010.

______. *Pequeno manual de inestética*. Trad. Marina Appenzeller. São Paulo: Estação Liberdade, 2002.

HEWLETT, N. *Badiou, Balibar, Rancière: Re-thinking Emancipation*. New York: Continuum, 2007.

LACOUE-LABARTHE, P. *Musica Ficta: Figures of Wagner*. Trad. Felicia Maccarren. Stanford: Stanford University, 1994.

TRAGICIDADE ANTES DA TRAGÉDIA: A CEGUEIRA HUMANA

Marcela Figueiredo Cibella de Oliveira[1]

Neste texto, pretendo investigar certos elementos constitutivos da tragédia grega que já estariam prenunciados na poesia homérica, e como eles podem ser identificados desse ponto de vista. O objetivo desta investigação é compreender melhor se o caráter trágico da existência já estava delineado ali, na origem da literatura ocidental, em sua forma épica, ainda que a obra de arte a ser chamada propriamente de "tragédia" só viesse a surgir alguns séculos depois de Homero.

Importante salientar que aborda-se aqui dois contextos históricos bem distintos. Entre o "pai" de todos os poetas e seus "seguidores", os poetas trágicos, como diz Platão na *República*, a sociedade grega passou por várias transformações. Entre o séc. IX a.C., de Homero, e o séc. V a.C., das tragédias de Ésquilo, Sófocles e Eurípedes, a Grécia passou por um processo crescente de laicização, pelo surgimento da filosofia e pelo desenvolvimento da democracia, só para citar alguns exemplos (mesmo a estabilização da escrita se dá nesse intervalo). Lembre-se, ainda, que as duas formas artísticas em questão são marcadamente diferentes no que diz respeito tanto à sua composição formal quanto à experiência estética que engendram – sendo a recepção da tragédia, especialmente, alvo de tantos debates ao longo da história. Mas a pergunta que se coloca é se, no concernente ao seu conteúdo essencial, não seriam a épica de Homero e a tragédia de Sófocles, por exemplo, mais próximas do que podemos inicialmente pensar?

Em uma abordagem inicial, poderíamos notar que a narrativa da *Ilíada* abarca um destino comunitário, enquanto a famosa peça de Sófocles

---

1. Professora Doutora do Departamento de Filosofia da PUC-Rio, onde atua na graduação e na especialização em Arte e Filosofia. Integrante do Grupo de Trabalho em Estética na ANPOF.

nos mostra o destino individual de Édipo. Mas isso poderia ser facilmente rebatido, uma vez que o destino de reis e príncipes está sempre amarrado ao destino da comunidade, como nos lembra Steiner, tendo a "culpa" do rei Édipo, por exemplo, se manifestado primeiro na peste de Tebas. Poderíamos, em seguida, deter-nos no fato de a épica contar sobre uma homogeneidade guerreira, na qual um ou outro herói se destaca por se elevar apenas um palmo sobre a cabeça dos demais, como nota Lukács, enquanto a tragédia apresenta um indivíduo destacado, cuja vida se consome na luta contra o destino divino. Contudo, pode parecer pouco, mas um palmo de altura é o suficiente para que Helena identifique Agamêmnon ao rei Príamo do alto da muralha de Tróia. E poderíamos também contrapor a essa diferenciação o fato de a segunda poesia de Homero se debruçar sobre os sofrimentos de Ulisses, um herói, e o desafio de seu retorno; e mesmo na *Ilíada* a figura de Aquiles é central, sendo Heitor dos mais "humanos" entre os heróis épicos (lembre-se da belíssima cena de sua despedida junto à mulher e ao filho).

Depois dessas abordagens iniciais, passemos às características mais evidentes do ponto de vista formal. Aristóteles diz que enquanto a épica se baseia na narrativa e depende do discurso indireto (a narrativa do poeta) para que os feitos grandiosos do herói chegassem até os nossos ouvidos, a forma dramática é constituída por personagens que agem por conta própria, falando entre si em discurso direto frente aos nossos olhos (no caso da representação teatral). Mas se pudermos deixar de lado, por um momento, a possibilidade da representação cênica (que, aliás, para Aristóteles, era o elemento menos importante da tragédia) e lidar com as duas poesias como literatura, é inegável que tanto a imagem de Édipo quanto a de Aquiles ganham cores fortes e contornos bem delineados em nossa imaginação de leitores. Isso, porque também Aquiles fala grandes palavras, assim como realiza grandes feitos, já nos chamou atenção Hannah Arendt, ainda que eles cheguem a nós pela rememoração do poeta épico, e não diretamente, sem mediação, como no teatro.

Passarei, então, a sugerir algumas relações entre elementos formais próprios da tragédia, mas que, a meu ver, são reconhecíveis também nos poemas de Homero, na trilha inaugurada por Walter Kaufmann, no capítulo "Homer and the birth of tragedy", de seu livro *Tragedy and Philosophy*. O elemento chave da tragédia, para Aristóteles, é a unidade de ação, conforme atestam pensadores modernos como Lessing, Schiller, Schelling e Hegel, que dizem ser essa sua "lei" mais fundamental. A "unidade de ação" pode ser desmembrada em alguns (sub)elementos que a compõe: unidade do tema, ordenação necessária dos fatos, sequência compreensível dos acontecimentos e a irreversibilidade de suas consequências, e, por fim, o encaminhamento na direção de uma conclusão do tema central. Por mais que a epopeia não tenha uma extensão limitada como a da tragédia, ligada ao tempo da representação teatral, e por isso possa apresentar uma forma mais extensa (e comportar episódios que não se liguem diretamente ao tema central), ela também deve estar baseada em uma unidade temática, como indica o próprio Aristóteles na *Poética*.

Ora, é clara a unidade temática da *Ilíada* – a cólera de Aquiles – e a da *Odisseia* – os sofrimentos de Ulisses –, ambas anunciadas logo no primeiro verso de cada poema, atreladas ao apelo pela inspiração divina por parte do poeta. Homero não conta toda a guerra desde o início, nem segue seu relato até o desfecho final. Ele começa a *Ilíada* pela ofensa sofrida por Aquiles e a termina no momento em que o herói arrefece sua cólera. Vale salientar que a obra termina com o herói ainda vivo e com a cidade de Tróia não invadida. Enfim, ainda sobre a composição formal, também há na poesia homérica a presença do discurso direto na fala dos heróis, base formal da tragédia. Inclusive, este é o pior problema para Platão no "Livro III" da *República*: Homero mimetizar a fala de outro – o que, ironicamente, é dito pelo personagem Sócrates no diálogo de Platão.

Some-se àquele primeiro e fundamental elemento formal – a unidade temática – uma gama de questões relevantes à tragédia e seremos conduzidos a considerar seu conteúdo e relacioná-lo ao da epopeia homérica: a noção de que o homem erra (*hamartia*), ou seja, é falho, e não perfeito, completo e integral com um deus. Em outros termos, a percepção de que a "falta" humana pode constituir um "crime", ao qual se segue uma "expiação" (embrião da relação entre culpa e castigo), sendo tal culpa herdada por laço familiar e/ou comunitário (*génos*) – uma vez que os destinos individual e público estão amarrados –, consistindo, assim, numa "maldição", e tendo como resultado uma "máquina de vingança" – estrutura mítica tão bem analisada por Junito de Souza Brandão.

A representatividade dos membros mais destacados de uma comunidade, que por serem detentores de "fama" têm muito a perder quando ofendidos em sua "honra pessoal" (*timé*): esse é o caso de Aquiles, que viu balançada sua "estima" pelos demais e precisou restaurá-la. Na busca pelo reconhecimento dos outros em sua distinção e "glória" (*kléos*), muitas vezes o herói perde o equilíbrio de sua medida por um orgulho exagerado (*hybris*), transbordando seu limite, seja na direção de seus pares, como Agamêmnon fez com Aquiles, seja na direção dos deuses, como Édipo e Antígona, que ousaram, cada um a seu modo, encarnar a completude divina – estaria aí a "cesura" de que fala Hölderlin. Tudo isso, enfim, explicaria a situação do homem perante a força de um destino inescapável.

Parece-me que foi pela combinação dessas questões, além daquelas qualidades formais comuns à tragédia ática e à poesia homérica, que Walter Kaufmann (1992, p. 138) enxergou o caráter trágico de Homero, sua ênfase nos "terrores da existência" e a "profunda humanidade" de seus personagens. Pois aqueles temas do erro, da culpa e da desmedida (que envolvem as experiências do sofrimento, da morte, do luto, etc.) constituem o humano em sua complexidade e oferecem tentativas de compreensão frente aos terrores da existência. O termo grego que em Homero me parece concentrar melhor essa discussão acerca de um conteúdo trágico da existência humana é "*atê*", traduzido por "desvario", "alucinação", "loucura divina", "obnubilação da visão", "cegueira da razão". Uma loucura momentânea que costuma ter como consequência violências físicas.

No que diz respeito ao conteúdo da poesia, poder-se-ia dizer que é a "cegueira da razão" que leva Agamêmnon a ofender Aquiles no começo da narrativa sobre a guerra de Tróia. A ofensa consiste na tomada de Briseida, donzela/prêmio que coubera a Aquiles (semideus filho da deusa Tétis com o rei mortal Peleu) como espólio de guerra e se torna alvo da cobiça de Agamêmnon (chefe dos exércitos gregos), que se vê obrigado a abrir mão da sua donzela de belo rosto, Criseida, por pressão geral em assembleia – dado que a ira do deus Apolo lançara uma peste sobre o exército, a pedido do sacerdote troiano Crise, pai da moça. Donzela por donzela, as duas tinham belo rosto, mas Briseida é tomada pelo rei dos reis para que fique bem claro quem manda. Com os olhos assemelhando-se a "fogo faiscante" e o espírito fervendo de raiva, sem saber "olhar bem para trás e para frente", Agamêmnon toma o que cabia a Aquiles e o ofende publicamente perante os seus pares. Ao herói desonrado, o ancião Nestor pondera: "Embora sejas tu o mais forte, pois é uma deusa que tens por mãe, / ele é o mais poderoso, uma vez que reina sobre muitos mais" (Homero, 2009, p. 37).

Na disputa de poder entre o direito instituído do rei e a natureza divina do herói, os dois lados vão sofrer: Agamêmnon perde grande parte de seu exército e se vê prestes a perder a guerra; Aquiles perde seu companheiro mais querido, Pátroclo, que fora à batalha vestindo as armas divinas do herói que se recusara a lutar. E ambos terão que pedir desculpas mais tarde. Não exatamente "desculpas", uma vez que eles não seriam propriamente "culpados", estando sob a influência divina. Mas ambos reconhecerão o erro cometido, como se verá no *Canto XIX*. Aquiles admite, enfim, a necessidade de aplacar sua ira e voltar à guerra, pois não pode permanecer sempre inflexível - como se mostrara no *Canto IX*, quando seus companheiros insistem que ele reconsidere a decisão e domine seu "espírito orgulhoso", concluindo, perante o fracasso da súplica, ter ele um "coração insensível" (Homero, 2009, p. 193). Do outro lado, Agamêmnon lhe oferece a respectiva indenização após ter assumido sua falta, dizendo:

> [...] Só que não sou eu o culpado,
> mas Zeus e a Moira e a Erínia que na escuridão caminha:
> eles que na assembleia me lançaram no espírito a Obnubilação
> selvagem, no dia em que eu próprio tirei o prêmio a Aquiles.
> Mas que poderia eu ter feito? É o deus que tudo leva a seu termo.
> E a Obnubilação é a filha mais velha de Zeus, que a todos obnubila,
> mortífera! Delicados são seus pés. Pois não é no chão
> que caminha, mas sobre as cabeças dos homens, prejudicando
> os seres humanos. (Homero, 2009, p. 388)

A cegueira de Agamêmnon talvez não esteja tão longe daquela que caracterizava o rei Édipo, na tragédia de Sófocles, enquanto este ainda enxergava, mas ignorava a verdade acerca de sua origem. Cegado por seu desejo de justiça (vingar o assassinato do antigo rei de Tebas) ou por sua teimosia (tendo sido advertido por Tirésias, Jocasta e, enfim, pelo próprio criado que lhe revela a peça que faltava para completar o quebra-cabeça), Édipo insiste em saber toda a verdade. Ele diz à mulher: "Seria inadmissível que, com tais indícios, eu não trouxesse à luz agora a minha origem" (Sófocles, 2006, p. 73). Seu erro parece ter sido justamente este: querer tudo saber, tudo enxergar. Trazer tudo à luz, nesse caso, pode cegar. Quando transborda sua condição finita - parcial - na direção do âmbito divino - total - ele sucumbe, e abdica de ver a luz do sol (se pudesse impedir a entrada dos sons, teria privado o corpo também da audição). Reconhece a culpa uma vez que, mesmo sem o saber e sem o querer, foi ele quem cometeu os crimes do parricídio e do incesto. Sua expiação encarna objetivamente a cegueira que já o caracterizava, antes, subjetivamente. Cego sobre sua origem e identidade, Édipo ainda enxergava. Liberto da cegueira humana e conhecedor da verdade completa, Édipo se torna de fato cego.

Como já dito, essa falha na percepção humana, que em Homero aparece por meio do termo grego "*até*", além de significar um tipo de "cegueira", pode ser entendida também por "loucura". Ambas as opções aproximam-se pela ideia de uma ausência momentânea de clareza, desprovimento de razão/lucidez, seguidos pela constatação dessa falta de discernimento e pelo reconhecimento do erro cometido em meio a tal confusão. Um famoso exemplo afinado com esse sentido é a loucura de Ájax, que, desprovido de razão por vingança da deusa Atena, lançou-se contra um rebanho, brutalizando os animais como se estivesse em combate contra homens. Ao fim, acabou "a tempestade que tinha caído sobre sua cabeça" e "Ájax recuperou a lucidez" (Sófocles, 2004, p. 88), apenas para tomar consciência de seus atos. A tragédia formula assim um aprendizado: "Este é o destino daqueles que, tendo nascido apenas homens, se atrevem a ter pensamentos sobre-humanos" (Sófocles, 2004, p. 111)

Mas também a noção de uma "insensatez" que gera sofrimento aos homens pode ser localizada no próprio Homero. Seria uma "alucinação" que estaria na base do famoso adultério que originou a guerra entre gregos e troianos. "Loucura divina" imposta por Afrodite, como lamenta Helena na *Odisseia*, ao explicar o que a teria levado a abandonar pátria, filha, leito matrimonial e marido, partindo para Tróia com Páris; ou "visão turvada" por culpa de Zeus, como argumenta o chefe dos exércitos gregos na *Ilíada*, retratando-se com o maior dos heróis. Portanto, a "cegueira", entendida como um limite intransponível à condição humana, pode ser considerada um aspecto trágico da vida abordado pela arte grega antes mesmo do advento da tragédia.

Mirando-se no exemplo da prima, Helena, a fiel esposa de Ulisses, Penélope, tenta se precaver ao máximo para não cair em semelhante erro. Mais sábia do que a mulher mais bela dentre todas as gregas, cuja beleza está na origem da guerra de Tróia, Penélope não se lança nos braços do marido quando este aparece, vence o concurso do arco, despe-se do disfarce e identifica-se. Ela guarda a calma – guarda a virtude – e pede uma prova cabal de que ele é, de verdade, aquele quem diz ser. Isso, porque Helena deitou-se em amor com um homem estrangeiro porque um "deus levou-a a cometer um ato vergonhoso", e ela "não ponderou antecipadamente no coração o castigo amargo, a partir do qual viria para nós a tristeza", diz Penélope (Homero, 2003, p. 374).

Reconhecendo o quanto o humano é falho, a mulher que chorou todas as noites ao longo dos dez longos anos que o marido levou para chegar a casa, mantém-se em guarda. Somados aos dez anos da guerra, faz vinte anos que marido e mulher não se veem. Ela não podia confiar na sua visão. Aliás, se tem uma coisa que ela aprendeu a partir de todo o sofrimento gerado pelo erro de Helena foi que a visão dos homens (e das mulheres) pode ser turvada, confusa, perturbada. Os gregos explicavam esse comportamento inexplicável pela participação dos deuses, que disputariam entre si e se divertiriam influenciando o âmbito humano.

Baseando-se na perseverança de Penélope – que espelha o par essencial das características de Ulisses: ardil e controle – podemos concluir que, se a poesia épica de Homero nos mostrava, ainda que por vezes embrionariamente, elementos que mais tarde viriam a constituir a base central da tragédia (como o erro, a culpa, a punição, a ofensa, a honra, a glória, a desmedida, o destino), ela também já mostrava certos aprendizados a partir da constatação dessa tragicidade inerente à existência. E o aprendizado está ligado justamente ao reconhecimento dos limites que circunscrevem a condição humana.

Quase três milênios antes de Freud desenvolver sua teoria acerca do inconsciente, Homero apresentava outra explicação para o fato de o humano ser falho e ambíguo. Nem sempre suas ações são claras e facilmente compreensíveis à luz do dia, nem por seu próprio autor – talvez muito menos por ele. Não agimos apenas pela clareza da razão (ou da consciência, dirá Freud), somos marcados profundamente pelo irracional, pela insensatez, pelo descontrole. Os gregos explicavam isso pela presença e participação ativa dos deuses nos assuntos humanos. Isso está na base da poesia homérica e estará também na estrutura da tragédia, por mais que nesta o homem pareça se insurgir e lutar mais destacadamente (de maneira voluntária e autoconsciente) contra a roda da fortuna (o destino divino) que o amarra sem escapatória. Tanto numa quanto noutra – e, talvez se possa dizer, também será essa a conclusão da psicanálise – o que nos aparece como intransponível é a natureza inacabada, incompleta e falha do humano.

É porque Penélope se sabe falha que ela adota uma postura inflexível ao pedir um sinal inconfundível ao marido recém-chegado, ausente havia muitos anos. É porque Helena foi falha, não completa, que se viu arrebatada por um desejo inexplicável, tomando uma atitude nada razoável. É porque o rei dos reis não era todo razão, mas também o seu contrário, que ousou ofender o maior dos heróis, sem o qual não poderia ganhar a guerra, e que, ainda por cima, era um semideus; isso tudo sem se dar conta da insensatez de seu ato, da ambiguidade de seu ato, de sua profunda humanidade.

Referências bibliográficas

ARENDT, H. *A condição humana*. Trad. Roberto Raposo. Rio de Janeiro: Forense Universitária, 2010.

ARISTÓTELES. *Poética*. Trad. Eudoro de Souza. São Paulo: Ars Poética, 1993.

BRANDÃO, J. S. *Mitologia grega*. Petrópolis: Vozes, 2000.

HÖLDERLIN, F. *Observações sobre Édipo; Observações sobre Antígona*. Trad. Pedro Süssekind; Roberto Machado. Rio de Janeiro: Jorge Zahar, 2008.

HOMERO. *Ilíada*. Trad. Frederico Lourenço. Lisboa: Cotovia, 2009.

______. *Odisséia*. Trad. Frederico Lourenço. Lisboa: Cotovia, 2003.

KAUFMANN, W. *Tragedy and Philosophy*. Princeton, New Jersey: Princeton University Press, 1992.

LOURENÇO, F. *Grécia revisitada*. Lisboa: Cotovia, 2006.

LUKÁCS, G. *A teoria do romance: um ensaio histórico-filosófico sobre as formas da grande épica*. Trad. José Marcos Mariani de Macedo. São Paulo: Duas Cidades; Ed. 34, 2000.

PLATÃO. "A República". In: GUINSBURG, J. (org. e trad.). *A República de Platão*. São Paulo: Perspectiva, 2006.

SÓFOCLES. *A trilogia tebana*. Trad. Mário da Gama Kury. Rio de Janeiro: Jorge Zahar, 2006.

______. *Ájax*. Trad. Mário da Gama Kury. Rio de Janeiro: Jorge Zahar, 2004.

STEINER, G. *A morte da tragédia*. Trad. Isa Kopelman. São Paulo: Perspectiva, 2006.

VERNANT, JP. *O universo, os deuses, os homens*. Trad. Rosa Freire d'Aguiar. São Paulo: Cia das Letras, 2000.

VIDAL-NAQUET, P. *O mundo de Homero*. Trad. Jônatas Batista Neto. São Paulo: Cia das Letras, 2002.

OLHAR-SE DO PONTO MAIS ALTO:
sublime e identidade em Kant e Beckett

Gerson Luís Trombetta[1]

A argumentação a seguir parte da hipótese de que a experiência estética do sublime, conforme a *Crítica da faculdade do juízo*, é um dos indicadores da insuficiência do sujeito, como portador de conceitos, na compreensão de certos objetos e, de modo especial, de si mesmo. Considerando essa força negativa do sublime, o romance *O inominável*,[2] de Samuel Beckett, é analisado como um dos casos em que é possível constatar os desdobramentos de tal experiência. Dois elementos presentes nesse romance contribuem para sustentar essa perspectiva. O primeiro tem a ver com a forma como o texto de Beckett é construído. A dinâmica da narrativa não é constituída de acordo com determinações unificadoras. Seus fragmentos não encontram sentido como partes de uma estrutura orgânica que o leitor pode "acionar na mente" a qualquer momento. O resultado é uma sucessão de frustrações, o que desmonta progressivamente as expectativas de prazer e compreensão total, fomentadas pelas relações tradicionais que o espectador tem com a literatura. A experiência estética daí decorrente atravessa a fronteira da fruição para, muito seguidamente, levar o leitor a uma espécie de "vertigem". Propomos aqui a hipótese de que essa experiência estética se deixa explicar pelo matematicamente sublime, tal como proposto por Kant.

O segundo elemento diz respeito ao conteúdo central de *O inominável*, que, na leitura aqui proposta, é a natureza do "eu". Tanto na obra de Beckett quanto na teoria do sublime de Kant, encontramos uma "retração

1. Doutor em Filosofia, professor do Curso de Filosofia e do Programa de Pós-Graduação em História da Universidade de Passo Fundo. E-mail: gersont@upf.br

2. O romance *L'innommable* (1953) de Samuel Beckett é o terceiro volume da trilogia composta ainda por *Molloy* (1951) e *Malone morre* (1951). Utilizamos neste trabalho a tradução de Waltensir Dutra, publicada pela editora Nova Fronteira.

do eu". Em Kant, o gesto sinaliza para uma presença do suprassensível, que não pode ser capturada pelas formas do representável; a imaginação sugere a presença daquilo que não pode representar, cedendo lugar a um sentimento que aproxima o homem do moral. Já em Beckett, a retração aponta para a precariedade do ser que "gesticula" (o narrador), um ser que se vê solitário na sua fragilidade física e mental e que só tem as palavras, que fluem incontrolavelmente, como alternativa para saber algo de si. Tanto em Beckett quanto em Kant, esse "exame de DNA" do "eu" é feito do "ponto de vista do lugar mais alto", ali onde os contornos estruturantes se dissipam e as certezas cognitivas são substituídas por estímulos estéticos.

O matematicamente sublime e as "frustrações" da forma

Pensar a tese kantiana do sublime (desenvolvida no século XVIII) como um modelo teórico para a interpretação do romance de Samuel Beckett (marco da literatura do século XX) implica em algumas adaptações. A convicção que nos guia é que a teoria filosófica não se esgota em um determinado período de tempo, não é "datável". Toda teoria filosófica contém potenciais que vão além das "questões do seu tempo", o que torna produtivo revisitá-la constantemente. É bem verdade que o romance (ou novela), como uma forma de arte, não é um objeto específico na análise de Kant e que uma narrativa como a de Beckett, provavelmente, seria inconcebível tanto para Kant quanto para seus contemporâneos. A vantagem da teoria kantiana, mesmo tendo sido desenvolvida em uma época completamente diferente e tendo a relação estética com a natureza como referência, é sua capacidade de oferecer elementos esclarecedores para uma das características mais significativas da obra de Beckett: a negação sistemática da possibilidade de o leitor extrair dela um significado "fechado" e, ao mesmo tempo, o seu impulso na direção de um sentimento complexo que mistura o prazer do encontro estético com uma "irritação" profunda por parte do sujeito que vê seu domínio da narrativa ser diluído.

Uma das marcas dos romances de Beckett é a forma como o narrador põe em dúvida a si mesmo, suspeitando sobre o lugar que ocupa na trama e sobre sua própria descrição do que aconteceu. Isso já se evidencia na abertura de *O inominável* (1989, p. 5):

> Onde agora? Quando agora? Quem agora? Sem me perguntar isso. Dizer eu. Sem o pensar. Chamar isso de perguntas, hipóteses. Ir adiante, chamar isso de ir, chamar isso de adiante. Pode ser que um dia, primeiro passo, vá, eu tenha simplesmente ficado, no qual, em vez de sair, segundo um velho hábito, passar o dia e a noite tão longe quanto possível de casa, não era longe. Pode ter começado assim. Eu não me farei mais perguntas. A gente pensa que vai só descansar, para agir melhor depois, ou sem outra intenção, e eis que em muito pouco tempo estamos na impossibilidade de jamais fazer alguma coisa. Pouco importa como isso aconteceu. Isso, dizer isso, sem saber o quê. Talvez eu tenha apenas confirmado um velho estado de coisas. Mas não fiz nada. Pareço estar falando, mas não sou eu, de mim, não é de mim.

No texto de Beckett, além da "insegurança" transmitida ao leitor quanto à possibilidade do narrador realizar a sua tarefa, também experimentamos algo mais intrigante: compreendemos, com segurança, cada um dos fragmentos narrativos, cada frase ou cada parágrafo; ao mesmo tempo, porém, não conseguimos constituir mentalmente uma unidade que dê sentido à posição de cada um desses fragmentos. Isso torna inadequada a aplicação direta das categorias estéticas tradicionais (com base na beleza e na expectativa de prazer), para sustentarmos o valor estético do texto de Beckett. Mais viável é apontarmos o *déficit* de tais categorias para a compreensão não só dos efeitos da leitura do texto de Beckett como de muitas das novidades literárias do século XX.

O potencial da teoria kantiana do sublime parece residir exatamente nesse ponto: ela já se refere ao caráter informe (*ihrer Unform*) dos objetos sublimes (CFJ, Int. VII, B XLVIII, p. 36) ou descreve-os como sem forma (*formlos*), "(...) na medida em que seja representada ou que o objeto enseje representar nele uma ilimitação" (CFJ, § 23, B 75, p. 90). Tais características explicam melhor o quadro geral da relação do leitor com o texto de Beckett: a tentativa de apreender uma unidade na obra, uma coerência providenciada pela estrutura formal, são frustradas pelas sucessivas autonegações (Myskja, 2002).

O problema, todavia, não é tão simples. O conceito de forma como coerência na estruturação do conteúdo (ou assunto) é diferente do conceito de forma (ou sem forma) que aparece no contexto kantiano. No primeiro, temos uma característica objetiva, ao passo que, no segundo, temos uma referência à determinada atividade da imaginação. É importante chamar a atenção para isso visto que poderíamos estar dando a impressão de que para algo provocar a experiência do sublime bastaria ser incoerente ou contraditório. Antes de impulsionar na direção do sublime, uma narrativa simplesmente incoerente provocaria irritação. A questão, então, é: o que perfaz a sublimidade no encontro com *O inominável*?

No caso de um texto como *O inominável*, a atividade criativa da imaginação é frequentemente sabotada. O leitor, quando julga obter uma imagem bem formada dos eventos, tem essa impressão negada, ou, no mínimo, questionada. Não obstante, nenhuma imagem substitui aquela que foi destruída. Examinando isso mais de perto, podemos encontrar os componentes básicos do sublime: a falha da imaginação em providenciar uma imagem do objeto, gerando um estado de ânimo peculiar ou, para dizer claramente, a imaginação vê-se limitada para produzir a unidade de uma imagem, e tal imagem não existente é substituída por um sentimento que leva o nome de "sublime".

Na medida em que as contradições e autonegações de *O inominável* influenciam a habilidade do leitor em formar imagens, é a razão teórica que está envolvida. É a razão teórica que, por assim dizer, "sente" dificuldades quando tenta estruturar as imagens. É como se, no texto de Beckett, nem o narrador nem o leitor pudessem contar com um "ponto de repouso", um horizonte de totalidade capaz de irradiar sua influência para as partes menores da narrativa. É pelo caráter fugidio, não por alguma força esmagadora ou assustadora, que o romance de Beckett pode ser matematicamente sublime.

Quando lemos um romance, supomos que uma história é contada e que um universo ficcional está sendo criado; tentamos apreender a história como uma unidade significativa, mesmo que a narrativa em si não disponibilize tal coerência. Essa é uma tese crucial do sistema transcendental: a racionalidade opera com a tendência de compreender o mundo por meio de processos que se encadeiam, não como fatos isolados. Quando tentamos entender um fenômeno que não pode ser explicado por um mecanismo natural, podemos recorrer a explicações teleológicas. Podemos afirmar, por consequência, que nossa condição de "animais contadores de histórias"[3] caracteriza bem a dinâmica do entendimento como apresentada por Kant. Atribuir sentido a um objeto, a uma cadeia de eventos ou a uma história tem a ver com um processo que se orienta pela suposição de uma unidade.

---

3. A expressão é de Alasdair MacIntyre, no seu *Depois da virtude*. A publicação no Brasil é da EDUSC (Florianópolis, 2001).

Quando uma totalidade coerente é negada ao leitor, como uma característica formal da obra, a compreensão estética (*Zusammenfassung – comprehensio aesthetica*) falha. Como sugere Lyotard (1993, p. 104), "vê-se claramente onde e quando o sentimento sublime pode despertar: é quando é solicitado que a imaginação tenha uma compreensão estética de todas as unidades incluídas por composição na progressão"; não conseguindo atender a essa solicitação, o poder da apresentação (*das Darstellungsvermögen*) acha-se ultrapassado. Não obstante, a apreensão (*Auffassung – apprehensio*), ou seja, a imaginação dos elementos, separadamente, continua perfeitamente possível. Aquilo que Kant chama de apreensão (*Auffassung – apprehensio*) se realiza, mas a imaginação não consegue compreender esteticamente a totalidade (CFJ, § 26). Uma vez que a faculdade da imaginação se mostra inadequada em formar uma imagem total e porque não há representação para a qual se ache a forma geral de um conceito, ela não pode mais participar do jogo livre com o entendimento. Tal inadequação, porém, continua impulsionando para um sentimento de finalidade, porque o objeto pode ser usado para os propósitos da razão (CFJ, § 27).

Importa assinalar que o objeto, no caso, o texto, sobrecarrega a imaginação devido a sua particular forma de se apresentar. O paradoxo é que, nessa ausência de conceitos, ou, no mínimo, na suspeita de que os conceitos não oferecem a segurança prometida, é nossa capacidade para palavras que sentimos. Podemos sentir que algo está sendo dito, mas, ao mesmo tempo, está escapando de nossa capacidade de dizer.

"Olhar-se do ponto mais alto": o sublime no encontro com a subjetividade mínima

O segundo ponto a examinar, nesse experimento com o texto de Beckett, é como o substrato subjetivo, que supostamente comanda a narrativa, vai sendo bombardeado por questões e suspeitas, levando-o cada vez mais à beira de um abismo, de um vazio. É um momento em que o "eu", ao contrário do que acontece com o belo, não consegue mais "espelhar" suas categorias no mundo, deparando-se com uma resistência (*Widerstand*) tal que o compele a voltar os olhos sobre si para, então, perceber-se como reduzido, como uma instância insegura e não mais autossuficiente. O "eu" de *O inominável* se desfaz, se esvazia, a cada novo fluxo de palavras.

Aqui é preciso chamar a atenção para uma diferença importante com relação a Kant. Para o filósofo, a experiência de limite que o sublime dá é o sinal da presença do absoluto, do incondicionado, do suprassensível, uma espécie de certeza de ser superior com relação ao que pode me destruir. O absoluto não é representável; no entanto, a imaginação assinala a sua presença, como uma "miragem",[4] no vazio descoberto além da sua capacidade de compreensão. Em Beckett, o limite é assumido em sua radicalidade, na sua ausência de esperança; nada é posto em seu lugar, nem o absoluto, nem o outro, nem mesmo um "eu" consciente dos seus limites.

Para Kant, o sinal da unidade entre consciência e natureza, entre homem e mundo, pode ser experimentado no ajuizamento estético. A harmonia interior das faculdades do conhecimento (jogando livremente) produz acordos espontâneos com a conformidade a fins (*Zweckmässigkeit*) das formações naturais, prometendo ao homem a "felicidade" espiritual necessária para se "encaixar" num mundo reconhecível como seu. O ajuizamento do belo, mesmo sendo sem conceito, prova que o conceitualizar é possível e que há uma harmonia entre a estrutura da mente e o mundo das coisas empíricas. O belo mostra ao sujeito algo sobre a inteligibilidade como tal. O mundo assume os contornos que o próprio sujeito põe nele, derivando-se daí uma espécie de prolongamento, uma maximização do "eu".

Em uma direção mais "tensa", o sublime representa o ponto de ruptura da harmonia entre natureza e liberdade, onde a postura dominadora do pensamento se vê em apuros. Ainda que Kant trate o sublime de maneira positiva – no campo das garantias morais – fica evidente que se trata de uma experiência-limite. O pressuposto de um sujeito racional, que garante a unidade do múltiplo das representações, é posto diante do inapresentável e do inacessível. O sublime (sobretudo enquanto tomado matematicamente) traz à tona a precariedade do sujeito exatamente por sinalizar uma resistência ao poder excessivo do pensamento. Isso significa que, apesar de, na argumentação kantiana, o sublime marcar o encontro com a destinação máxima do humano, o suprassensível, podemos encontrar ali aspectos que apontam para outro horizonte, um horizonte em que certas experiências só são compreendidas a partir de formas reduzidas do sujeito.

No caso de Beckett, temos uma argumentação que se põe frente a frente com as questões mais profundas da subjetividade, propondo reflexões na

4. A expressão é de Lyotard (1993, p. 143).

direção oposta àquelas que constituem o substrato da ideia de um sujeito forte e organizador do mundo. Se desde Descartes, e culminando com o idealismo alemão, a ideia era assegurar um porto seguro a partir do sujeito, em Beckett radicaliza-se a dúvida, o talvez[5] (*peut-être*), um talvez que torna incerto até a existência de algo que seja um "eu". Se, em Descartes, o cogito irrompe a dúvida, se, em Kant, o "Eu penso" prova e fundamenta o conhecimento do mundo, em Beckett, o "eu" é simplesmente algo que "talvez exista" e o sujeito fica reduzido à palavra que se organiza como texto narrativo.

O sujeito (narrador) de *O inominável* não assume o papel do cogito tradicional (cartesiano). A compulsão da fala é quase um espasmo, o retrato de um sujeito em colapso com relação às certezas sobre si. O cogito (mínimo) beckettiano – "Sou eu portanto quem fala, sozinho, sem poder fazer outra coisa" (1989, p. 22-23), e que também poderia ser formulado assim: "falo compulsivamente, mas talvez pense e talvez exista" -, não pode desempenhar a função de premissa para o pensamento sustentar as demais certezas e a própria existência; o que há de certo, apenas, é que existem estruturas arbitrárias da linguagem e que essas são a matéria da narrativa. O que Beckett faz não é simplesmente extrair o sujeito e oferecer o nada em seu lugar, mas suspende-o, revelando sua máscara sempre prestes a soçobrar no oceano da dúvida. Trata-se de um "eu mínimo" ou, como sugere Iser (1968), de uma forma reduzida de subjetividade (*Reduktionsformen der Subjetivität*), onde a subjetividade não é tomada como um lugar, mas como o doloroso e radical processo de busca de si mesma.

Na narrativa, o "eu", ora se apresentando como sujeito, ora como objeto, pode a qualquer momento ser substituído por um "ele": "Eu não direi mais eu, não o direi nunca mais, é demasiado idiota. Colocarei em seu lugar, cada vez que o ouça, a terceira pessoa, se me lembrar" (Beckett, 1989, p. 74). O vazio do sujeito – "isso não mudará nada. Há apenas eu, eu que não estou, aí onde estou" (p. 74) – ou esse lugar que simplesmente "pode existir ou não existir", afronta a ideia de um sujeito moderno autorreferente e completamente transparente para si.

O que se vê (e se sente), aqui, é uma tensão constante entre a linguagem, elaboração conceitual e discursiva destinada a uma subjetividade empírica – matéria da narrativa –, e um sujeito transcendental inexistente, mas que,

---

5. O uso reiterado do "talvez" pode ser verificado, de modo especial, na última e longa frase de *O inominável* (1989, p. 134-137).

não obstante, insiste em existir. Esse sujeito transcendental – primeira pessoa da narrativa – ocupa um lugar que não permite confiar em sua realidade. Sua natureza é emitir palavras angustiadamente, dando margem tanto ao solipsismo quanto ao descrédito da palavra: "E pronto! Palavras, ele diz que sabe que são palavras. Contudo, como pode saber, ele que nunca ouviu outra coisa?" (p. 74). Nessa "redução drástica" até mesmo sua existência, sua matéria física, seu corpo, seu lugar empírico, é posto sob suspeita. O narrador pode estar na rua ou na "estrebaria", enfim, supostamente em qualquer lugar. Na mesma lógica, sua subjetividade espiritual também se reduz. O "eu" é e não é; é quem põe a palavra que, ao mesmo tempo, nega a si mesmo. Entretanto, é na profundeza dessa contradição, só suportada por um discurso do tipo literário, que se apresenta a chave da condição do "eu": não há existência para além da palavra: "as palavras sustentam a ficção do eu, apenas elas existem e suas ficções, que são verdadeiras enquanto ficções" (Tiburi, 2004, p. 59). O "eu" que sustenta o texto é tão-somente mínimo, um lugar por onde as palavras passam; uma teia fina como um tímpano que divide o mundo em dois, o antes e o depois, o fora e o dentro, o conhecido e o desconhecido, mas que não se sedimenta, não tem nome e não segura nada – pois as palavras não lhe pertencem – nem se organiza como uma estrutura ontológica ou transcendental:

> [...] eu vos direi quem sou, eles me dirão quem sou, eu não compreenderei, mas será dito, eles terão dito quem sou, e eu o terei ouvido, sem ouvido eu o terei ouvido, e o terei dito, terei ouvido fora de mim, depois em seguida em mim, talvez seja isso o que sinto, que há um lá-fora e um lá-dentro e eu no meio, talvez seja isso que sou, a coisa que divide o mundo em dois, de um lado o de fora, do outro o de dentro, isso pode ser fino como uma lâmina, não sou nem de um lado nem de outro, estou no meio [...]. (Beckett, 1989, p. 103-104)

Quando pensamos em termos de efeitos no "eu", a relação entre a narrativa de Beckett e a teoria do sublime de Kant fica, assim, mais clara. Para ambos o encontro estético com a sublimidade – a "desmedida", o inominável – produz um gesto de retração do "eu". Em Kant, porém, o gesto sinaliza para uma presença do suprassensível, que não pode ser capturada pelas formas do representável; a imaginação sugere a presença daquilo que não pode representar, cedendo lugar a um sentimento que aproxima o homem do moral. Já em Beckett o gesto da retração expõe a debilidade física e mental do "eu" narrador, e que só tem a palavra – precária e arbitrária – como única estabilidade que lhe resta.

Em Beckett, no encontro com esse conteúdo chamado "eu", a capacidade de apresentar pela linguagem é levada até o limite; ao final (se é que se pode falar de fim aqui), a palavra dá espaço ao murmúrio, na "infinitude desconhecida do leitor" (Tiburi, 2004, p. 50); o murmúrio é mais que palavra, é um especial estado de ânimo. Assim como o sublime só aparece numa elevação de grau da imaginação, em Beckett o murmúrio só aparece na elevação de grau da palavra. O narrador de *O inominável* não tem outra saída que não seja a palavra, porém a palavra é repleta de componentes arbitrários; não pertence a si, mas aos outros. Acontece que essas fontes de palavras – os outros – não são conhecidas; a palavra é insegura, confusa, o que vai liquefazendo a definição de quem a pronuncia. O que resta é a fala quase pura que emana de um vazio, de uma falta:

> [...] como isso é confuso, alguém fala de confusão, será uma falta, tudo é falta aqui, não se sabe por que, não se sabe de quem, não se sabe em relação a quem, alguém diz se, é a falta dos pronomes, não há nome para mim, não há pronome para mim, tudo vem disso, diz-se isso, é uma espécie de pronome, também não é isso, eu também não sou isso, deixemos tudo isso, esqueçamos tudo isso, não é difícil, trata-se de alguém, ou se trata de alguma coisa, eis aí enfim, que não está aí, que está longe, ou que está em nenhum lugar, ou que está aí, aqui, por que não, afinal de contas, trata-se de falar disso [...]. (Beckett, 1989, p. 126)

O que se nota é uma narrativa exercitada na contradição entre a impossibilidade do dizer e sua obrigação (que se transforma quase em compulsão): "(...) não se sabe por que, por que se tem de falar (...)" (p. 126). Ao contrário do aforismo, do *Tractatus Logico-Philosophicus*, de Ludwig Wittgenstein – "Sobre aquilo que não se pode falar deve-se calar" – em Beckett, sobre aquilo que não se pode falar deve-se – ou precisa-se – falar muito.

O caminho de Beckett é trazer à fala o que não pode ser dito, ainda que, para isso, precise abrir mão das soluções de continuidade e dos esquemas tradicionais que a linguagem oferece. Por isso, *O inominável*, em sua parte final, torna-se um único parágrafo para concluir numa formulação paradoxal: "(...) não posso continuar, vou continuar" (p. 137). Para chegar ao indizível Beckett precisa criar um clima de suspeita sobre o fato de o próprio pensamento estar acontecendo e sobre o fato de as palavras, por sua própria natureza, quererem dizer alguma coisa. Contudo, afinal, o que é que não pode ser dito? Não há como responder a essa pergunta com certeza; responder a ela definitivamente seria substituir, pelo conceito filosófico, aquilo mesmo que a agonia das vozes no texto de Beckett está tentando permitir ao leitor experimentar. A hipótese mais provável é que o inominável seja o próprio "eu" que, como fonte das representações, resiste à representação. A experimentação radical dessa resistência, desse "incomensurável", gera algo no leitor que nem de longe pode ser associado a uma promessa de felicidade ou a um sentimento suave (e ajuizável) de beleza. Na direção quase oposta, é o sublime que se faz sentir aqui.

Referências bibliográficas

BECKETT, S. *Companhia.* Rio de Janeiro: Francisco Alves, 1982.

______. *O inominável.* 2ª edição. Rio de Janeiro: Nova Fronteira, 1989.

______. *Molloy. Malone dies. The unnamable* [trilogia]. London: J. Calder, 1994.

HENRICH, D. "Kunst und Kunstphilosophie in der Gegenwart (Überlegungen mit Rücksicht auf Hegel)". In: ISER, Wolfgang (org.). *Immanente Ästhetik-ästhetische Reflexion* (Poetik und Hermeneutik II). München: W. Fink, 1966. p. 11-33, 524-531.

ISER, W. "Reduktionsformen der Subjektivität". In: JAUSS, H. R. (org.). *Die Nicht mehr schönen Künste* (Poetik und Hermeneutik III). München: W. Fink, 1968. p. 435-491.

JAUSS, H. R. "O prazer estético e as experiências fundamentais da poiesis, aisthesis e katharsis". In: JAUSS, Hans Robert; ISER, Wolfgang; STIERLE, Karlheinz; GUMBRECHT, Hans Ulrich. *A literatura e o leitor: textos de estética da recepção.* Rio de Janeiro: Paz e Terra, 1979. p. 63-82. (Literatura e teoria literária, v. 36).

KANT, I. *Kritik der Urteilskraft.* 12. ed. Frankfurt: Suhrkamp, 1992.

______. *Crítica da faculdade do juízo.* Trad. Valério Rohden e Antônio Marques. 2ª edição. Rio de Janeiro: Forense Universitária, 1995.

LYOTARD, J.-F. *Lições sobre a analítica do sublime.* São Paulo: Papirus, 1993.

MACINTYRE, A. *Depois da virtude.* Florianópolis: Edusc, 2001.

MYSKJA, B. K. *The sublime in Kant and Beckett: Aesthetic judgement, ethics and literature*. Berlin: Walter de Gruyter, 2002. (Kantstudien: Ergänzungshefte, 140).

TIBURI, M. "Descartes e Beckett ou sobre a escuridão da certeza: pequeno experimento de submetateoria, protometateoria, metaprototeoria à procura de um método". In: SOUZA, Ricardo Timm de; DUARTE, Rodrigo (org.). *Filosofia e literatura*. Porto Alegre: EDIPUCRS, 2004. (Filosofia, 183). p. 35-62.

O SUBLIME ANIMAL:
uma leitura na contramão da experiência sensível da (in)dignidade humana[1]

Paula Fleisner[2]

Presente na reflexão filosófica desde a Antiguidade como expressão de uma necessidade humana de medir-se com as forças enormes, concretas e obscuras que nos escapam, o sublime tem funcionado como um princípio de destruição do eu e de encontro com o incompreensível (Saint Girons, p. 17-26). Nem belo, nem bom, nem verdadeiro, o sublime rompe com as certezas morais e cognitivas precipitando-se no caos de uma existência na qual toda hierarquia entre os seres poderia ser desmascarada. Não obstante, a filosofia transcendental kantiana adquire o valor de princípio hominizador que separa o animal humano do resto dos seres ao permitir-lhe experimentar, na contemplação da natureza, a impossibilidade de que ela expresse as ideias da razão. Desse modo, a possibilidade de desarticular o sujeito, produzindo a emoção mais forte que pode sentir, todavia presente em Burke, transforma-se em seu reforço por meio da exibição da inadequação entre a apresentação sensível do espetáculo natural e sua representação conceitual.

Apesar de que a teoria kantiana o afasta não apenas da natureza domesticada, mas também da obra de arte (Kant, 1996, §23 e 25, p. 241), as artes visuais retomaram e ressignificaram o sublime de diversos modos, desde o século XIX até a atualidade. Como disse Lyotard, "o sublime é talvez o modo da sensibilidade artística que caracteriza a modernidade" e é, por sua

1. Tradução de Debora Pazetto.

2. Doutora em Filosofia pela Universidade de Buenos Aires, Argentina. Docente de Estética no Departamento de Filosofia da mesma universidade. Investigadora Adjunta no Conselho Nacional de Investigações Científicas e Tecnológicas (CONICET).

vez, o que abre as portas para a experimentação vanguardista, na medida em que transforma as artes em testemunhas do indeterminado a partir de uma representação negativa do irrepresentável que as emancipa do fim do mandato da representação (Lyotard, 1998, p. 99 e 103). Desde o sublime romântico – de pintores como Friedrich ou Turner – até o que Rosenblum chamou de "sublime abstrato" – um grupo de pintores norte-americanos dentre os quais estavam Rothko, Newman e Pollock –, a pintura buscou confrontar-se com a ausência de limites para apresentar uma totalidade poderosa, da qual, não obstante, não pode dar conta completamente (Rosenblum, 1961, p. 38-41).

Tomando como referência, por um lado, a importância do conceito de sublime para a filosofia contemporânea, que encontrou na perturbação mesma da arte o dado que transcende os limites da representação (Nancy, 2002, p. 113); por outro lado, as reflexões atuais em torno do pós-humanismo, isto é, a revisão e desconstrução da centralidade político-filosófica do "homem" com sua consequente redefinição da alteridade não humana (Marchesini, 2009), o presente trabalho tem um objetivo pequeno, talvez uma piada nietzschiana como aquela que inicia *O caso Wagner*,[3] revisitar *bestialmente* o conceito kantiano do sublime.

Nessas páginas, é proposta a análise das pinturas do século XIX em que se "representam" animais, nas quais a interpretação kantiana desse conceito é posta em xeque: nelas, não é a superioridade moral humana o que aparece como que por transbordamento em um prazer suprassensível, senão a dor empírica do sentimento de uma comunidade na diferença entre as espécies. *Down after the wreck*, c. 1841, de Joseph M. W. Turner e *Beyond Man's Footsteps*, c. 1893, de Briton Rivière, oferecerão aqui a ocasião para rastrear, ao lado da excepcionalidade do animal humano, o sublime animal.

O latido mudo

Uma brumosa manhã na praia. Imensidão interrompida apenas pela pequena figura de um cão sentado que olha para cima latindo. A areia tem a cor do céu: uma mescla de intensidade diversa entre tons de amarelos e marrons. O mar azul, profundo, com rebentação suave, divide o céu da

3. Pode-se ler no começo de *O caso Wagner*: "Concedo-me um pequeno alívio [...] Entre muitas piadas exponho um assunto com o qual não se deve brincar" (Nietzsche, 2003, p. 185).

terra. O cão, localizado à esquerda do centro do quadro, tem a boca aberta com a atitude expectante e interrompe a totalidade silenciosa e a ausência de limites com seu latido mudo.

Amanhecer após o naufrágio, de Joseph M. W. Turner,[4] poderia, em princípio, ser incluída entre as pinturas sublimes emblemáticas do romantismo: uma criatura singular e indefesa se enfrenta com a totalidade de uma paisagem ilimitada. Turner foi, com efeito, um dos melhores expoentes desse tipo de pintura, que busca o contraste entre o espetáculo longínquo da natureza apenas esboçada, representada como todo-poderosa, e um personagem perdido nela que parece, simultaneamente, experimentar seu potencial desamparo físico e descobrir, desde uma precária situação de segurança, algo em que poderia resistir sua força irresistível. Por exemplo, em *A estrela da tarde*, vemos um pescador que, assim como o canônico *Monge à beira-mar*, de Caspar D. Friedrich, é uma metáfora do ínfimo poder do homem ante a grandeza incomensurável do cosmos. Certamente, várias características do sublime pictórico são observáveis no quadro: o confronto grandioso de um personagem insignificante com os elementos naturais (nesse caso, o céu, a areia e o mar); o traço um pouco apressado, como se fosse um esboço, que produz um contraste entre a profundidade do expresso e a inadequação dos recursos pictóricos para fazê-lo, ou, como assinala Saint Girons (2008, p. 186), ao analisar um emblema do sublime romântico – *Viajante sobre o mar de névoa*, de Friedrich –, certa "mediocridade, evidentemente intencional, [que] desloca nossa atenção para a emoção e a ideia" e que faz do impensável o objeto mesmo do nosso pensamento.

Ademais, a observação de um naufrágio desde a costa foi, desde Schiller, também, um dos exemplos privilegiados para explicar a especificidade conceitual que Kant outorga a essa categoria estética.[5] A irresistível força da natureza não pode nos expulsar do reino dos fins e serve ao propósito de nos permitir entrever, em determinadas condições físicas garantidas, nossa natureza suprassensível que permanece, não obstante, incognoscível (Kant, 1996, §23-29).

---

4. Realizei uma primeira interpretação desse quadro em Fleisner (2015, p. 228-231).
5. Reformulando a teoria kantiana, Schiller explicita a importância moral da experimentação do sentimento do sublime e estabelece novas divisões para dar conta do que chama de "o sublime patético" como a "representação de um sofrimento alheio, unida ao afeto e à consciência de nossa liberdade moral interior" (Schiller, 1947, p. 61).

No entanto, em nosso quadro, não é um animal humano o ser solitário arremessado na grandeza do mar. Além disso, nada remete ao naufrágio do qual temos notícia unicamente pelo título da pintura: vemos apenas um cão abandonado com seu olhar voltado para cima em uma paisagem absolutamente calma, nenhum resto do desastre naval produzido na tormenta noturna (Zuffi, 2009, p. 263). A quase totalidade da tradição filosófica coincidiu no seguinte: o cão não habita os dois reinos, pois tem o acesso negado no reino da liberdade e vive preso no reino das inclinações. Mesmo se fosse "o último kantiano da Alemanha nazista", como Bobby (o cão que Lévinas encontrara em um campo de prisioneiros de guerra durante a segunda guerra mundial), tudo o que se poderia experimentar é a humanidade do homem, a dignidade que, nesse caso, uns homens (nazistas) negam a outros (judeus). "Incapaz de universalizar as máximas de suas pulsões" por não ter cérebro para isso, Bobby reconhece o reino dos fins, mas é excluído dele. "Não pode dar testemunho de nós, mas para nós", assinala Derrida em sua desconstrução da tradição cartesiana do animal, na qual Kant e o próprio Lévinas estão implicados (Derrida, 2008, p. 140).[6]

O sentimento mesmo do sublime é, na economia ideológica do sujeito transcendental kantiano, um modo humano de fazer frente, com uma astúcia de Odisseu, ao perigo de saber-nos parte da unicidade da vida. De fato, também é a complacência desinteressada ante a beleza o que experimentamos excepcionalmente os animais racionais, na medida em que nos diferencia dos animais irracionais capazes apenas do agradável e dos seres racionais espirituais capazes de julgar apenas o bom (Kant, 1996, p. 214, §5). A estética kantiana, em suas duas analíticas, é o lugar da antropogênese consolidada. Afrontar a abertura à natureza atados no mastro da embarcação que assegura a volta para casa: somente assim podemos considerá-la como "força que não tem nenhum poder sobre nós" e elevarmo-nos, resistentes, à solidão do topo de nossa autodeterminação moral. Se, como Derrida lê na crítica adorniana, a moral kantiana está erigida *contra* o animal, em uma espécie de "paixão alérgica" ou "zoofobia" que garantisse o domínio humano, poderíamos sugerir que o sentimento duplo do sublime (uma dor sensível transformada em um prazer suprassensível) é a aposta mais completa na eliminação de toda compaixão dos animais humanos por outros animais: no homem, a aproximação sensível (que permanece vedada ao

6. Derrida refere-se aqui ao célebre texto lévinasiano "Nome de um cão ou o direito natural", de 1975.

conhecimento) do suprassensível é, ao mesmo tempo, o descobrimento de sua excepcionalidade em relação a outros seres (Derrida, 2008, p. 120-124).

Derrida refere-se aqui ao *Beethoven* de Adorno (2003, p. 78), no qual lemos:

> Em Kant, a dignidade ética é uma determinação da diferença. Dirige-se contra os animais. Tende a excluir o homem da criação e, com isso, sua humanidade ameaça incessantemente a converter-se em inumanidade. Não deixa nenhuma margem para a compaixão [...] Negar a possibilidade de salvação dos animais incondicionalmente e a todo custo é a barreira intransponível de sua metafísica.

Ante um naufrágio, podemos experimentar a compaixão no que Schiller chama de "sublime patético", pois nos representamos vividamente o sofrimento (humano, demasiado humano) e a resistência moral contra esse sofrimento – Schiller (1947, p. 63), cabe recordar, evoca a desdita que pode produzir-nos o naufrágio de um navio mercante, muito carregado, na ferocidade da tormenta, pois podemos colocar-nos na "situação do comerciante cuja riqueza inteira é devorada pela água" –; mas, ante a exploração, o sacrifício, a tortura e o abandono de um animal (aprisionado para sempre no âmbito do mero ser, da mera vida), nada se produz de semelhante à consciência de nossa liberdade moral que eleva a alma humana por sobre seu cárcere físico; portanto, nada parecido com a responsabilidade lévinasiana diante da chamada do outro.

O que se passa então com esse quadro de Turner, no qual um cão ocupa o lugar que a pintura sublime tradicionalmente havia deixado para o homem? Talvez se trate de um convite para experimentar exatamente o contrário da sublimidade: não a superioridade moral do sujeito frente ao todo-poder aparente da natureza, não a humanidade que permanece sem rebaixar-se, não a cisão homem/animal no interior do animal humano, senão o fluir da vida para além ou aquém da consciência, a comunidade no desamparo e na expectativa não calculada e irrestrita do outro, a continuidade no padecer dos seres. Não importa aqui se o cão é capaz de resposta, mas de como respondemos ao seu chamado, como assumimos o "primeiro chamado à justiça", a abertura a uma desconhecida política animal, que se abre com esse terceiro (outro-animal) não redutível ao intercâmbio ético de olhares entre semelhantes (Derrida, 2008, p. 133-134).

O cão late seu chamado de auxílio, que não é uma mensagem determinada, ao menos não uma mensagem que nós podemos interpretar ou entender, mas a transmissão da transmissibilidade entre as espécies de seres vivos. Assim, esse latido (silencioso) nos desperta do sonho dogmático que nos havia expropriado da comum indiferenciação dos seres com sua pretensa "faculdade de resistência distinta".

A distância feroz

Uma paisagem brilhante de montanhas geladas no ártico, iluminada por um sol alaranjado que se distancia no horizonte e protegida por um urso polar que nos olha. Uma vista panorâmica dos últimos estertores de um entardecer branco em que vemos, quase como se capturado acidentalmente, o exemplar enorme e temível que, não obstante, está fora do centro, à esquerda do quadro, pequeno, à distância e absorto na contemplação do sol. Uma distância espectral cerca esse quadro: as cores vívidas, tons rosas, roxos e alaranjados, perdem-se em uma atmosfera branca obscurecida que os desbota e que os fará desaparecer a qualquer momento. O urso contempla a iminência da noite inóspita.

Sabemos que, no final do século XIX, as explorações polares foram um tema privilegiado para a pintura da época até tornarem-se um gênero muito popular (Donald, 2013a). "Além dos passos do homem", de Briton Rivière, pode certamente ser incluída entre as pinturas de paisagens sublimes do século XIX que tentavam dar conta do espanto frente à ausência de limites e do temor frente à hostilidade da natureza. Sem embargo, não há espiritualidade humana que se retrate nesse quadro, nenhuma elevação de um temor emotivo até um prazer racional que garanta a sacralização (o recorte em uma esfera separável e inalcançável) da nossa humanidade. Aqui, ao contrário, toda remissão às dimensões tradicionais da religiosidade e da moral[7] parece suspendida em favor de uma aproximação imaginada da alteridade da experiência animal de um ambiente primitivo que em princípio repele a invasão humana. Um animal não humano contemplando uma paisagem inumana.

Com efeito, se o quadro de Turner remetia, todavia, a um mundo humano, tanto na alusão ao naufrágio do título quanto na espécie animal retratada (sabemos que o cão pode ser concebido apenas no círculo milenário

7. Uma explicação dessa ausência em relação a um contexto pós-darwiniano pode ser encontrada em Donald (2013b).

da zootecnia e da domesticação), o de Rivière já, desde o título ("Além dos passos do homem"), escapa à "ênfase na interação entre o homem e outras espécies" (Donald, 2013a) e apresenta a experiência incomensurável de um "animal selvagem", feroz e versátil, belo e terrível, em um meio inóspito: experiência que assinala talvez a idêntica fragilidade das espécies ante o espetáculo adverso do meio circundante. O urso, entregue à fusão com esse ambiente, não parece perturbado (entendendo a perturbação no sentido heideggeriano de estado, essencialmente animal, intermediário entre a consciência e a inconsciência: *Bennomenheit*, cf. Heidegger, 2007, §58, p. 291), mas liberado, em sua opacidade constitutiva, de toda comparação (sempre zoofóbica) com uma conduta humana que tenha que defini-lo negativamente. Por isso, talvez, nos ofereça uma experiência amoral do sublime, para além do bem e do mal e para além de toda taxonomia hierarquizante: experimentação ao mesmo tempo angustiante e grotesca, trágica e cômica, da fugacidade do "instante mais altaneiro e falaz da História Universal" em que os animais "inteligentes" que somos acreditam-se o centro do cosmos por haver inventado o conhecimento (Nietzsche, 1998, p. 17).

O urso polar não está lá para nos ensinar algo, não há uma experiência moral, de interação entre os sujeitos, em jogo: de fato, o urso olha o horizonte abissal e sua simples disposição no espaço torna patente que nós, seres humanos, estamos fora do quadro e sempre estaremos fora dele, para sempre deslocados, inclusive fora de qualquer posição de poder em relação a ele. Nossa vontade de verdade foi neutralizada. Tudo na cena é uma fuga, tudo nela nos escapa: a luz, as cores brilhantes, o olhar do animal, o sentido da existência. O urso não nos olha, não nos interpela mais que indiretamente nessa negação do olhar que o pintor nos impôs, precipitando-nos na provisoriedade de nossas certezas. O urso, que é qualquer urso, um urso que em sua singularidade vale por todos os ursos, sem nome nem especificidade que o distinga (Agamben, 2001, p. 13-14), é, quiçá, a promessa de um esquecimento infantil de si, da perda de toda interioridade reconfortante, de um fazer-se vazio para viver no lugar do outro, de um tornar-se indistinguível do entorno inerte no espaço intemporal e exterior da montanha gelada.

Assim, quase como burlando-se da hipótese de Heidegger sobre o sem mundo da pedra e a pobreza de mundo do animal (Heidegger, 2007, §42, p. 225), este quadro estremece a segurança das taxonomias e coloca em evidência o umbral movediço entre a natureza inerte e o vivente, que a pobreza emotiva e compreensiva dos animais humanos se empenha em separar. Não é que os animais não tenham acesso ao "mundo" humano, não é que estejam "subtraídos da manifestação do ente" na qual os homens estão imersos: é que nós não podemos abrir essa ausência de interioridade que são, não podemos abrir sua abertura, nem sequer quando os prendemos em um zoológico para poder contemplá-los, calculá-los e oferecê-los em sacrifício à nossa vontade de saber.

Rivière pintou seu urso com base em um modelo vivo mantido em cativeiro no jardim zoológico de Londres. Poder-se ia pensar, portanto, que a produção desse sublime animal é possível graças à anulação do perigo de morte em que estaria quem quisesse contemplar em pessoa a paisagem ártica e a vida selvagem que abriga. Um perigo tão extremo que não seria suficiente atar-se ao mastro para gozar do seu espetáculo sem riscos; seria, outrossim, necessário aprisionar as sereias e fazê-las nadar em uma piscina, como se nesse gesto pudéssemos finalmente capturar seu "ser enquanto tal". O quadro de Rivière, contudo, dá um passo além da constatação de uma impossibilidade de compreensão e funciona, ademais, como uma advertência a respeito da trágica relação de domínio que estabelecemos com a natureza: nosso suposto pertencimento ao reino suprassensível dos fins nos serviu de pretexto para destruir o mundo sensível. O quadro funciona, desse modo, como a oferenda da irreparável experiência sensível da nossa (in)dignidade animal.

O sublime animal

O sublime animal impulsiona uma irrefreável suspensão das funções vitais frente a uma alteridade natural que já não pode ser domesticada por uma instância racional. O momento totalizante e totalitário de uma razão todo-poderosa, que vem para impor ordem na imaginação desenfreada, fica suspenso. Com isso, a maquinaria antropocêntrica de diferenciação radical entre homens e animais fica, por sua vez, suspensa e interrompida, devolvendo-nos a maravilha irrepresentável, mas sempre imaginável, da comum vulnerabilidade entre as espécies.

Não será necessário esperar a arte contemporânea para encontrar modos de (re)presentação/visualização da alteridade não humana que sirvam de crítica ao humanismo que busca, de uma só vez, separar e manter unidos, para ordenar, hierarquicamente, o homem e o animal. Já no século XIX, coloca-se em marcha um *imaginário bestial* que rompe o discurso da dignidade humana e habilita uma fuga que reúne a espiritualidade humana com a corporeidade animal.

Referências bibliográficas

AGAMBEN, G. "Esempio". In: *La comunità che viene*. Torino: Bollatti Boringhieri, 2001.

ADORNO, Th. W. *Beethoven. Filosofía de la música*. Trad. A. Gómez Schneekloth e A. Brotons Muñoz. Madrid: Akal, 2003.

DERRIDA, J. *El animal que luego estoy si(gui)endo*. Trad. C. de Peretti. Madrid: Trotta, 2008.

DONALD, D. "Sublime Animals: Briton Riviere's Beyond Man's Footsteps". In: LLEWELLYN, N. & RIDING, CH. (eds.). *The Art of the Sublime*, Tate Research Publication, January 2013a. Disponível em: <https://www.tate.org.uk/art/research-publications/the-sublime/diana-donald-sublime-animals-briton-rivieres-beyond-mans-footsteps-r1129553>.

DONALD, D. "The Arctic Fantasies of Edwin Landseer and Briton Riviere: Polar Bears, Wilderness and Notions of the Sublime". In: LLEWELLYN, N. & RIDING, CH. (eds.). *The Art of the Sublime*, Tate Research Publication, January 2013b. Disponível em: <https://www.tate.org.uk/art/research-publications/the-sublime/diana-donald-the-arctic-fantasies-of-edwin-landseer-and-briton-riviere-polar-bears-r1136829>.

FLEISNER, P. "Amores perros. Figuraciones artísticas y comunidades reales entre canes y humanos". In: *Instantes y Azares. Escrituras Nietzscheanas*, n. 13, p. 221-238, primavera 2013.

HEIDEGGER, M. *Los conceptos fundamentales de la metafísica. Mundo, Finitud, Soledad*. Trad. A. Ciria. Madrid: Alianza, 2007.

KANT, I. *Crítica del juicio*. Trad. M. García Morente. México: Porrúa, 1996.

LYOTARD, J.-F. "Lo sublime y la vanguardia". In: *Lo inhumano*. Trad. H. Pons. Buenos Aires: Manantial, 1998. p. 95-110.

MARCHESINI, R. *Il tramonto dell'uomo. La prospettiva post-umanista*. Bari: Dedalo, 2009.

NANCY, J-L. "La ofrenda sublime". In: *Un pensamiento finito.* Trad. J.C Moreno Romo. Barcelona: Anthropos, 2002. p. 115-154.

NIETZSCHE, F., "El caso Wagner". In: *Escritos sobre Wagner.* Trad. J. B. Llinares. Madrid: Biblioteca Nueva, 2003. p. 183-242.

NIETZSCHE, F. *Sobre verdad y mentira en sentido extramoral* (trad. L. M. Valdés). Madrid: Tecnos, 1998.

ROSENBLUM, R. "Lo sublime abstracto". In: *ARTnews* 59, n. 10, febrero de 1961. Disponível em: <http://www.march.es/arte/madrid/exposiciones/paisaje/abstracto.asp>.

SAINT GIRONS, B. *Lo sublime.* Trad. J. A. Méndez. Madrid: Machado Libros. 2008.

SCHILLER, F. "De lo sublime". In: *De lo sublime/Sobre lo patético*. Trad. A. Dornheim. Mendoza: Instituto de Estudios Germánicos, Facultad de Filosofía y Letras, Universidad Nacional de Cuyo, 1947.

ZUFFI, S. *El perro en el arte* .Trad. P. Orts. Madrid: 451 Editores, 2009.

TEORIA CRÍTICA

A OBRA DE ARTE COMO UTOPIA

Luiz Carlos Andrade de Aquino[1]
Bruno Pucci[2]
Artieres Estevão Romeiro[3]

"A arte é magia libertada da mentira de ser verdade"
(Adorno, 1993, p. 195)

"A arte é a promessa da felicidade que se quebra"
(Adorno, 1982, p. 209)

O presente artigo trata-se de uma reflexão sobre a obra de arte como utopia na perspectiva da filosofia de T. W. Adorno, a partir da leitura dos aforismos "Interpretação, comentário, crítica" e "Novo, utopia, negatividade", de sua *Teoria estética* (1982), além de outros pontuais elementos de sua reflexão filosófica. Algumas categorias presentes nesses aforismos foram utilizadas para estabelecer um diálogo com o poema "Perguntas em forma de cavalo-marinho", de Carlos Drummond de Andrade, como exercício de análise sobre a particular perspectiva que Adorno apresenta da obra de arte, qual seja, ser ela portadora da tensão entre a realidade e sua negação, constituindo-se como expressão autônoma das contradições históricas do mundo social. Sugerimos que a imersão na obra de arte contribui para o desenvolvimento de uma consciência crítica do indivíduo, ao percebê-la

1. Luiz Carlos Andrade de Aquino é doutorando em Educação pela Unimep/Piracicaba-SP, bolsista da CAPES, docente da Universidade do Vale do Paraíba (Univap) e membro do Grupo de Pesquisa Teoria Crítica e Educação – Unimep.

2. Bruno Pucci é professor titular de Filosofia da Educação da Faculdade de Educação da Unimep. Pesquisador do CNPq. Líder do Grupo de Pesquisa Teoria Crítica e Educação - Unimep.

3. Artieres Estevão Romeiro é doutor em Educação, professor do Departamento de Educação da Universidade Técnica Particular de Loja (Equador) e membro do grupo de pesquisa Teoria Crítica e Educação - UFSCar.

não como mera expressão do que existe e, sim, como questionamento do existente e de suas possibilidades. Assim, conceber a obra de arte como utopia contribui para uma experiência humana significativa, em contraposição ao mero consumo contemplativo e vazio ao qual a indústria cultural do capitalismo tardio a reduziu.

Em um mundo em que as múltiplas esferas das relações humanas estão cada vez mais condicionadas pelo pragmatismo das novas e poderosas tecnologias, que futuro outro poderia a obra de arte expressar a não ser o que aí já está dado? Que a arte ainda possa expressar uma utopia é questão cuja resposta deveria, ela própria, iniciar pelo questionamento da própria ideia de utopia em uma época assim tecnologicamente constituída. Contra todo sentimento de resignação em relação ao poder da tecnologia, contra toda forma de afirmação de um futuro já determinado, demonstrar que a obra de arte ainda seja capaz de expressar o movimento contraditório que a realidade comporta, dotando o indivíduo de uma consciência questionadora sobre o que está dado – ou consciência não conformada – é tarefa das mais importantes para a crítica da cultura e de suas formas de dominação.

A obra de arte em Adorno: interpretação, crítica e utopia

Na *Teoria estética*, no aforismo "Interpretação, comentário, crítica", Adorno refere-se à obra de arte em uma perspectiva que é sempre dialética. O filósofo chama a atenção para o fato de que ela só se constitui pela sua forma, incluindo aí a tarefa da crítica realizada pela filosofia. Para ele, a interpretação, o comentário e a crítica constituem o processo pelo qual a obra de arte concretiza o seu devir. No aforismo "Forma", da mesma obra, afirma: "(...) a forma é a coerência dos artefatos – por mais antagonista e quebrada que seja –, mediante a qual toda obra bem sucedida se separa do simples ente" (Adorno, 1982, p. 217). Identificamos aqui um ponto central da reflexão adorniana: a obra de arte, como mônada, esconde e revela o movimento pelo qual ela é ambígua, ou seja, é ao mesmo tempo *fait social* e autônoma; é ente pela sua ligação com a história, com o real e, simultaneamente, pela sua autonomia, é o não ente, o que nega a realidade e aponta a possibilidade de outro algo. Diz o filósofo: "O não-ente nas obras de arte é uma constelação do ente. As obras de arte são promessas através da sua negatividade até à negação total" (Adorno, 1982, p. 208).

Na obra de arte, a forma expressa "o teatro do movimento histórico", que está a serviço do conteúdo de verdade. Como manifesto no aforismo "Interpretação, comentário, crítica", é tarefa da crítica buscar na obra de arte seu conteúdo de verdade "(...) como de algo que as ultrapassa e separa este conteúdo (...) dos momentos da sua inverdade" (Adorno, 1982, p. 294). É esse movimento, operado em seu interior pela sua forma, que se constitui em centro vivo de reflexão, em "(...) um momento no movimento do espírito e momento do movimento social real" (Adorno, 1982, p. 294). Podemos interpretar assim esses movimentos: de um lado, a ideia (movimento do espírito), de outro, a realidade (movimento social real). O mergulho na obra de arte é, ao mesmo tempo, o afastamento de qualquer absolutização de um desses momentos e, ainda, a aproximação, pela filosofia, da tensão entre verdade e inverdade que a forma apresenta. É por essa razão que a crítica reducionista que procura somente historicizar a obra de arte acaba por não compreendê-la em seu conteúdo de verdade, que nunca está no extremo de um desses dois momentos. Isso não significa que a história não seja importante para a interpretação da obra de arte. Porém, se a história é a história de uma sociedade fragmentada, administrada pela lógica do capital, a "relação genuína com o elemento histórico" passa por sua não "subsunção apressada na história", por sua não "consignação a lugares históricos", sob pena de se conceber a obra de arte como algo acima da própria história (arte pela arte) ou, ainda, como pura ideologia (arte engajada). Se a obra de arte é utopia, não se deve concebê-la como instrumento para a realização da utopia.

A arte, enquanto utopia, ganha uma dimensão cuja compreensão ultrapassa a ideia de algo irrealizável: ela se constitui pela permanência na negação do real ao expressar o próprio movimento histórico que comporta. É pela forma da crítica que a obra de arte expressa a tensão entre verdade e inverdade nela contida. Eis aí seu caráter utópico; eis aí o novo que se anuncia e que ela própria é incapaz de realizar. No aforismo "Novo, utopia, negatividade", Adorno (1982, p. 58) nos diz:

> A arte, tal como a teoria, não está em condições de realizar a utopia; nem sequer negativamente. O novo enquanto criptograma é a imagem da decadência; só através de sua negatividade absoluta é que a arte exprime o inexprimível, a utopia.

Se a obra de arte não realiza a utopia, pensá-la enquanto utopia não é esvaziá-la de seu poder de crítica, pois a própria utopia só é possível a partir da negação da realidade. Sendo assim, a utopia aponta para o "novo", para a possibilidade de superação de uma realidade que é negada. No entanto, esse "novo" pertence ao que existe e que é negado, pois, como escreve o filósofo frankfurtiano, "O Novo é a nostalgia do Novo, a custo dele próprio; disso enferma tudo o que é novo" (Adorno, 1982, p. 58). Embora a obra de arte, para Adorno, não possa realizar a utopia, ao apontar para sua possibilidade, negando a realidade, ela expressa a tensão entre objetividade e subjetividade, que constitui o mundo social. Como assinala Adorno, em uma importante passagem do aforismo anteriormente referido:

> Pela recusa intransigente da aparência de reconciliação, a arte mantém a utopia no seio do irreconciliável, consciência autêntica de uma época em que a possibilidade real da utopia – o facto de a terra, segundo o estado das forças produtivas, poder ser aqui e agora o paraíso – se conjuga num ponto extremo com a possibilidade da catástrofe total. (Adorno, 1982, p. 58)

Essa tensão, dada pela permanência na negatividade, no não idêntico que a realidade comporta, é que faz da obra de arte utopia.

Imergindo no oceano do poema

A perspectiva adorniana da obra de arte é, nesse sentido, construída a partir da conjugação desses elementos categoriais de sua teoria: interpretação, crítica e utopia. A seguir, apresentamos um exercício de reflexão que visa compreender esses elementos pela leitura do poema "Perguntas em forma de cavalo-marinho", de Carlos Drummond de Andrade (2010, p. 306-307), do seu livro *Claro Enigma*, de 1951, a seguir reproduzido.

> Que metro serve
> para medir-nos?
> Que forma é nossa
> e que conteúdo?
>
> Contemos algo?
> Somos contidos?
> Dão-nos um nome?
> Estamos vivos?

A que aspiramos?
Que possuímos?
Que relembramos?
Onde jazemos?

(Nunca se finda
Nem se criara.
Mistério é o tempo
Inigualável)

A estranheza do poema já é perceptível no próprio título, "Perguntas em forma de cavalo-marinho". No entanto, é difícil não associar, de imediato, o sinal de interrogação (?), identificador de uma pergunta, com este pequeno ser marinho que nada em posição vertical e tem seu formato semelhante a esse sinal. Consideramos, também, que o cavalo-marinho é uma espécie de peixe que apresenta a capacidade de mudar de cor. Esse poema de Drummond é construído, quase em sua totalidade, por questionamentos: das quatro estrofes, três delas são constituídas por versos em forma de interrogações. Seriam perguntas que possuem a capacidade de mimetismo, comum ao cavalo-marinho? Se assim for, essas perguntas apresentam a possibilidade de se transformarem em quê? Ou seriam simples questões existenciais, cujas respostas, incertas, estariam no próprio poema? Em uma leitura mais detida, percebemos que são perguntas existenciais, pois trazem inferências que caracterizam a realidade e nos colocam em tensão com ela, quais sejam: podemos nos medir; temos uma forma e conteúdo; contemos algo assim como somos contidos por algo; temos um nome (identidade?) e estamos vivos; aspiramos a algo, possuímos algo, relembramos algo e morremos em algum lugar. Percebido isso, a estranheza inicial que o poema apresenta, desde seu título até seus versos, vai se dissipando em favor de uma identificação em tensão – podemos dizer, em suspensão – com a realidade da vida, uma vez que estas questões/inferências nos aproximam de nossa essência humana contraditória e, ao mesmo tempo, nos projetam para fora da realidade que nos contém.

Outras características especiais do cavalo-marinho, como a capacidade de movimentar cada um de seus olhos de forma independente e, ainda, ser o macho da espécie a fertilizar em seu corpo os ovos oriundos da fêmea, sugerem dualidades e inversões que, observando o poema em sua forma, podem lançar luzes sobre seu enigma.

Se, como assinala Adorno (1982), a forma do poema está a serviço de seu conteúdo de verdade, é o mergulho na obra enquanto mônada que permite captar os momentos do movimento do espírito e do movimento do real. Assim, imaginamos que o próprio poema, em seu todo, toma a forma de algo vivo, um ser (cavalo-marinho), de algo em movimento dentro de um mundo (o oceano) também em movimento. O movimento do homem e o movimento do mundo se interpenetram, como se um contivesse o outro, como se o movimento de um condicionasse o movimento do outro. Daí advêm as tensões, as inervações, as inquietações e os questionamentos que brotam deste poema em movimento, de uma obra de arte que expressa o seu devir histórico.

Do mesmo modo, percebemos, no poema, o universal e o particular que se interpenetram, o social e o individual que constituem o movimento contraditório da realidade. Em "Palestra sobre lírica e sociedade", Adorno apresenta uma discussão sobre o social e o individual no poema lírico que contribui para a reflexão aqui sugerida:

> A referência ao social não deve levar para fora da obra de arte, mas sim levar mais fundo para dentro dela. [...] Pois o teor [*Gehalt*] de um poema não é a mera expressão de emoções e experiências individuais. Pelo contrário, estas só se tornam artísticas quando, justamente em virtude da especificação que adquirem ao ganhar forma estética, conquistam sua participação no universal. [...] A composição lírica tem esperança de extrair, da mais irrestrita individuação, o universal. (Adorno, 2003, p. 66)

Nesse poema metalinguístico e esotérico, encontra-se um claro elemento que expressa a realidade moderna e contemporânea: o homem imerso em um mundo que não compreende. Na primeira estrofe encontramos o movimento social em sua clara expressão: medida, forma e conteúdo são aspectos que nos constituem como homens, porém, que desconhecemos nesta sociedade vazia de sentido. A segunda estrofe, em que se questiona se contemos algo ou se algo nos contém, se nos dão um nome e se estamos vivos, expressa o movimento da realidade na qual vivemos, realidade que busca nos afiliar, preencher e nos identificar, porém, uma realidade que não nos preenche de sentido. Na terceira estrofe, completa-se o movimento da razão, com perguntas que nos remetem ao objetivo, à finalidade, à razão de existir a partir do que podemos ter ou ser neste mundo. A última estrofe, a que fornece ao poema seu caráter esotérico e a única que não apresenta questão alguma, aparece entre parênteses para nos dizer que não há fim ou começo, que "Mistério é o tempo/ Inigualável". Visto assim, o poema nos remete à realidade de um mundo estranho, conduzindo-nos, pelas perguntas que formula, a uma tentativa de racionalização de seu conteúdo oco que assim podemos sugerir: busca, autorreflexão, dúvida, essência, aprendizado, alma, enfim, expressões que nos levam a pensar no significado da essência humana, significado este que não está indicado, é indecifrável. Aqui está o momento do movimento da realidade, questionada pela própria forma do poema.

Ora, onde está e como se expressa o momento do movimento do espírito contido na forma do poema? Ao questionar a racionalidade da vida, quem questiona? É o poeta ou é o homem enquanto ser humano, o seu espírito universal? O metro, a forma e o conteúdo são, em uma sociedade administrada, o que atomiza o homem, o que o diferencia do outro e o faz único. Entretanto, o espírito humano contra isso se rebela, e a utopia por outro mundo com mais sentido se revela. Aqui percebemos tanto o universal pelo particular, quanto o particular – o que cada um de nós pode questionar – pela universalidade que nos faz humanos. Eis aí a tensão que nos conduz a um possível conteúdo de verdade do poema, ao seu enigma. Tensionar ao máximo a realidade é o que faz o poema pela sua forma, como nos versos "(Nunca se finda,/ Nem se criara./ Mistério é o tempo/ Inigualável)", entre parênteses, momento em que faz irromper a objetividade na subjetividade, pois é por meio do conceito que o próprio conceito é negado: o que nos mede é o tempo, porém, nós insistimos em medi-lo por nós mesmos, ou seja, medimos (racionalizamos) o tempo, embora seja ele a nos medir.

Ainda mais, nos versos "Dão-nos um nome?/ Estamos vivos?" sugere-se que podemos estar mortos em vida. Ora, em que mundo isso é possível a não ser em um mundo encoberto por sombras? Vale aqui lembrar o que Adorno nos diz no aforismo "Linguagem do sofrimento", de sua *Teoria estética*: "O obscurecimento do mundo torna racional a irracionalidade da arte: mundo radicalmente ensombrado" (Adorno, 1982, p. 38). O conteúdo de verdade parece ser uma resposta ao que o poema nos pergunta: O que nos mede é o tempo, e por isso somos inigualáveis no que temos de universal. O tempo nos remete a um futuro que desconhecemos, mas que almejamos ser melhor do que hoje vivemos. Ou seja, o que nos faz imaginar outro mundo é o questionamento do mundo existente. O poema, ao evidenciar a dualidade que a realidade apresenta, "Contemos algo?/ Somos contidos?", expressa a tensão que nos remete para dentro e para fora desta realidade, para o particular e para o universal que esta realidade comporta.

Considerações finais

Para retornar ao nosso ponto inicial, o caráter utópico da obra de arte, sugerimos aqui como o poema questiona a existência do homem ao buscar dela se afastar. Em "Carácter Enigmático e Compreensão", outro aforismo da *Teoria estética*, Adorno afirma que é pela linguagem que a obra de arte tem a capacidade de nos dizer algo ao mesmo tempo em que oculta esse algo, disso resultando o seu caráter enigmático. Assim, o enigma é a utopia que o poema anuncia e que, ao mesmo tempo, é negada pelo movimento que nos conduz para fora e para dentro do próprio poema. Como assinala o filósofo sobre o poema lírico: "Seu distanciamento da mera existência torna-se a medida do que há nesta de falso e de ruim. Em protesto contra ela, o poema anuncia o sonho de um mundo em que essa situação seria diferente" (Adorno, 2003, p. 69).

Por fim, consideremos, ainda mais, o que ele nos diz no aforismo "Novo, Utopia, Negatividade":

> Em oposição à doutrina de Hegel, segundo a qual o espírito universal ultrapassaria a forma da arte, afirma-se a sua outra tese que ordena a arte na existência contraditória, a qual persiste contra toda a filosofia afirmativa. (Adorno, 1982, p. 58)

O poema se faz obra de arte, na perspectiva de Adorno, quando se contrapõe a uma tendência, presente na filosofia idealista, de expressar uma síntese. Esse elemento é evidenciado no poema *Pergunta em forma de cavalo marinho*, onde destaca-se a tensão, a contradição, manifesta de forma contundente em seus versos finais: "(Nunca se finda/ Nem se criara./ Mistério é o tempo / Inigualável)". Desse conteúdo sedimentado encontramos a verdade no momento em que ela nos escapa e nos remete para a própria obra de arte, para o poema enquanto monolito fechado em si mesmo e, por assim dizer, para a própria utopia enquanto enigma em movimento, enquanto devir histórico. O poema é provocativo e mantem sua negatividade utópica do início ao fim. A tensão contida na terceira estrofe, que pergunta sobre a memória (passado) e sobre a morte (Onde jazemos?), e a quarta estrofe, que analisa os mistérios do tempo, remete ao papel do homem na construção de si mesmo e do mundo. O tempo é mistério inigualável, todavia as lembranças de vida ou de horror onde a humanidade jaz é parte do metro que nos mede.

No mundo antigo, Protágoras afirmava que o homem é a medida de todas as coisas, e também desde os trágicos tempos de Sófocles, a pergunta da esfinge pelo enigmático homem ronda os tempos e a história. Afirmamos que a arte ainda tem algo a dizer sobre a dor deste mundo ao apontar para outro mundo possível a partir da negação deste. Perceber isso requer o desenvolvimento de uma consciência crítica que permita ao indivíduo apreciar a obra de arte para além das intenções subjetivas e objetivas de seu autor, e mesmo para além do que a indústria cultural a reduz: a uma mera mercadoria. Vimos que a perspectiva adorniana sobre a obra de arte contribui para isso. Trata-se de termos o cuidado de buscar experiências que sejam formativas, que possam ter como finalidade a emancipação do ser humano. Afinal, assim como os cavalos-marinhos, somos seres frágeis e precisamos de cuidados especiais.

Referências bibliográficas

ADORNO, Th. W. *Notas de literatura I*. Trad. e apresentação: Jorge de Almeida. São Paulo: Editora 34, Livraria Duas Cidades, 2003.

______. *Teoria estética*. Trad. Artur Morão. Lisboa: Edições 70, 1982.

______. *Minima moralia: reflexões a partir da vida danificada*. Trad. Luiz Eduardo Bicca. 2ª edição. São Paulo: Ática, 1993.

ANDRADE. C. D. *Nova reunião – 23 livros de poesia* / Carlos Drummond de Andrade. Vol. 1. 3ª edição. Rio de Janeiro: BestBolso, 2010.

MÚSICA COMO POLÍTICA NA EDUCAÇÃO MUSICAL JUVENIL DA ALEMANHA NAZISTA

Lia Tomás[1]

Em meio às turbulências que ocorriam na Primeira Guerra Mundial (1914-1918), o escritor Thomas Mann redigia uma longa reflexão sobre a Alemanha. *Considerações de um apolítico*, livro de cunho patriótico, conservador e ultranacionalista, opunha-se radicalmente contra o Iluminismo, a democracia e toda sorte de conceitos e conquistas que se antagonizassem ao espírito germânico. Na longa introdução do livro, que também poderia ter como epígrafe "a música e a cultura teutônica contra o Ocidente latino" (Rosenfeld, 1995; Chaves, 2009), Thomas Mann (2002, p. 33-34) justifica sua postura e ideias em uma passagem oracular:

> Nas páginas seguintes, emiti a opinião que a democracia, a própria política, são estrangeiras e nefastas à natureza alemã; coloquei em dúvida ou contestei a vocação política da Alemanha. [...] Declaro-me profundamente convencido que o povo alemão jamais poderá amar a democracia política, pela simples razão que ele não pode amar a política em si, e o "estado autoritário" tão criticado é, e continua a ser, creio eu, a forma governamental adequada, destinada ao povo alemão e desejada por ele.

Mesmo que as afirmações acima possam nos surpreender, o que Thomas Mann não suspeitava é que anos depois, exatamente em 10 de maio de 1933,

---

1. É livre-docente em Estética Musical (Instituto de Artes - Unesp), prof.ª do Depto. e PPG em Música da Unesp. É autora de *Ouvir o Lógos: Música e Filosofia* (Ed. da Unesp, 2002 -Prêmio Comped-Inep); *À Procura da Música sem Sombra: Chabanon e a Autonomia da Música no Séc. XVIII* (Ed. Cultura Acadêmica, 2011); *Música e Política: um Olhar Transdisciplinar* (c/ Tania Garcia [orgs.]), Ed. Alameda, 2013) e *A Pesquisa Acadêmica na Área de Música: um Estado da Arte (1988-2013)* (Ed. ANPPOM, 2015).
E-mails: liatomas@ia.unesp.br ou liatomas@uol.com.br

sua declaração visionária se voltaria contra si, sua obra seria considerada espúria e, assim, seu destino seria o mesmo de tantas outras: arder em grandes fogueiras montadas em praças públicas em várias cidades de sua amada Alemanha. Mais surpreendente ainda é que tal manifestação de repúdio foi capitaneada pelos estudantes da Juventude Hitlerista (*Hitlerjugend*), que, já nessa data, eram os verdadeiros mandatários das escolas e universidades, cerceando docentes, reitores, funcionários e colegas que não adequassem seus modos de conduta e pensamentos à ideologia do III Reich.[2]

A educação da juventude alemã foi um dos campos nos quais o regime nazista não mediu esforços para sua expansão doutrinária. Tutelada pelo Estado desde a ascensão de Hitler ao poder em 1933, toda a formação escolar dos jovens alemães foi marcada, do primário até a universidade, pela promoção e conscientização de conceitos-chave, tais como raça, linhagem de sangue, identidade nacional, comunidade, entre outros (Bartoletti, 2006; Wilhelm, 1937; Kater, 2004).

Como aponta E. Michaud (1996, p. 292), Hitler percebeu muito cedo que as escolas, apesar dos poucos resultados em curto prazo, eram o *lócus* ideal para que a ideologia nacional-socialista deixasse a sua marca, e o *Mein Kampf* ocupou um lugar privilegiado nesse percurso:

---

2. Richard J. Evans (2010, p. 513-515) relata o episódio: "Em 10 de maio de 1933, os estudantes alemães organizaram um 'ato contra o espírito não alemão' em 19 cidades universitárias do país. Compilaram uma lista de livros 'não alemães', pegaram-nos em todas as bibliotecas que conseguiram encontrar, amontoaram-nos em praças públicas e atearam fogo. O evento da queima de livros em Berlim teve a presença de Joseph Goebbels a pedido dos estudantes. Ele disse que os estudantes estavam 'fazendo a coisa certa ao entregar o espírito maligno do passado às chamas' no que chamou de 'ato forte, grandioso e simbólico'. Um após outro, os livros foram lançados na pira funeral do intelecto, acompanhados por *slogans* como: 'Contra a luta de classes e o materialismo, pela comunidade nacional e por um ponto de vista idealista: Marx, Kautsky; Contra a decadência e o declínio moral, pela disciplina e moralidade na família e no estado: Heinrich Mann, Ernst Glaeser, Erich Kästner'. As obras de Freud foram confiadas às chamas por seu 'exagero degradante da natureza animal do homem', os livros do popular historiador e biógrafo Emil Ludwig foram queimados pela 'difamação' de 'grandes personalidades' da história alemã; os escritos dos jornalistas pacifistas radicais Kurt Tucholsky e Carl von Ossietzky foram destruídos por sua 'arrogância e presunção'. Uma categoria particular foi reservada a Erich Maria Remarque, cujo romance crítico *Nada de novo no front* foi lançado na fogueira 'contra a traição literária dos soldados da Guerra Mundial, pela educação da nação no espírito do preparo militar'. Muitos outros livros além desses citados em voz alta nos *slogans* encantatórios foram lançados às piras".

> O Estado racista terá atingido seu fim supremo de instrutor e de educador quando houver gravado no coração e no cérebro da juventude a ele confiada, o espírito e o sentimento da raça e o sentimento da raça. É preciso que nenhum rapaz ou nenhuma moça venham a deixar a escola sem ter sido levados ao perfeito conhecimento do que a pureza do sangue e sua necessidade. Assim, terão sido estabelecidas as condições da conservação dos fundamentos raciais de nosso povo e com isso estará assegurado o desenvolvimento posterior da cultura.
>
> De resto [acrescentava Hitler] do ponto de vista da raça, a educação deve encontrar seu remate definitivo no serviço militar. Esse tempo de serviço deve ser considerado como o último estágio da educação normal do alemão médio.

O líder da Juventude Hitlerista nessa época, Baldur von Schirach, foi escolhido porque fora educado desde a idade de 10 anos em tais princípios. Sua devoção nas diretivas do regime encontra-se registrada não apenas na composição da letra do principal hino da JH, *Vorwärts! Vorwärts! Schmettern die hellen Fanfaren* (Avante! Avante! Retumbem as brilhantes fanfarras),[3] como também em uma entrevista concedida a Leon Gondensohn, psiquiatra que assistiu os presos nazistas durante o Tribunal de Nuremberg em 1945:

> Minha ideia de liderar a juventude pode ser vista de duas maneiras. As pessoas podem dizer, se quiserem, que a Juventude Hitlerista foi apenas uma forma de ideologia nazista, de uma maneira compreensível pela juventude. Mas eu desenvolvi uma ideia especial de educação que outros antes de mim vinham elaborando havia muito tempo. A ideia de autoliderança, de autorresponsabilidade, a ideia de um Estado da juventude dentro de um Estado maior não é minha. Começou com as escolas de Hermann Lietz. Lietz fundou um novo tipo de sistema escolar em 1898 [...] Trabalhávamos junto com os meninos, construíamos casa, oficinas de carpintaria, oficinas de hidráulica e coisas semelhantes. As escolas se localizavam em propriedades que possuíam seus

3. Tradução do inglês de *Vorwärts! Vorwärts!* (Letra: Baldur Von Schirack/ Música: Hans Otto Borgmann): Avante, avante/Retumbem as brilhantes fanfarras/Avante, avante/A juventude não tem medo/Alemanha, você deve estar radiante/Mesmo se cairmos/Avante, avante/Retumbem as brilhantes fanfarras/Avante, avante/A juventude não tem medo/ Mesmo que Deus esteja no alto/A juventude pode alcançá-lo.
Nossas bandeiras tremulam diante de nós/No futuro, marchamos lado a lado/Estamos marchando para Hitler/Através da noite e desespero/Com a nossa bandeira e juventude/ Pela liberdade e pão/Nossa bandeira tremula diante de nós/Nossa bandeira é a nova era/E a bandeira nos guia para a eternidade!/Sim, a bandeira é mais para nós do que a morte!

> próprios jardins, gado, etc. Desse modo, a própria escola era um quadro em miniatura de um Estado. [...] Sempre pensei na autoeducação e autoliderança dos jovens, até surgir o Partido Nazista, que me deu a oportunidade de pôr minhas ideias em prática em meu país. Desenvolvi a ideia de um Estado da juventude. [...] Tentei construir algo que reunisse todas as classes da juventude. Era um Estado da juventude que incluía meninos das classes trabalhadoras, bem como os filhos de famílias aristocráticas: a juventude seria descoberta pela própria juventude. Portanto, na alta liderança, seria possível ter um representante em cada ministério preocupado com a vida dos jovens. (Goldensohn, 2005, p. 286-288)

É sabido também que, dentre as artes, a música ocupou um lugar privilegiado na educação nacional-socialista, visto que desde meados do séc. XVIII, a história da música alemã tornara-se indissociável da própria construção do Estado alemão. Já nesse século, publicações especializadas tais como *Der critische Musicus* (1722), de Johann Adolf Scheibe, o *Critica Musica* (1722) e *Der Musikalische Patriot* (1728), de Johann Mattheson, e o *Allgemeine Musikalische Zeitung* (1797), de Friedrich Roschlitz, tinham como objetivo articular o caráter universalista da música alemã estabelecida por Quantz – o "estilo misto" – com a ideia de fortalecimento da soberania nacional. No século seguinte, um conjunto de escritores, filósofos e músicos, como Wackenroder, Hoffmann, Schopenhauer, Nietzsche e Wagner, continuaram a divulgar em seus escritos essa estreita relação, criando ainda uma "metafísica da música" e uma concepção de Estado que se realiza por meio do artístico (Tomás, 2014, p. 42-44).

Ainda no final do século XIX, nasce na Alemanha um movimento popular organizado por jovens e denominado *Der Wandervogel* (pássaros migratórios). Esse movimento, que teve início como uma reação ao estilo de vida burguês, rejeitando o moderno, as grandes cidades e a mentalidade empresarial emergente, era uma espécie de contracultura que tinha uma visão idealista e romântica do passado, pregando assim um retorno à natureza, aos valores simples e tradições da vida rural, à liberdade, à autorresponsabilidade e ao espírito de aventura. Era um movimento criado pela juventude e que ansiava ser liderado pela própria juventude, que redescobria os prazeres da vida campestre fazendo longas caminhadas, dormindo ao ar livre e cantando antigas canções folclóricas alemãs ao redor da fogueira.

Entre 1900-1914, o *Wandervogel* cresceu muito rápido e tornou-se uma organização proeminente na Alemanha, reunindo mais e mais jovens dispostos a abraçar essa ideologia e esse modo de viver. Quanto à música, o movimento não apenas coletou um vasto repertório de canções folclóricas e redescobriu antigas canções natalinas, como também promoveu a divulgação dessas obras por meio da organização de corais amadores. Esse movimento coral, que espalhou-se velozmente em todo país, não ficou restrito às organizações juvenis e incentivou a formação de coros para todas as idades; congregava ainda interessados que tinham uma formação musical heterogênea, incluindo pessoas com instruções rudimentares de leitura musical e também estudantes já familiarizados com a notação. Por essas razões, essa prática musical amadora privilegiava o repertório folclórico, cantado em uníssono e com harmonias relativamente simples.

Como destaca Pamela Potter (2015, p. 65), os musicólogos ficaram muito atentos a esse movimento musical amador em ascendência e viram nesse campo uma oportunidade para expandir seu raio de ação para além do circuito universitário. Por terem um conhecimento profundo sobre a história da música alemã, atuaram em conjunto nessas sociedades fornecendo informações de várias naturezas: a importância das atividades amadoras na história alemã, a ampliação do repertório por meio da execução de compositores menos conhecidos e também questões voltadas para a *performance* musical. Além das conferências sobre os compositores e obras que se tornaram frequentes, contribuíram ainda para organização de compêndios de música vocal, o que contribuiu tanto para o resgate de um repertório mais antigo como para a manutenção das editoras especializadas.

Vale dizer ainda que essa contribuição musicológica em direção da música amadora não foi, por parte dos musicólogos, uma atitude desinteressada e meramente altruísta: por sentirem-se pouco prestigiados no conjunto das profissões até então existentes, viram nesse movimento, oriundo das massas e apoiado pela juventude hitlerista, uma oportunidade ímpar para sua inserção social e reconhecimento; por transitarem com desenvoltura entre o conhecimento acadêmico e o informal, não apenas adequaram seu discurso ao seu novo público, valorizando a expressão musical que lhes é própria, como ainda mudaram o estatuto da pesquisa da música folclórica, trazendo-a com destaque para seu próprio campo de estudos.

Além do mais, esse conjunto de ações entre a musicologia e os movimentos musicais amadores veio ao encontro e respaldou com ênfase os principais temas que seriam explorados pelo nacional-socialismo. Quando o regime chegou ao poder em 1933, uma grande parcela da população já tinha passado pelo "processo musical doutrinário" e, portanto, identificava-se e reconhecia a sua voz nas novas diretivas propostas.

O etnomusicólogo Klaus Roth, comentando as características do uso do folclore no III Reich, destaca as observações feitas por Hermann Bausinger, eminente estudioso do folclore alemão do pós-guerra, em seu texto "Folklore and National Socialism":

> a) a ênfase *nacional*. A nação era o princípio unificador, substituindo todas as divisões e subculturas étnicas, tribais ou regionais e que se estende para além das fronteiras nacionais, para todos os alemães que vivem no exterior na chamada "ilhas linguísticas", a maioria delas no Leste e Sudeste da Europa.
>
> b) a ênfase *racial* tendo a raça nórdica superior como o princípio unificador para o estado-nação. A raça nórdica foi identificada com todos os povos germânicos ou teutônicos e da superioridade de seu caráter étnico ou nacional, construiu-se a pedra angular da política nazista.
>
> c) a ênfase no *campesinato*. Os camponeses foram considerados os representantes da mais pura herança e continuidade da (antiga) cultura germânica.
>
> d) a ênfase na *comunidade*, seja esta a comunidade da aldeia (*Dorfgemeinschaft*) ou a comunidade nacional (*Volksgemeinschaft*). O conceito de comunidade estava intimamente relacionado a um organismo (biológico) e exclusão de conflitos (sociais).
>
> e) a ênfase na *mitologia germânica* e *simbolismo*. Guiado por essa orientação, o folclore nazista contribuiu para a produção de uma espécie de substituto da religião e culto secular que englobou toda a vida social do indivíduo e da comunidade. (Bausinger *apud* Roth, 1998, p. 72-73)

Segundo os aspectos destacados acima, o folclore parece ter sido o verdadeiro centro do nacional-socialismo, ou ainda: o folclore foi nazificado para servir a outros fins e alçado à categoria daquilo que Hobsbawm (1984, p. 9) denomina "tradição inventada": "um conjunto de práticas, normalmente reguladas por regras tácita ou abertamente aceitas (...) de natureza ritual ou simbólica, [que] visam inculcar certos valores e normas de comportamento através da repetição [e] uma continuidade em relação ao passado".

Um exemplo da nazificação da música foi descrito em detalhes por Britta Sweers (2005, p. 65-86). A partir do reconhecimento de uma canção natalina que lhe era familiar desde a infância, a autora descobriu, em suas pesquisas, que ela não era apenas uma antiga canção natalina suíça, mas que a partir de 1930, seu conteúdo cristão tinha sido neutralizado pelas doutrinas culturais nazistas, com o intuito de minimizar os aspectos sociais das igrejas cristãs.

Essas práticas eram relativamente comuns, pois o nacional-socialismo tentava cooptar as manifestações religiosas para a sua ideologia. No caso da igreja cristã, e em especial no repertório natalino, o partido tentou secularizar os elementos associados a tal data e instituir uma "nova tradição" de caráter germânico-pagã. Como exemplo, acrescenta a autora, temos a alteração das letras com o intuito de misturar o germanismo luterano com a ideia de pertencimento a uma nacionalidade escolhida; ou ainda, a mudança de sentido de uma frase, na qual qualidades que se referiam a um determinado personagem bíblico foram transformadas em referências mágicas e encantatórias de cunho geral.

Nessa resumida exposição sobre a "educação musical" na Alemanha nazista fica evidente que, durante os 12 anos que o nacional-socialismo esteve no poder, suas práticas ideológicas de coerção não pouparam nenhum aspecto da vida civil e psicológica de seus compatriotas. Esse aspecto repressor e autoritário comparece com clareza na declaração de Goebbels em uma conferência de imprensa datada de 15 de março de 1933:

> Não basta conciliar mais ou menos as pessoas com nosso regime, induzi-las a uma posição de neutralidade em relação a nós, queremos seguir trabalhando as pessoas até que se tornem dedicadas a nós... (Welsh, 1993, p. 174)

Por sorte, esse sonho dogmático chegou ao fim em 2 de setembro de 1945.

Referências bibliográficas

BARTOLETTI, S. C. *Juventude Hitlerista: A história dos meninos e meninas nazistas e a dos que resistiram.* Trad. B. Horta. Rio de Janeiro: Relume Dumará, 2006.

BRADT, C. A.; MIALHE, J. L. "A educação na Alemanha nazista e seu papel na modulação de ideias e comportamentos". *Historia de la Educación. Anuario*, v. 14, n. 2, p. 1-23, 2013. Disponível em: <http://ppct.caicyt.gov.ar/index.php/anuario/article/download/2840/3681>.

CHAVES, A. R. "Esgares de ódio". *Incensuráveis*. Disponível em: <https://sites.google.com/site/incensuraveis/esgares-de-odio-thomas-mann>.

EVANS, R. J. *O Terceiro Reich no poder*. Trad. L. Brito. São Paulo: Editora Planeta do Brasil, 2012.

______. *A chegada do Terceiro Reich*. Trad. L. Brito. São Paulo: Editora Planeta do Brasil, 2010.

HOBSBAWN, E. & RANGER, T. (orgs.). *A invenção das tradições*. Trad. C. C. Cavalcante. Rio de Janeiro: Paz e Terra, 1984.

GOLDENSOHN, L. *As entrevistas de Nuremberg: conversas de um psiquiatra com os réus e as testemunhas*. (Org. e introd. R. Gellaltely. Trad. I. Korytowski). São Paulo: Companhia das Letras, 2005.

GUMPLOWICZ, P. *Les Résonances de l'Ombre - Musique et identités: de Wagner au jazz*. Paris: Fayard, 2012.

MANN. T. *Considérations d'un apolitique*. Trad. L. Servicen e J. Naujac. Paris: Grasset, 2002.

MICHAUD, E. "Soldados de uma ideia: os jovens sob o Terceiro Reich". In: LEVI, G. e SCHMIDT, J.-C. (Orgs.). *História dos jovens 2 – A Época Contemporânea*. Trad. P. Neves *et alii*. São Paulo: Companhia das Letras, 1996. p. 291-317.

POTTER, P. M. *A mais alemã das artes: musicologia e sociedade da República de Weimar ao fim da era nazista*. Trad. R. Patriota. São Paulo: Perspectiva, 2015.

ROSENFELD, A. "Thomas Mann e a política alemã". *Folha de São Paulo*, 22/01/1995. Disponível em: <http://biblioteca.folha.com.br/1/18/1995012201.html>.

ROTH, K. "Folklore and Nationalism: The German Example and its Implications for the Balkans". *Ethnologia Balkanica*, v. 2, p. 69-79, 1998. Disponível em: <http://www.volkskunde.uni-muenchen.de/vkee_download/artikel_pdf/1998a_folklore.pdf>.

SWEERS, B. "The Power to Influence Minds: German Folk Music during the Nazi Era And After". In: RANDALL, A. J. (ed.). *Music, Power and Politics*. New York: Routledge, 2005. p. 64-86.

TOMÁS, L. "A música e seu uso político no III Reich". In: GARCIA, T. C. e TOMÁS, L. (orgs.). *Música e política: um olhar transdisciplinar.* São Paulo: Alameda, 2014. p. 39-55.

WELSH, D. *The Third Reich: Politics and Propaganda*. New York: Routledge, 1993.

"O DOM DE INTERPOLAR NO INFINITAMENTE PEQUENO": fantasia amorosa em *Rua de mão única* de Walter Benjamin

Francisco De Ambrosis Pinheiro Machado[1]

O presente artigo é um pequeno excerto de uma pesquisa mais ampla na qual estou investigando a influência do surrealismo na produção literária e na concepção figurativa de história de Walter Benjamin, identificando parentescos e distanciamentos entre a imagem tal como concebida e explorada pelos surrealistas no início dos anos 1920, ou seja, como uma aproximação fortuita de duas realidades heterogêneas (Breton, 2001, p. 35, p. 53-54), e as noções de imagem de pensamento e imagem dialética. Aqui, proponho-me apenas analisar algumas imagens de pensamento do livro *Rua de mão única*, as quais tratam da fantasia amorosa enquanto uma dinâmica imagético-disruptiva que pode ser apreendida como uma profunda experiência da alteridade e de estranhamento produtivo, capaz, por isso, de fomentar outra percepção do real, abrindo espaço para a crítica e uma possível transformação desse real.

Rua de mão única foi iniciado em 1924, quando Benjamin projetava um "Pequeno livro para amigos" (*Plakette für Freunde*), contendo uma coleção de aforismos, piadas e sonhos (Benjamin, *Carta a Scholem*, 1924). Algumas imagens de pensamento originam-se de anotações mais antigas, como "Panorama Imperial", que é de 1923. Benjamin teria encontrado a forma definitiva do livro em sua estada em Paris, entre março e junho de 1926 (*GS IV*, 908), quando tomou contato mais direto com as publicações dos surrealistas. Podemos dizer que o livro, publicado em 1928, é um experimento poético-político que busca instaurar, por meio da "imagem de pensamento" (*Denkbild*), aquilo que ele denominou mais tarde, em seu

1. Professor doutor do Departamento de Filosofia da Universidade Federal de São Paulo. E-mail: fapmachado@unifesp.br

ensaio "Surrealismo: o último instantâneo da inteligência europeia", de "espaço de imagem" (*Bildraum*) (Benjamin, 2012, p. 34): um local para uma possível atuação política do literato, no qual a realidade cotidiana, singular e concreta é percebida e iluminada sob novas dimensões e perspectivas, rompendo com o modo unilateral e acrítico com que é apreendida no contexto reificado da sociedade industrial avançada e de massas.

Assim, as 60 imagens de pensamento que compõem o livro seriam, mais exatamente, uma espécie de enfrentamento da crise cultural e política da República de Weimar, crise resultante da situação recessiva em que a Alemanha se encontrava nos anos seguintes à I Guerra Mundial: politicamente isolada, abalada moralmente pela derrota, onerada pelas dívidas de guerra, com inflação e índices de desemprego altos. O sistema político era muito instável, com frequentes trocas de governos, todos incapazes de articular, seja as pressões por mudanças sociais mais radicais, advindas de movimentos de partidos de trabalhadores de esquerda, duramente reprimidos; seja as pressões de grupos de direita, conservadores e nacionalistas, alguns deles pleiteando uma retomada do II Reich e o não pagamento das dívidas; seja as pressões externas exigindo o pagamento destas (Richard, 1988). Benjamin explicita essa crise em algumas imagens de pensamento do próprio livro, nas quais apresenta um diagnóstico crítico de época que vincula a miséria econômica e crise política a uma dimensão cultural mais ampla.[2] Nesse sentido, é em muitos aspectos semelhante ao diagnóstico do homem sem imaginação descrito no início do *Manifesto surrealista* de 1924 de Breton e na *História do surrealismo* de Maurice Nadeau (Breton, 2001, p. 16; Nadeau, 2008, p. 14-15).

Na imagem de pensamento PANORAMA IMPERIAL: VIAGEM PELA INFLAÇÃO ALEMÃ,[3] Benjamin (1994, p. 23, GS IV 97-98) mostra, entre outros, como a Alemanha teria se fechado, sobretudo com a I Guerra, em si

2. Esse parágrafo e o anterior apresentam uma problemática que desenvolvi em artigo, no qual abordo a estrutura da imagem de pensamento e o diagnóstico critico do presente que esta forma permite elaborar a partir do conceito de dominação da natureza (Pinheiro Machado, 2015).

3. Utilizo propositalmente letras maiúsculas nos títulos das imagens de pensamento, pois é neste formato que foram publicados na edição original em alemão. A intenção é diferenciar o título do texto que o acompanha. Os títulos são palavras ou frases retiradas da escrita que encontramos na cidade, em placas, vitrines, outdoors, etc., e funcionam, na imagem de pensamento, não como um resumo do texto que está por vir, mas como um fragmento de realidade trazida para dentro do livro, como uma fotografia.

mesma como em um clã, anulando a distância entre indivíduo e comunidade, daí a incapacidade de diálogo com outros povos e entre seus habitantes:

> O que completa mesmo o grotesco isolamento da Alemanha aos olhos dos outros europeus, [...] é a potência [*Gewalt*], totalmente inconcebível para os que estão de fora e totalmente inconsciente para os prisioneiros, com que as circunstâncias da vida, a miséria e a estupidez fazem dos homens, nesse palco, súditos de forças da comunidade, como somente a vida de algum primitivo é determinada pelas legalidades do clã. O mais europeu de todos os bens, aquela ironia mais ou menos clara com que a vida do indivíduo pretende transcorrer em disparidade com a existência de toda e qualquer comunidade em que ele esteja encravado, está inteiramente perdido para os alemães.

A perda da capacidade de ironia, de distanciamento, é o que impede ao cidadão alemão nos anos 1920 uma visão mais profunda de sua própria situação e de perceber na crise uma chance de transformação revolucionária. Em vez disso, ele se apega avidamente a suas posses e interesses privados e, paradoxalmente, acaba agindo instintivamente como massa cega que, visando unicamente sua autoconservação, é conduzida ao próprio aniquilamento (Benjamin,1994, p. 21; *GS IV 95-96*).

Mais do que ausência ou carência de espírito, trata-se efetivamente de ódio a este, tal como Benjamin caracteriza na imagem de pensamento ALEMÃO BEBE CERVEJA ALEMÃ. Esse título, retirado de um slogan de uma cervejaria de então, funciona como documento de época ou um fragmento da realidade e, se bem entendido, já manifesta de modo exemplar o embotamento resultante do fechamento de uma sociedade em si mesma, cujas consequências podem ser catastróficas. No texto dessa imagem de pensamento, Benjamin elabora uma reflexão que, precisamente por não se remeter de modo explícito ao título, torna-o enigmático e o coloca (e a realidade que se manifesta nele como fragmento) em tensão irônica e crítica:

> A populaça [*Pöbel*] está possuída por aquele ódio frenético contra a vida espiritual, que reconheceu na contagem dos corpos a garantia para o aniquilamento dela. Onde quer que se lhes permita, eles se colocam em fila, sob o fogo da artilharia ou em direção à alta do preço das mercadorias [*zur Warenhausse*], comprimem-se em ordem de marcha. Nenhum vê mais adiante do que as

costas do homem da frente, e cada qual se orgulha de ser, dessa forma, modelo para o seguinte. (Benjamin,1994, p. 30; *GS IV* 95-96)[4]

Nesse diagnóstico de época, Benjamin (1994, p. 68), portanto, evidencia não tanto aspectos econômicos e políticos, mas o ódio à vida espiritual, que leva à redução do homem a um mero corpo biológico, sujeito a cálculos quantitativos e manipulação em massa, marchando ordenadamente seja para a guerra, seja para o caos inflacionário, preocupado só com a manutenção de seus hábitos de consumo e com suas posses. Esse ódio é que estaria na base de uma sociedade que caminha para a autodestruição, inclusive como resultado de uma civilização e ciência concebidas como dominação da natureza. Nesse último sentido, que não desenvolveremos aqui, o problema ganha um escopo mais amplo que o caso específico da Alemanha.

Como saída ou alternativa a esta situação, a aposta de Benjamin seria, como na proposta surrealista, pela reabilitação da imaginação, explorando-a na fantasia onírica, infantil, amorosa e poético-literária. Todas essas como formas de ampliar, abrir para novas dimensões e submeter à crítica o mundo fechado e limitado, no qual o homem sem imaginação e sem espírito, na República de Weimar, mergulhou e estava sucumbindo.

Podemos compreender de que modo e em que sentido a fantasia pode cumprir esse papel partindo de algumas imagens de pensamento que tratam da fantasia amorosa. Na imagem de pensamento intitulada PRIMEIROS SOCORROS (*Erste Hilfe*), lemos:

> Um bairro, extremamente confuso, uma rede de ruas, que eu anos a fio evitara, tornou-se para mim, de um só lance, abarcável numa visão de conjunto, quando um dia uma pessoa amada se mudou para lá. Era como se em sua janela um projetor estivesse instalado e decompusesse a região com feixes de luz (*Lichtbüscheln*). (Benjamin, 1994, p. 35; *GS IV* 110)

Imagem simples e delicada, pela qual Walter Benjamin mostra como o vínculo amoroso se desdobra para além da pessoa amada e transborda para o espaço ao redor de onde ela habita, impregnando as coisas, as ruas à sua volta, iluminando e ordenando-as, possibilitando ao amante uma visão de conjunto do que até então lhe era inacessível e desconhecido. Assim, é fantasia motivada pela paixão amorosa e não a razão cartesiana que é aqui capaz de ordenar de modo pleno de sentidos aquilo que antes era confu-

4. Tradução com algumas modificações minhas.

so. Uma dinâmica semelhante é apresentada na imagem de pensamento MERCADORIAS DA CHINA (*Chinawaren*):

> Um portal encontra-se no começo de um longo caminho que conduz montanha abaixo à casa de..., que eu visitava todas as noites. Quando ela se mudou, a abertura do arco do portal jazia de agora em diante à minha frente, como uma concha de orelha que perdeu a audição. (Benjamin, 1994, p. 15-16; *GS VI* 90)

Aqui, a fantasia gerada pelo vínculo afetivo dá um sentido mais profundo a um portal de uma metrópole moderna ao transformá-lo, figurativamente, em acesso à própria pessoa amada, como um ouvido que permite nossa voz chegar à interioridade do outro e estabelecer com ele um contato mais profundo. O portal ganha, assim, um novo sentido, diríamos espiritual, que pressupõe, mas vai além da dimensão meramente física de espaço e tempo que permeia as relações humanas.

Por fim, a fantasia amorosa pode envolver e dar mais profundidade também aos próprios pensamentos, carregando-os de sentido vital por meio da intensidade afetiva associada à pessoa com quem se dialoga. Sem isso, o pensamento tende a se reduzir a uma mera função instrumental do conhecimento. É o que podemos depreender da imagem de pensamento RELEVO (*Relief*):

> Está-se junto com a mulher que se ama, fala-se com ela. Então, semanas ou meses mais tarde, quando se está separado dela, volta a ele aquilo do que se conversou. E agora o motivo está ali banal, ofuscante, sem profundidade, e se reconhece: somente ela, que por amor se debruçou profundamente sobre ele, sombreou-o e protegeu-o diante de nós, de tal modo que, como um relevo, em todas as dobras e todos os ângulos, o pensamento vivia. Se estamos a sós, como agora, ele jaz raso, sem consolo e sem sombra, à luz de nosso conhecimento. (Benjamin, 1994, p. 41; *GS VI 117*)[5]

Uma explicitação dessa dinâmica da fantasia, Benjamin elabora na imagem de pensamento LEQUE, inserida num grupo maior intitulado ANTIGUIDADES. O texto dessa imagem tem duas partes. Na primeira, Benjamin descreve aquela experiência, podemos dizer proustiana, que ocorre quando se ama alguém e, nestas condições, passa-se a ver o retrato (*Porträt*) da pessoa amada exposto nas mais diferentes figurações, em quase todos os livros que se lê, inclusive em diferentes personagens de um mesmo

---

5. Tradução um pouco modificada por mim.

romance, novela ou narração. Dessa concisa descrição, Benjamin tira, em um segundo momento, a seguinte conclusão:

> a faculdade da fantasia (*Vermögen der Phantasie*) é o dom (*Gabe*) de interpolar no infinitamente pequeno, de descobrir/inventar (*erfinden*) para cada intensidade, como extensiva, sua nova plenitude comprimida, em suma de tomar cada imagem como se fosse a do leque fechado, que só no desdobramento toma fôlego e, com a nova amplitude, apresenta os traços da pessoa amada em seu interior. (Benjamin, 1994, p. 41; *GS VI 117*)[6]

Interpolar, num sentido matemático, significa a operação de descobrir, dentro de um intervalo definido por dois valores extremos de uma função, um valor intermediário antes desconhecido, completando assim a série de valores conhecidos neste intervalo. No sentido linguístico, diz-se da inserção de frases, palavras ou exemplos em um texto para alterá-lo, completá-lo, esclarecê-lo. Em ambos os sentidos, há um ganho em conhecimento, em especificação daquilo que se submeteu a esta operação. A fantasia, enquanto "dom de interpolar no infinitamente pequeno", constituir-se-ia, então, como um aumento de conhecimento ou de ampliação da realidade obtidos pela imersão em um fragmento mínimo do real e pelo desdobramento deste em um jogo inventivo com as virtualidades e infinitas possibilidades de correspondências que se encontram condensadas em seu interior. Assim, aquele que fantasia, motivado por um desejo de se aproximar (ou se afastar) afetivamente de alguém ou algo que lhe concerne de modo mais profundo, explora as coisas, os pensamentos e a realidade à sua volta, preenchendo-as de significados que vão além de um sentido convencional pré-estabelecido ou da mera positividade física comum.

No caso em questão, o amante, levado pela fantasia, encontra a imagem da pessoa amada escondida nas coisas mais inesperadas e insólitas. Ele pode, com isso, não só elaborar e amadurecer os desejos profundos que motivam tais associações, mas também experimentar outra dimensão das coisas. Por meio dela, pode, em uma espécie de experiência do sublime, infinitamente se aproximar do outro, conhecê-lo e conhecer a si mesmo, sem submetê-lo ou aniquilar sua singularidade irredutível e sem ser a ele submetido ou por ele aniquilado, na medida em que mantém sempre as sombras que dão relevo e garantem a profundidade de um encontro verdadeiro e livre com o outro. Nesse sentido, Peter Szondi (1996, p. 305) afirma, referindo-se às imagens

6. Tradução com modificações minhas.

em Benjamin, no sentido de uma aproximação entre passado e presente, que elas não revelariam uma essência, como em Proust, mas permitiriam "entender o estranho sem que este cesse de ser estranho".

A imagem de pensamento mobiliza, portanto, um potencial crítico presente na imagem produzida pela fantasia explorando, como na iluminação profana gerada pela imagem surrealista, aquela aproximação inusitada de duas realidades singulares, díspares e irredutíveis uma à outra. Aproximação disruptiva e fecunda, pois coloca o outro, as pessoas, um portal, um bairro, um pensamento, um personagem de romance, um mínimo fragmento qualquer do real, em outra ordenação, iluminando-as e sombreando-as sob uma nova perspectiva, que é capaz de abrir o mundo para outras possibilidades, sobretudo para a crítica e transformação dele.

Por isso, a fantasia do amante, mas também a da criança que brinca, do sonhador, do poeta, explorada pela imagem de pensamento pode se contrapor àquela visão restrita e enrijecida do ALEMÃO que só BEBE CERVEJA ALEMÃ, do homem filisteu, sem imaginação e oferecer como que os PRIMEIROS SOCORROS em uma situação catastrófica e desesperada de isolamento do indivíduo nas massas e na reificação das relações sociais características do capitalismo avançado.

Referências bibliográficas

BENJAMIN, W. *Gesammelte Schriften, vols. I-VII.* Editado por Rolf Tiedemann e Hermann Schweppenhäuser. Frankfurt a. M.: Suhrkamp, 1991.

______. *Carta a Scholem de 22/12/1924.* In: ______. *Gesammelte Schriften: GS IV* 907, 1924.

______. *Rua de mão única.* 4ª edição. Trad. Rubens Rodrigues Torres Filho e José Carlos Martins Barbosa. São Paulo: Brasiliense, 1994.

______. "Surrealismo: o último instantâneo da inteligência europeia". In: ______. *Magia e técnica, arte e política.* Trad. Paulo Sérgio Rouanet; Revisão Técnica de Márcio Seligmann-Silva. 8ª edição revista. Obras escolhidas, vol. 1. São Paulo: Brasiliense, 2012.

BRETON, A. *Manifestos do surrealismo.* Trad. Sérgio Pachá. Rio de Janeiro: Nau, 2001.

NADEAU, M. *História do surrealismo.* Trad. Geraldo Gerson de Souza. São Paulo: Perspectiva, 2008.

PINHEIRO MACHADO, F. "Dialética do esclarecimento em miniatura: a dominação da natureza em algumas imagens de pensamento de Walter Benjamin". *Cadernos Walter Benjamin*, n. 14, Jan.-Jun. 2015, Fortaleza. Disponível em: <http://gewebe.com.br/cadernos_vol14.htm>.

RICHARD, L. *A República de Weimar (1919-1933).* Trad. Jônatas Batista Neto. São Paulo: Companhia das Letras/Círculo do Livro, 1988.

SZONDI, P. Walter "Benjamins Städtebilder". In: ______. *Schriften II*, 3ª ed. Frankfurt a. Main: Suhrkamp, 1996. p. 295-309.

O CONCEITO DE CATARSE NA FILOSOFIA DE THEODOR ADORNO[1]

Robson Loureiro[2]
Tamiris Souza de Oliveira[3]

A discussão estética em torno do conceito de catarse está presente em autores de diversas tradições, tanto no campo filosófico como em outras áreas das *humanidades*. Aristóteles foi quem provavelmente primeiro se deteve e explorou, de forma mais precisa, o significado médico do conceito de catarse e o usou para também designar um fenômeno estético, qual seja: uma espécie de libertação ou serenidade que a poesia e, em particular o drama e a música, provocam no homem (Abbagnano, 2007). A catarse estava diretamente ligada à formação do cidadão grego e a finalidade educativa dessa atividade era permitir que o sujeito aprendesse a viver por meio de uma experiência afetiva. A forma dramática, e não meramente narrativa, na qual se apresenta a tragédia, é que proporciona, de acordo com Aristóteles, a experiência de contemplação da vida. Isso se dá ao mesmo tempo em que a identificação entre público e personagem, pois uma das características da tragédia é a verossimilhança e, portanto, a trama representada poderia acontecer com qualquer um da plateia. A tragédia, junto com as demais artes, também é imitação sublime dos conflitos humanos, uma representação da condição humana.

---

1. Parte deste trabalho está contido na dissertação *O conceito de catarse na filosofia de Adorno: desdobramentos para uma teoria crítica da educação* (PPGE/UFES, 2013), defendida por Tamiris Souza de Oliveira e realizada sob a orientação do Professor Dr. Robson Loureiro.
2. Professor associado da Universidade Federal do Espírito Santo, realizou pós-doutorado em filosofia na *School of Philosophy* da University College Dublin e atua na linha de pesquisa Educação e Linguagens do Programa de Pós-Graduação em Educação da UFES. E-mail: robbsonn@uol.com.br
3. Professora da Secretaria de Educação do Município da Serra (ES) e mestre em Educação.

Este trabalho propõe uma reflexão sobre o conceito de catarse tal como este se apresenta na teoria estética de Adorno. O que se defende é que a tese de Adorno, sobre o conceito de catarse, é um desafio não apenas para a teoria estética, em geral, mas para o campo da formação humana, em particular, em especial no âmbito da educação formal. O texto está dividido em quatro seções e é justamente na última parte que se faz uma articulação entre a proposta estética de Adorno para o conceito de catarse e as condições de possibilidades de uso da perspectiva adorniana no campo da *Bildung*, em geral, e da educação escolar, em particular.

O conceito de catarse na teoria estética de Adorno

Na *Teoria estética* (Adorno, 2011), o termo catarse é citado sete vezes. A parte deste livro que mais expõe argumentos sobre esse conceito é *Crítica da catarse; kitsch e o vulgar*. Aqui, Adorno faz uma reflexão sobre como o *kitsch* e o vulgar são utilizados pela indústria cultural como artifícios de manipulação e administração da catarse nos sujeitos. Mas o que ele compreende por catarse? Sendo um conceito histórico e tradicionalmente bastante vinculado à teoria aristotélica, em que sentido Adorno se aproxima e/ou se distancia dessa tradição? Qual a relação entre catarse e arte autêntica? Como ele vincula catarse e indústria cultural?

Como visto, desde seus significados estéticos mais antigos, a catarse é entendida como efeito da arte. Para Aristóteles (1997), a catarse significava sublimação das paixões. No seu entender, por meio dos sentimentos suscitados ao assistir a tragédia grega, o espectador purgava determinados sentimentos, como a piedade, o terror e paixões de todas as ordens.

O caráter formativo da catarse, na concepção aristotélica, consiste na mediação das liberações emocionais dos espectadores que assistiam à tragédia. O objetivo era torná-los cidadãos melhores, pois, ao menos em tese, havia um refinamento subjetivo das vicissitudes humanas na fruição da apresentação teatral. A simples ocorrência dessas tornariam os espectadores capazes de aprender a se comportar diante dos mesmos sentimentos ocorridos em condições reais (Aristóteles, 1997).

Na *Teoria estética*, Adorno (2011) afirma que a interpretação aristotélica do conceito de catarse é uma perspectiva arcaica, pois ao contrário de propor *enigmas para o futuro*, alivia os do passado. O sentido de catarse concebido por Aristóteles dispunha de forte caráter ideológico e não se dava apenas por obra da técnica de encenação e declamação dos atores, mas, em especial, das situações escolhidas com a finalidade de formar o cidadão grego. A formação sensível residia nos sentimentos suscitados, e não na possibilidade de se pensar uma obra que levasse em consideração a dinâmica interna da dialética entre forma e conteúdo.

Em consideração a essa característica da tragédia, e à consequente catarse por ela provocada, Adorno (2011, p. 359) afirma que "(...) a catarse (aristotélica) é uma ação purgativa das emoções que se harmoniza com a repressão". Ele leva em consideração a relevância da catarse aristotélica como conhecimento importante, inerente à história da arte e da estética. No entanto, critica essa perspectiva justamente por ela focar a fruição e consequente sublimação apenas no conteúdo, o que a faz revelar sua faceta ideologicamente repressora, no sentido de "(...) fazer esquecer o presente em favor do passado" (Schaefer, 2012, p. 429).

É no sentido de focar-se apenas no conteúdo e no fruidor, e não na obra artística, em sua forma, que Adorno considera a catarse aristotélica obsoleta.

> A catarse aristotélica é arcaica enquanto parcela da mitologia da arte, inadequada aos efeitos reais. Eis porque, mediante a espiritualização, as obras de arte realizaram em si o que os gregos projetavam no seu efeito exterior: no processo entre a lei formal e o conteúdo material, elas são a sua própria catarse. (Adorno, 2011, p. 359)

É nesse ponto que a teoria estética de Adorno, no que se refere à catarse, diferencia-se da concepção aristotélica, uma vez que para ele, no avanço histórico-social da arte em seu gradual movimento de interiorização, as obras passaram a realizar "(...) no processo entre a lei formal e o conteúdo material, (...) a sua própria catarse" (Adorno, 2011, p. 359). Ele se distancia do tipo de catarse puramente emocional, pois esta busca cooptar o âmbito afetivo do indivíduo. Adorno considera que, no intuito de se tomar *consciência-de-si* e da trama social e política que o envolve, "(...) o espectador deve se manter distanciado e acionar o processo de associação de ideias para melhor reconhecer e julgar o que vê-ouve-sente diante de si" (Rosa, 2007, p. 52).

Na *Teoria estética*, a obra de arte é que recebe a purificação, não o receptor. Purificação estética, e não moral. No momento que os conteúdos materiais artísticos passam por reconfigurações internas, esses processos, que ocorrem entre forma e material, são a própria catarse (Schaefer, 2012).

Adorno não desconsidera a importância do conteúdo para a obra de arte e muito menos da emoção proporcionada pela fruição, mas, para ele, a obra se apresenta ao fruidor como a forma daquilo que *poderia ser*, em vez de uma adaptação do sujeito à forma degradada. Na arte, a catarse autêntica não se restringe à mera identificação subjetiva do fruidor, condição que a faria semelhante ao sentido aristotélico de catarse, mas, sim, àquela cujo potencial está na expressão capaz de revelar uma tensão entre conteúdo e forma, particular e geral: "(...) com um gesto sem palavras", que abre possibilidades para a imagem do novo ou do não idêntico (Adorno, 2011, p. 358).

É forçoso recordar que Adorno escreve essa crítica em um contexto de massificação cultural, a qual o autor viveu e viu de perto, no qual a arte se transformou em mero produto de consumo. Defensor da arte moderna radical, ele via a crescente degeneração da produção artística voltada apenas para o mercado.

Sobre a diferença entre a catarse produzida pela obra de arte autêntica e a tutelada e administrada pela indústria cultural, na *Teoria estética* Adorno considera que a arte autêntica não pode ser considerada vulgar (*kitsch*), pois a possível imagem do novo não é um produto ou um sentimento que pode ser vendido sob o arrimo da indústria cultural. A arte autêntica não pode ser mera reprodução de uma forma social, ela se configura na mímesis consciente e dialética da realidade: "Do ponto de vista social, o vulgar é, na arte, a identificação subjetiva com o aviltamento objetivamente reproduzido" (Adorno, 2011, p. 361). A arte, enquanto expressão estética, também não pode deturpar a realidade: negá-la não é escondê-la. Nesse sentido, pode-se afirmar, a partir de Adorno, que a indústria cultural é a operadora da *Halbildung*: semiformação. A arte e a produção artística, por serem fatos sociais, não escapam a essas relações. No entanto, a arte enquanto *kitsch* torna-se uma mercadoria útil apenas para a manutenção do sistema (Adorno, 2011).

A seguir recorremos a uma análise sobre o processo catártico operado pela indústria cultural, tendo em vista que Adorno também tece ácidas críticas à manipulação das produções artísticas realizadas por essa indústria do entretenimento. No próximo item, descreve-se como a indústria cultural engendra a catarse como um de seus operadores subjetivos.

A catarse na indústria cultural: crítica a partir de Adorno

Enquanto mecanismo de fruição crítica da arte, Adorno aborda o conceito de catarse como aspecto importante na função da arte para uma formação plena dos indivíduos. Como visto, para ele (2011, p. 298), "(...) a obra de arte em si, como algo de espiritual, torna-se o que outrora lhe era atribuído enquanto efeito sobre outro espírito, como catarse, sublimação da natureza". Em outros termos, o efeito catártico, que na filosofia estética de tradição aristotélica estava diretamente relacionado com o fruidor, na teoria de Adorno desloca-se para a obra em si.

Em um contexto de massificação cultural, o que se percebe é a despotencialização da catarse. Não é qualquer arte que a garantiria, mas sim o elemento crítico dialético presente em algumas obras o que desempenha a função catártica.

> A purificação das emoções na *Poética* de Aristóteles já não professa interesses tão nítidos pela dominação mas, no entanto, ainda os conserva, na medida em que o seu ideal de sublimação encarrega a arte de instaurar a aparência estética como satisfação de substituição em vez de uma satisfação física dos instintos e das necessidades do público visado: a catarse é uma ação purgativa das emoções que se harmoniza com a repressão. (Adorno, 2011, p. 359)

A utilização da catarse como puro efeito emocional pautado apenas no fruidor foi apropriada pela indústria cultural como forma de dominação e anestesiamento diante dos problemas sociais. Essa é a denúncia de Adorno (2011) ao analisar todos os artifícios, típicos da sociedade capitalista, para ludibriar os sentidos do fruidor e lhes dar muito do mesmo. Assim, ele argumenta que, em geral, submissa aos ditames da indústria cultural, dificilmente consegue-se uma catarse autêntica capaz de promover uma experiência estética dialética e mediadora, capaz de criar aquelas condições de possibilidades promotoras de alguma transformação social plena. Ao contrário, ela promove uma pura descarga emocional desprovida de qualquer relação crítico-educativa, ou educação crítica, mas é concebida apenas enquanto finalidade do entretenimento. Ou seja, a arte como valor de troca que serve apenas à lógica mercantil: "(...) a doutrina da catarse imputa (...) à arte o princípio que, finalmente, toma a indústria cultural sob a sua tutela e a administra" (Adorno, 2011, p. 359).

Em geral, aqueles agentes e operadores da indústria cultural, ao menos aqueles com um pouco mais de qualificação, tendem a administrar, de forma quase sempre eficaz, as porções de libido que devem ser sublimadas por seus espectadores (Duarte, 2010). Na relação de fornecer lenitivo às agruras do dia a dia, a i.c apenas fornece um alívio instintivo e emocional sem qualquer vínculo de prolongamento, o que torna ainda mais latente a explosão desses mesmos instintos reprimidos. Por essa razão, para Adorno (2011, p. 361), "(...) na época da administração total, a cultura já não precisa começar a rebaixar os bárbaros que criou; basta-lhe reforçar por meio dos seus rituais a barbárie, que se sedimentou subjetivamente, desde há séculos".

Esse procedimento, de controle libidinal, tem por objetivo "(...) servir de válvula de escape para abortar eventuais desejos individuais de enxergar por trás dos mecanismos que movem as coisas" (Rosa, 2007, p. 54). Essa seria uma *catarse regressiva* que cotidianamente reproduz dominação e dificulta os indivíduos a manterem o distanciamento necessário com fins à elevação, ao nível da consciência, das complexas relações sociais reprimidas pelos produtos daquela indústria, vendidos como obra de arte: "(...) o segredo da sublimação estética: (é) representar a satisfação na sua própria negação" (Adorno, 2011).

A indústria cultural não sublima, mas reprime e sufoca (Adorno, 2007). O divertimento apenas excita seus espectadores. A nudez da celebridade ascendente serve apenas como suporte para se alcançar ibope. Por trás do seio aparente existe o conservadorismo inerente da classe que quer se manter no poder. Antecipa-se o prazer, mas não o sublima.

A insatisfação dos instintos, mediada pela i.c., pode retornar em forma de barbárie (Duarte, 2010). Uma vez que as pulsões libidinais recalcadas de forma não elaborada podem gerar um sentimento de incompletude, enquanto sujeitos genéricos, isso tende a ocorrer porque a cultura de massas "(...) não apenas desqualifica o sujeito, como também mina as condições para seu aparecimento e desenvolvimento" (Duarte, 2010, p. 57). Esse ser genérico, que se constitui a partir do indivíduo, em suas complexas dimensões e relações sócio-naturais, submerge em uma massa social que manifesta seus recalques no vulgar.

> O modelo do esteticamente vulgar é a criança que, na publicidade, fecha a meio os olhos quando saboreia o pedaço de chocolate, como se fosse pecado. No vulgar, regressa o recalcado com as marcas do recalcamento; expressão subjetiva do fracasso justamente daquela sublimação que a arte apregoa ze-

losamente como catarse e que a si atribui como mérito porque sente que, até hoje, e como toda a cultura – pouco conseguiu. (Adorno, 2011, p. 361)

De volta ao que foi considerado em parágrafos anteriores, diante desse cenário de *catarse regressiva*, Adorno traça a diferença entre a *catarse autêntica*, promovida pela arte, e o *kitsch*, que é artefato cultural destituído de definições, mesmo históricas. O *kitsch* é o "brega". Ele parodia a catarse com sua identificação e sentimentalismo exacerbado, pois se trata da mera pilhagem sentimental. Nos produtos da indústria cultural, o *kitsch* estava misturado "(...) em toda a arte como um veneno; separar-se dele constitui hoje uma das suas tentativas mais desesperadas" (Adorno, 2011, p. 360).

Enquanto mercadoria, a funcionalidade da arte, concebida pela indústria cultural apenas como entretenimento de forte caráter subjetivo, perde, no seu processo de fruição, toda objetividade (síntese de complexas relações) e torna-se coisa limitada ao estigma subjetivo do fetiche (Adorno, 2011). A arte vista apenas como entretenimento é a evidente legitimidade da ideologia; onipresença da repressão.

> O consenso da arte com as reações individuais mais fugitivas associou-se à sua reificação, e a sua semelhança crescente com o elemento físico subjetivo afastou-se consideravelmente da produção da sua subjetividade, recomendando-se ao público; nesta medida, o slogan *l'art pour l'art* foi a máscara do seu contrário. (Adorno, 2011, p. 360)

O apelo exagerado ao subjetivismo artístico, fato que agrega mais valor ao produto, na realidade enfraquece ainda mais a subjetividade (eu). Essa *catarse às avessas*, com sua "(...) arte sem sonho e destinada ao consumo" (Pucci, 2006, p. 100), conduz o público fruidor à identificação integral com o todo, à fusão impessoal com o real, acorrentando-o na incapacidade de imaginar algo de fato novo, diferente do real vivido e que pode ser mudado, uma vez que até o *novo* nos é usurpado.

O cerne dessa discussão está na *Dialética Negativa*. Aqui, Adorno afirma que o *eu* tem, na fruição estética, o processo mimético como norteador, ou seja, o *eu* e o *não-eu*. Ele considera que é preciso persistir na não solução da contradição entre razão (não-eu) e naturalidade (eu) e reconhecer, em cada manifestação do pensamento, a força da dominação da natureza e/ou relação entre objetividade e subjetividade presente no processo civilizatório.

O "casamento" do reprimido com a esperança só é possível quando se sai do *sempre semelhante* promovido pela indústria cultural, com seus produtos envoltos em um véu de sempre novo. Aí está a contradição, pois "(...) a consciência, até hoje acorrentada, não é, sem dúvida, senhora do novo. Mesmo em imagem, sonha com o novo, mas não é capaz de sonhar o próprio novo" (Adorno, 2011, p. 359). Só se pode sonhar o novo quando distanciado do real, quando se tem a consciência do não idêntico. O novo surge a partir da dialética que nos implica, de ser e não ser natureza e como essa relação nos constituiu historicamente.

A catarse envolve tanto aspectos internos da obra de arte quanto aspectos externos da relação dessa com a sociedade/realidade. Sua potência acontece como "(...) efeito emocional-emotivo desencadeado pela mímesis, com toda a carga dialética de que essa se alimenta" (Rosa, 2007, p. 184).

Como enfatizado, Adorno considera que o processo mimético pode ocorrer, de forma reflexiva, na tensão entre conteúdo e forma, pois esta "(...) é imanente ao princípio identificador da mímesis, mas é também nela (na forma) que o princípio de diferenciação pode ocorrer. É assim que o processo catártico pode sinalizar seu aspecto de resistência em face ao real" (Rosa, 2007, p. 187). Ou, "(...) os processos que ocorrem entre forma e material são a própria catarse" (Schaefer, 2012, p. 430). Em Adorno, a catarse está diretamente relacionada com a *tensão dialética* que constitui a obra de arte. Pois é nessa tensão que, na técnica formuladora da forma, pode-se captar toda gênese histórica e dialética que constitui a arte e pode-se projetar a arte como *vanguarda*. Aí se encontra o princípio para a possibilidade do *novo* na arte e, consequentemente, a origem para o processo catártico desencadeado a partir da racionalidade estética mediadora entre sujeito e mundo (Rosa, 2007).

A dimensão formativa: apropriação e ampliação do sentido de catarse

Como exposto, para Adorno a catarse já não mais se encontra no efeito exterior, pois no embate entre a lei formal e o conteúdo material as obras produzem, de forma imanente, a sua própria catarse. Diferente da catarse clássica aristotélica, agora é o próprio objeto, e não mais o público, a experimentar a suposta purificação já destituída de seu sentido moral (Adorno, 2011).

Adorno expressa suas concordâncias e discordâncias a respeito do conceito aristotélico de catarse. Ele está de acordo com o fato de que o efeito catártico pode ser uma espécie de emoção purificadora, sublimativa e apaziguadora. Mas discorda de Aristóteles, pois, a seu ver, o efeito catártico acontece intrinsecamente no interior da obra de arte autêntica, e não no sujeito que a contempla (Schaefer, 2012, p. 428).

É por isso que, no caso da catarse, tal como proposta por Adorno, a arte autêntica afasta-se de qualquer possibilidade de facilitar a relação do sujeito que frui ou contempla a obra, no sentido de domesticar sua sensibilidade. O fato de a catarse só acontecer em obras de arte autênticas, de imediato nos lança para o âmbito do *não cotidiano*, portanto, não reprodutor dos protocolos estéticos da indústria cultural.

No confronto com a arte autêntica, a objetividade histórica da obra apresenta-se de tal forma que o contemplador/fruidor se sente sensível e cognitivamente abalado, incitado a enfrentar seus enigmas. É nesse contato com a catarse artística que está a possibilidade da constituição da subjetividade autônoma a partir dos enigmas nela contidos.

Indaga-se, contudo, em que medida o processo catártico referente à obra de arte pode ser deslocado do campo artístico e ser emprestado para se referir ao conhecimento em geral, tomado como conteúdo da formação humana que acontece no âmbito da escola com as ciências, a filosofia, as práticas corporais, a política, a ética etc. A proposta, aqui, é ampliar a relação com a arte a partir de uma perspectiva também ampliada do conceito de catarse, para se referir não apenas às obras autênticas, mas também a toda a riqueza cultural produzida pela humanidade, ao longo da história, com elevado nível de sistematização, complexidade e genialidade.

Esse procedimento tende a apresentar um nível elevado de risco. Afinal, ao se apropriar de um termo vinculado organicamente ao universo estético e lhe conferir uma nova significação, aspectos do seu sentido original podem manter-se ou também se alterar; arestas podem precisar ser aparadas. O exercício que aqui se registra está longe de dar conta dessa problemática. Afinal, se há chance de perquirir elementos comuns ou tangenciamentos entre as diversas formas de conhecimento, Adorno não apresenta nenhum indício de diluir essas fronteiras. Essa posição é ratificada na sua *Dialética Negativa*: uma filosofia que imitasse a arte, que aspirasse a se definir como obra de arte se eliminaria a si mesma (Adorno, 2009). Para ele não há coincidência entre a forma ou o processo construtivo da arte e da filosofia.

Talvez a noção de clássico, elaborada por Italo Calvino, lança pistas para um tipo de inspiração que a noção adorniana de catarse pode oferecer para sua extensão ao patrimônio da cultura elaborada em geral. Em *Por que ler os clássicos?*, Calvino (1993) apresenta algumas sugestões de critérios para qualificar um autor ou obra modelar ou exemplar quando define o clássico:

> Dizem-se clássicos aqueles livros que constituem uma riqueza para quem os tenha lido e amado; mas constituem uma riqueza não menor para quem se reserva a sorte de lê-los pela primeira vez nas melhores condições para apreciá-los. (Calvino, 1993, p. 10)

Nessa definição, Calvino explana sobre a "riqueza" do que significa ler um clássico. A obra clássica possui caráter formativo; nesse sentido, dá forma às experiências, oferece histórias, valores e referências que passam a compor a vida daquele que a leu ou está lendo, seja porque concordamos ou discordamos deles. Portanto, exercem influências inesquecíveis a quem as tenha conhecido:

> Os clássicos são livros que exercem uma influência particular quando se impõem como inesquecíveis e também quando se ocultam nas sobras da memória, mimetizando-se como inconsciente coletivo ou individual. (Calvino, 1993, p. 11)

Cada obra clássica é criada a partir de desafios de um determinado tempo histórico. Porém, o fato de possuir um caráter formativo para quem o lê evidencia que a obra clássica permite diálogos entre as diferentes obras ao longo da história, proporcionando o conhecimento das diferentes culturas, linguagens e costumes dos diferentes povos, no espaço e no tempo. Assim, ao longo dos anos, a obra clássica supera sua temporalidade e carreia junto a si as leituras realizadas por cada geração de leitores. Por isso,

> Os clássicos são aqueles livros que chegam até nós trazendo consigo as marcas das leituras que precederam a nossa e atrás de si os traços que deixaram na cultura ou nas culturas que atravessaram (ou mais simplesmente na linguagem ou nos costumes). (Calvino, 1993, p. 11)

São livros sobre os quais já ouvimos dizer, achamos que os conhecemos, mas, quando realmente os lemos, descobrimos, de fato, o quão são inéditos: "Os clássicos são livros que, quanto mais pensamos conhecer por ouvir dizer, quando são lidos de fato mais se revelam novos, inesperados, inéditos" (Calvino, 1993, p. 11).

É clássico aquilo que passou a ter lugar de impacto na vida de uma sociedade ou de uma geração inteira, colocando em diálogo o nosso tempo (presente) e o tempo passado (tempo de criação da obra clássica), influenciando sujeitos e gerações. Dessa maneira, o contato com o clássico aguça o nosso sentido de humanidade, pois nos permite ter referências da constituição das individualidades e da coletividade; enfim, é clássico aquilo que é mais essencial para a liberdade do ser humano.

Em consonância com o nosso esforço, Calvino chega a mencionar a relação entre a educação escolar e os livros clássicos. Ao fazer isso, acaba por imputar uma função a essa instituição. Segundo esse autor, é fundamental a escola abordar os clássicos; mas cumprir esse papel implica ferir o caráter desinteressado da leitura de um clássico. Parece haver aí um paradoxo: a leitura do clássico não se guia por nenhuma finalidade, mas, no contexto escolar, essa ausência de finalidade é suspensa e o contato com o clássico é compulsório. Calvino aposta que a liberdade da escolha só pode ser construída a partir do contato obrigatório com os vários clássicos existentes. Portanto, na sua compreensão, o caráter compulsório pode ser condição de liberdade para os leitores, pois apenas tendo contato com vários clássicos, cada um tem condições de escolher seus próprios clássicos; esse é o papel da escola:

> [...] a escola deve fazer com que você conheça bem ou mal um certo número de clássicos dentre os quais (ou em relação aos quais) você poderá depois reconhecer os "seus" clássicos. A escola é obrigada a dar-lhe instrumentos para efetuar uma opção: mas as escolhas que contam são aquelas que ocorrem fora e depois de cada escola. (Calvino, 1993, p. 11)

Por mais que tome como referência prioritária o âmbito literário, Calvino coloca no coração do trabalho escolar a apropriação dos clássicos. Por seu turno, ao menos aqui há uma proximidade com o pensamento de Adorno (2010), que foi um crítico de reformas educacionais que descartavam "a antiquada autoridade" e enfraqueciam "(...) a dedicação e o aprofundamento íntimo do espiritual". É nesse sentido, também, que se afasta qualquer possibilidade de considerá-lo espontaneísta, em termos educacionais:

> Quem tendo frequentado escola não terá se emocionado alguma vez com a poesia de Schiller e os poemas de Horácio que devia aprender de cor? E a quem os velhos pais não terão causado arrepios de extrema emoção quando, sem que se lhes pedissem e inesperadamente, recitavam textos de que se recordavam ainda, compartilhados assim numa comunhão com os mais jovens? Com certeza, dificilmente se pediria hoje que alguém aprendesse algo de cor: apenas pessoas muito ingênuas estariam dispostas a apoiar-se na tolice e na

mecanicidade desse processo; porém, assim se priva o intelecto e o espírito de uma parte do alimento de que se nutre a formação. (Adorno, 2010, p. 7)

Por ter em sua imanência a catarse, o conhecimento clássico é um dos alimentos da formação e não se restringe apenas a obras de arte autênticas: Machado de Assis, com seus contos e personagens; o admirável da Ótica, da Astronomia, da Botânica; *No quadro negro*, de Wassily Kandinsky, ou *Os retirantes*, de Cândido Portinari.

Novamente, em uma intenção passível de riscos de relacionar a criação artística e a ação pedagógica, a tensão dialética – forma e conteúdo – que constitui a obra de arte também é inerente ao papel formativo da escola. Pois é nessa tensão que na técnica moduladora da forma pode-se captar toda gênese histórica e dialética que constitui o processo civilizatório e cultural. Aí se encontra o princípio para a possibilidade do novo e, consequentemente, a origem para o processo catártico desencadeado, a partir da racionalidade cultural-sensível mediadora, entre sujeito e mundo. Sem contar que a prática pedagógica envolve aspectos internos e externos em relação ao contexto social, e é nessa tensão entre ação e realidade que é possível questionar o papel da escola em uma conjuntura de massificação cultural. O conceito adorniano de catarse apresenta uma potência no trato desse desafio, ou seja, a catarse entendida como resistência e distanciamento que tenciona o cotidiano e o eleva ao não cotidiano.

O desafio é grande, no entanto, vale lembrar Graciliano Ramos (2007, p. 123) e o diálogo entre sinhá Vitória e Fabiano, em *Vidas secas* (1938): "(...) com certeza existiam no mundo coisas extraordinárias. Podemos escondê-las? A resposta de Fabiano é simples: não. O mundo é muito grande".

Apresentar o admirável, o genial, o complexamente elaborado, seja nas artes, na filosofia, nos diversos campos da ciência, faz da escola um espaço que garante o direito à memória coletiva: "(...) mas que seria a arte enquanto historiografia, se ela se desembaraçasse da memória do sofrimento acumulado?" (Adorno, 1982, p. 291).

O trabalho propriamente escolar se inicia quando indagamos quais conhecimentos se tornaram clássicos, sobreviveram ao tempo e condensaram a atividade humana de gerações a gerações a ponto de se tornarem cruciais para a compreensão e formação do mundo e do sujeito contemporâneo. Quais os conhecimentos (sejam eles expressivos ou conceituais) que, por valorizarem a objetividade, por serem dissonantes com o viver cotidiano, portarem uma abertura para o devir, serem imanentemente catárticos, realmente abrem faíscas de reconciliação do ser humano com sua própria história?

Jorge Luis Borges (1998, p. 22), em seu livro *La memoria de Shakespeare* (1998), descreve muito bem esse ser humano que faz da sua memória sua capacidade de amar: "(...) o destino deu a Shakespeare as triviais coisas terríveis que todo homem recebe e ele soube transmutá-las em fábulas, em caracteres muito mais vívidos que o homem cinzento sonhou". Da memória do homem faz-se uma infinitude de possibilidades.

Referências bibliográficas

ABBAGNANO, N. *Dicionário de filosofia*. Trad. Alfredo Bosi. São Paulo: Martins Fontes, 2007.

ADORNO, Th. W. *Teoria estética*. Lisboa: Edições 70, 2011.

______. "Teoria da semiformação". In: PUCCI, Bruno; ZUIN, Antônio A. S.; LASTÓRIA, Luiz A. Calmon Nabuco (orgs.). *Teoria crítica e inconformismo: novas perspectivas de pesquisa*. Campinas: Autores Associados, 2010, p. 7-40.

______. *Dialética negativa*. Trad. Marco Antonio Casanova. Rio de Janeiro: Zahar, 2009.

ARISTOTELES. *Poética*. São Paulo: Editora Abril, 1984. Cap. I a XII, p. 241-252. (Os Pensadores). In: DUARTE, Rodrigo (org.). *O Belo Autônomo: textos clássicos de estética*. Belo Horizonte: Editora UFMG, 1997.

BORGES, J. L. *La memoria de Shakespeare*. Madri: Alianza Editorial, 1998.

CALVINO, I. *Por que ler os clássicos*. São Paulo: Companhia das Letras, 1993.

DUARTE, R. *Mímesis e racionalidade: a concepção de domínio da natureza em Theodor W. Adorno*. Belo Horizonte: Edições Loyola, 1993.

______. *Dizer o que não se deixa dizer: para uma filosofia da expressão*. Chapecó: Argos, 2008.

OLIVEIRA, T. S. de. *O conceito de catarse na filosofia de Theodor Adorno*. 2013. 125f. Dissertação (Mestrado em Educação) - Programa de Pós-Graduação em Educação, Universidade Federal do Espírito Santo, Vitória, 2013.

PUCCI, B. "O riso e o trágico na indústria cultural: a catarse administrada". In: CARVALHO, A. B.; SILVA, W. C. L. *Sociologia e educação: leituras e interpretações.* São Paulo: AVERCAMP, 2006, p. 97-112.

______. "A Teoria da semicultura e suas contribuições para a Teoria Crítica da Educação". In: ZUIN, A. A. S.; PUCCI, Bruno; RAMOS-DE-OLIVEIRA, Newton (org.). *A educação danificada: contribuições à Teoria Crítica da Educação.* 2ª edição. Petrópolis: Vozes; São Carlos: Universidade Federal de São Carlos, 1998. p. 89-115.

RAMOS, G. *Vidas Secas.* 103ª edição. Rio de Janeiro: Record, 2007.

ROSA, R. A. "A mentira não é boa para todos: catarse e resistência em Adorno". In: DUARTE, Rodrigo; FIGUEIREDO, Virginia; FREITAS, Verlaine; KANGUSSU, Imaculada (orgs.). *Kátharsis: reflexos de um conceito estético.* Belo Horizonte: C/Arte, 2002.

ROSA, R. A. *Catarse e resistência: Adorno e os limites da obra de arte crítica na pós-modernidade.* Canoas: Ed. ULBRA, 2007.

SCHAEFER, S. *A teoria estética em Adorno.* 2012. Tese (Doutorado em Letras) - Programa de Pós-Graduação em Letras, Universidade Federal do Rio Grande do Sul, 2012.

ESTÉTICA CONTEMPORÂNEA

O FIM DO FIM? UM ROMANCE CONTEMPORÂNEO DIALOGA COM O TEMPO SERIADO

Bernardo Barros[1]

O objeto deste trabalho é a recepção do romance *A Visit from the Goon Squad*, da escritora americana Jennifer Egan, publicado em 2010, e traduzido no Brasil como *A vista cruel do tempo* (Egan, 2011). Quando falamos em objeto, e indicamos a recepção, estamos propondo uma leitura da interação entre a forma do referido romance e os motivos que levaram a que este tenha uma recepção significativa. O livro foi identificado como um êxito de público e crítica, ao mesmo tempo em que este êxito foi motivo para certo espanto, dada a distância entre sua estrutura e o padrão esperado de um livro com a classificação de romance. Por significativa entendemos aqui uma recepção que foi marcada publicamente por um reconhecimento de especificidades do romance e, ao mesmo tempo, por tentativas de relacionar estas com mudanças na experiência cotidiana do público. Essa correlação surgiu de modo espontâneo, por meio de matérias de jornal e do teor das perguntas nas entrevistas com a autora. Essas entrevistas nos induzem a localizar, nessa recepção, um índice forte de mudanças na esfera da interação entre as formas narrativas e a compreensão do tempo dominante em nossa época.[2]

Jennifer Egan foi convidada a dar inúmeras entrevistas e palestras, durante os anos de 2011, a julgar pela quantidade delas disponíveis no *site* *YouTube*. Diversas resenhas foram publicadas em jornais, *sites* especializados

---

1. Departamento de Filosofia da Universidade Federal Fluminense - UFF.

2. O romance ganhou notoriedade a partir do momento em que foi o vencedor do Pulitzer Prize de 2011. Texto do *site* do Pulitzer Prize sobre o romance, vencedor da categoria "Fiction" de 2011: "An inventive investigation of growing up and growing old in the digital age, displaying a big-hearted curiosity about cultural change at warp speed". Disponível em: <http://www.pulitzer.org/bycat/Fiction>. O livro também foi vencedor dos prêmios National Book Critics Circle Awards e do Los Angeles Times Book Prize.

e *blogs*. A qualidade e extensão desses textos é variada, mas encontramos algumas boas resenhas críticas, como a de Pankaj Mishra (2011) na *London Review of Books*, que situa os romances da autora em uma perspectiva que nos interessa: em primeiro lugar, ela questiona a literatura estadunidense diante do fato de os Estados Unidos terem se mantido como a principal fronteira de expansão do capitalismo, desde meados do séc. XIX, o que credenciaria seus escritores a explorar no espaço da ficção as constantes mudanças que esta expansão produz na experiência humana. Essa expansão se traduz objetivamente em constantes mudanças tecnológicas, e a literatura estaria vocacionada a captar primeiro as transformações na estrutura da experiência. Em segundo lugar, a resenha aponta para o fato de Egan ser, na verdade, uma das poucas vozes que assumem essa tarefa nos dias de hoje.

O enfoque que assumiremos aqui é então: com a análise de alguns aspectos tanto deste romance quanto de sua recepção e da história de sua escrita, retomar o tema da relação entre a constante renovação da técnica narrativa e as tecnologias que mais diretamente agem sobre nossa forma de organizar e significar o tempo. Um dos principais laboratórios de experimentação para essa conexão entre formas de narrar e a verdade da experiência, desde o *Dom Quixote*, é o romance. Essa forma não representa mais, ao menos não ao modo como o foi nos séculos XVII ao XIX, a modalidade narrativa por excelência em termos de amplitude de recepção, tendo perdido espaço para o cinema e a televisão, entre outras formas. Entretanto, mesmo ocupando uma posição mais discreta no panorama da recepção de massa, ainda se mostra disposta a assumir o diálogo com as modalidades de experiência dominantes, e o caso que aqui enfocamos pode servir como sinal positivo nesse sentido.

Os quatro romances de Jennifer Egan publicados, e não apenas *A Visit from the Goon Squad*, exploram o sentimento contemporâneo dos significados de tempo e espaço, ambos sob forte pressão das transformações tecnológicas, especialmente o segundo, *Look at me* (2001) e o terceiro, *The Keep* (2006). Em ambos, é muito forte a presença de temas ligados à dependência tecnológica cotidiana, à hiperconexão digital, à obsessão pela exposição da imagem pessoal no meio tecnológico atual e ao descolamento cada vez maior entre a experiência individual e o espaço coletivo das chamadas redes sociais. Em *A Visit from the Goon Squad*, esses temas estão presentes, embora de modo menos ostensivo. Seu principal interesse para nós reside na forma da narrativa, ao passo que nos dois romances anteriores o foco estaria nas atitudes das personagens e nas consequências para elas destes tópicos contemporâneos. Além disso, o fato de *A Visit* ter conseguido uma recepção consideravelmente mais entusiástica do que os anteriores indica que o aspecto formal da construção da narrativa, que conseguiu captar uma sintonia com o ambiente tecnológico determinante para os dias atuais, pesou mais do que a presença da temática das modificações tecnológicas.

A autora é explícita a respeito de sua vinculação com o tema da influência da tecnologia em nossa autoimagem, ao mesmo tempo que propõe uma hipótese para a recepção favorável a seu romance. Em primeiro lugar, ela o caracteriza como um "romance sobre o tempo", e tenta identificar uma mudança nas condições de recepção de um romance deste tipo hoje:

> Nós estamos muito mais atentos à velocidade com que o tempo passa, por causa da tecnologia, eu creio, por causa do quão rapidamente a tecnologia se torna obsoleta [...] e então eu penso a respeito de que hoje em dia uma pessoa com 21 anos, o que ela testemunhou em termos de evolução tecnológica, e o surpreendente é, que o que resulta disso, para mim, é que todos nós temos essa sensação de ficar para trás, mesmo pessoas muito mais jovens, que eu esperaria que se sentissem por cima de tudo, mas que frequentemente expressam um tipo de ansiedade a respeito de pessoas que são mais jovens que eles, que têm uma experiência ligeiramente diferente que parece de algum modo mais atual, porque cresceram junto com não importa qual tecnologia predominante agora, a qual, é claro, estará completamente obsoleta em dois ou três anos [...] eu acho que a tecnologia nos faz a todos experimentar a passagem do tempo [...] quando eu escrevi esse livro eu realmente pensei que ele seria para pessoas com mais de 40, porque quem iria se importar com um livro sobre o tempo? Porque uma pessoa jovem se importaria com isso? E de fato, quando eu estava lendo Proust com 20 e poucos, um livro que me afetou diretamente e inspirou este aqui, e que é logo na superfície sobre o tempo, eu achei entediante tudo no livro que se referia ao tempo e que parecia nostálgico. Eu pensava: "quem se importa?", tempo não significava nada para mim, mas eu acho, e isso é curioso, hoje até estudantes do ensino médio parecem de algum modo interessados no tempo. Isso é tecnologicamente motivado? Não sei. A grande questão para mim em todos os meus livros em certa medida tem sido como a tecnologia está mudando e moldando quem somos, internamente, e não apenas no sentido óbvio de fazermos as coisas de modo diferente, mas sim em como isso modifica quem somos para nós mesmos. (Egan, 2011a)

Um dos tópicos frequentes nas entrevistas de Egan é a pergunta formal e classificatória a respeito de *A Visit from the Goon Squad* ser uma coletânea de contos ou um romance. Um dos entrevistadores expressa espanto por um livro tão difícil de classificar ser ao mesmo tempo tão facilmente legível. Os 13 capítulos estão agrupados em uma parte A e uma parte B, possuem título e numeração sequencial. Contudo, não há enredo reunindo os diversos capítulos. No máximo pode-se falar em presença de uma configuração de enredo no interior dos limites de cada capítulo, histórias de situações prosaicas e que funcionam como narrativas autônomas. À medida que avança por esses capítulos, o leitor encontra certo número de personagens que se repetem sem padrão definido, e que, em parte, possuem alguma ligação com o meio musical, mais especificamente o da produção musical no âmbito do rock estadunidense. Entretanto, nem todas as personagens se encaixam nessa descrição, tampouco o romance traça algum painel histórico englobante, embora forneça elementos, em seus capítulos, situados em diferentes épocas dentro de um intervalo que vai dos anos de 1970 a um futuro próximo, que evidenciam as mudanças radicais efetivadas no meio da produção e consumo de música. Esses capítulos não estabelecem entre si uma cadeia de continuidade cronológica, mas se situam em épocas arbitrariamente diferentes, focados em situações pontuais das personagens. O fato, porém, de as personagens terem alguma relação entre elas, e reaparecerem em mais de um capítulo, em momentos diferentes de suas vidas, produz uma sensação de conjunto que, ao menos, aparenta o efeito de sua leitura com a de um romance centrado em um enredo. Entretanto, é extremamente difícil vincular o romance com as noções não só de trama ou intriga, como com as correlacionadas de início, meio e fim. Estas só se aplicam à espacialidade do objeto livro ou à extensão do texto, na qual a localização dos capítulos pode ser descrita nesses termos.

Os textos que compõem o livro começaram a ser compostos, segundo a autora, de modo quase casual, como uma "brincadeira", e só a partir de certo ponto a continuação desta assumiu a consistência de um projeto. Na maior parte das entrevistas concedidas na época subsequente ao prêmio Pulitzer, Egan (2011b) constrói uma pequena narrativa de como o livro foi, quase que por acaso, sendo composto: ela tentava desenvolver o projeto de um romance histórico sobre mulheres que trabalharam em um estaleiro durante a segunda guerra. O projeto tinha suporte financeiro, foi feita muita pesquisa documental, mas o livro não andava. Uma experiência recente da autora, no entanto, surgiu como pretexto para uma brincadeira com a escrita. Egan teve sua carteira roubada, e logo depois, recebeu o telefonema de uma mulher que se apresentou convincentemente como funcionária de seu banco e, muito simpática, usando o vocabulário pertinente, fingindo ajudar, pediu a senha do cartão. A escritora ficou muito agradecida, para depois se dar conta de que a mulher ao telefone era a própria ladra, pois, logo após o telefonema, sua conta bancária foi totalmente esvaziada. Egan havia sido roubada e assaltada algumas vezes antes e já conhecia bem a condição de vítima. Por isso, o que atiçou sua curiosidade não foi explorar esse lado tão conhecido seu, mas sim o outro, o de alguém que rouba uma carteira. Certo dia, a escritora viu uma carteira deixada em cima da pia de um restaurante e imaginou: como é ser uma pessoa que rouba *essa* carteira? Daí nasceu não um roubo real, mas um onde e um quando, que, segundo, a autora, é o básico necessário para que possa surgir uma personagem e uma ação. Uma mulher ruiva chamada Sasha, que, na ocasião, tem 35 anos, é cleptomaníaca, e encontra uma carteira sobre a pia de um restaurante onde está para um encontro casual combinado via internet. Essa personagem trabalha para Bennie, um produtor musical, e isso é dito de passagem junto com duas pequenas excentricidades de comportamento deste, mas que não tinham maior relevância na situação em questão. Elementos da situação de Sasha são pincelados aqui e acolá: o apartamento alugado onde vive teria lhe parecido modesto, em um momento já passado, mas, agora, ela torce para poder continuar ali, sugerindo que o momento da história é um "viés de baixa" em sua carreira. Essas personagens surgem em uma peça de escrita semelhante a um conto, inicialmente qualificada pela escritora como uma "brincadeira", mas que se tornou, depois, o primeiro capítulo do livro. Nesse capítulo, o narrador oferece total acesso ao mundo mental de Sasha na época em que a cena acontece. Ela não resiste a pegar a carteira, mas a situação se complica e é quase descoberta. Em alternância com essa cena, lemos passagens que tratam das sessões da personagem com seu psicanalista, que tratam especialmente do hábito persistente de roubar coisas pessoais de outros. Essas duas ações, narradas simultaneamente, uma acontecendo no restaurante no espaço de alguns tensos minutos, e outra, supostamente, acontecendo durante meses, constituem o núcleo do capítulo, intitulado "Found objects". O que lemos é, à maneira de um conto de Tchekov, uma radiografia penetrante da situação de alguém naquele preciso momento de sua vida. Como em muitas das histórias curtas do autor russo, o fim propriamente dito do conto se dá no momento em que surge a clareza momentânea de um momento de vida: *quem* é que vive aquele momento, e até mesmo quais são, tendo em vista o seu presente, suas perspectivas para o futuro. Não há nenhuma reviravolta na sorte, mas apenas uma situação que, em um clarão, esclarece o que é a vida de alguém numa dada época. O tempo vem ao primeiro plano, não por obra de alusões explícitas ao caráter temporal da situação, mas por meio do modo como o discurso narrativo pode ser especialmente apto a produzir, no leitor, um persuasivo sentimento de situação, de um aqui e agora de alguém único e irrepetível.

Depois da primeira brincadeira, porém, Egan começou a investigar quem seria esse produtor musical chamado Bennie, patrão de Sasha. Esse segundo esboço de narrativa, continuando o adiamento do projeto do romance histórico, origina o que viria a ser o segundo capítulo, "The gold cure".[3] Nesse segundo movimento, o produtor musical Bennie Salazar está em seu carro e se dirige, na companhia de Sasha, sua assistente, ao ensaio de uma banda a ser trabalhada. Por meio de poucos sinais, entendemos que a situação se passa em uma época ligeiramente anterior à da primeira narrativa. Bennie tem um filho adolescente, que acompanha os dois na ocasião, e ficamos sabendo que é recém-separado de Stephanie, de quem é dito de passagem que continua a morar na casa que os dois compraram em um subúrbio rico e conservador, e joga tênis em duplas no clube do local. A situação dessa visita é outra radiografia que revela os vários fios que compõem o mundo da personagem Bennie Salazar, que é, então, o centro, naquela época. Sasha é agora uma personagem secundária, e é vista pela ótica de Bennie, que, em um dado momento, tenta usar a visão dos seios dela sob a camisa como teste para averiguar se ainda é capaz de sentir desejo, sua preocupação do momento. A certa altura, o tubo de ouro em pó que Bennie despeja no café para supostos efeitos afrodisíacos desaparece, e nós, leitores, supomos que tenha sido Sasha quem pegou, pois sabemos de seu hábito, mas ele não, ao menos nessa época. Igualmente, o fim do conto coincide com um momento de certa clareza a respeito daquela fase da vida do personagem, momento que ocupa o centro do foco narrativo. Em seguida, Egan se perguntou quem é essa ex-mulher de Bennie que joga

3. "I initially got curious about Bennie Salazar, one of the other protagonists in Goon Squad, because he was briefly mentioned in the first story as Sasha's weird boss who sprinkles gold flakes in his coffee and sprays pesticide in his armpits. Having written that basically as a laugh line, I thought, why would a person do those things?" (Julavits, 2011).

tênis no clube rico de subúrbio?, originando outro esboço, que originou o capítulo "A to B", uma situação que se passa em uma época entre o primeiro e o segundo capítulo. Sua localização na ordem do livro, porém, é a sétima. O leitor, com as parcas informações que são oferecidas, pode, *a posteriori*, localizar cada capítulo dentro de uma grande cronologia, mas perceberá que a ordem de disposição dos capítulos no livro não coincide com essa cronologia. Ela não é negada, nem há porque fazê-lo: localizar um acontecimento em uma ordenação de eventos em sequência é sempre uma possibilidade, mas que só virá a ser solicitada após o leitor ter mergulhado na atmosfera autônoma de cada situação narrada.

Depois disso, Egan se dá conta, também, de que havia publicado, anos antes, uma história avulsa sobre uma jovem foragida que bate a carteira do tio que tinha ido procurá-la em Nápoles, onde levava uma vida de pequenos furtos e prostituição, e se dá conta de que ela é Sasha bem mais jovem, e o conto é atraído para a órbita dos novos textos (cap. 11, "Goodbye, My Love"). Esse momento foi decisivo, pois só aí Egan se convence de que seu projeto será continuar essas progressões laterais, seguindo a via da pergunta "quem é?" a respeito de alguma personagem secundária de uma história já escrita, abandonando o projeto do romance histórico. Outras três das treze histórias já estavam publicadas e foram tragadas pelo projeto ("Forty-Minute Lunch: Kitty Jackson opens up about love, fame and Nixon!", "X's and O's" e "Safari"), que possuía, então, o movimento de expansão de uma teia.

A partir do momento em que ela se decidiu por se dedicar ao livro e abandonar outro projeto que a ocupava na época, ela elaborou três regras para o prosseguimento: "1- Cada capítulo deve ser sobre uma pessoa diferente. Ninguém pode ser o centro duas vezes; 2- Cada capítulo deve ter um sentimento diferente, em atmosfera e tom, cada um deve ser escrito com escolhas técnicas diferentes, e 3- Cada capítulo deve se sustentar por si mesmo" (Egan 2011b).

Comecemos pela terceira regra. Cada capítulo compõe um todo, porque sempre mostra uma situação na qual se pode reconhecer um princípio, um meio e um fim. Este é claro, na medida em que o retrato da situação de vida daquela personagem, que é o centro da história, está completo. Cada capítulo é autônomo, como um conto, embora, ao adentrar a situação específica de cada história, cada vez mais o leitor vai notando que personagens reaparecem, mas em outras épocas, mais jovens ou mais velhos. É importante frisar que o funcionamento do livro depende muito da riqueza que Egan consegue imprimir a cada peça, que funciona como microuniverso narrativo, como vidas em miniatura com motor próprio. A segunda regra, a constante mudança de ritmo, foco narrativo, tempos verbais predominantes e de modelo literário, quebra a constância de tonalidade narrativa. A troca constante de estratégia narrativa visa anular o efeito uniformizante, que pode ser observado em coletâneas de contos com personagens e estratégias recorrentes.

"Somos centrais para nós mesmos e periféricos para os outros" diz Egan (2011b) em entrevista. Esse princípio, manejado literariamente, gera a primeira regra citada de composição do livro ("Ninguém pode ser o centro duas vezes"), que é, talvez, a mais importante. Uma regra que, na verdade, pode ser observada na história do romance, oriunda de práticas narrativas de romances do séc. XIX como *Guerra e Paz*, por exemplo, em que sutilmente se passa da perspectiva de uma personagem para a de outra, e com surpresa, vemos, por exemplo, um Andrei Bolkonski aparecer no meio do mundo, e não mais o mundo através dos olhos de Andrei Bolkonski, sem nenhum aviso. Entretanto, em *A Visit*, esse movimento vem desempenhar não apenas um recurso psicológico de construção de personagens, mas tem um papel decisivo na apresentação do tempo.

Em *A Visit* os capítulos não cobrem homogeneamente o tempo em que se dão estas situações, nem o acúmulo de histórias transforma essas personagens em uma geração coesa vivendo dilemas mais ou menos comuns entre si. Não há moral reconhecível regendo as mudanças, como seria o caso, por exemplo, se todos passassem de uma situação melhor para pior, sugerindo algum tipo de punição, ou sugestão de comportamento bom ou mais correto como pano de fundo. Existem lacunas gigantescas entre os acontecimentos narrados, e não são fornecidos elementos decisivos para o leitor estabelecer relações de causalidade para explicar as mudanças igualmente gigantescas que nos são dadas perceber, seja no campo da aparência física, seja no lugar social ocupado pelas personagens nos novos mundos em que as vemos colocadas entre um capítulo e outro. O texto nos convence de que não é preciso dar muitas explicações para que entendamos que o foco está, na verdade, no fato de que algo sempre muda, de que algo sempre já mudou, que quando somos apresentados ao aqui-e-agora de alguma personagem, estamos diante do fruto de uma mudança operada em algo que existia antes, de modo diferente, mudança operada para bem ou para mal, e aceitamos tacitamente que é o tempo que está sendo posto em primeiro plano.

A estrutura do livro, assim descrita, soa um tanto errática, e é isso que pode ter dado combustível para o espanto com o fato de ele ter obtido um considerável êxito, ao menos dentro dos padrões do mundo literário dos dias atuais. Contudo, um dado presente nas entrevistas da autora pode explicar a razão desta facilidade na recepção. Um assunto recorrente nas entrevistas de Egan no ano que seguiu à premiação do *Goon Squad* foi o da surpreendente dupla de influências mais diretas sobre a autora, na época da escrita do livro: além da *Recherche* proustiana, item esperado ao se tratar de um romance sobre o tempo, também a série de TV *The Sopranos* (A Família Soprano), que a autora assistia com certa compulsão na época anterior à do início da escrita:

> Durante os mesmos anos em que eu estava lendo Proust com meus amigos, assistia também *The Sopranos*, que também se desdobrava numa espécie de tempo vagaroso, de certo modo em tempo real, no qual as crianças na série cresciam e todas as personagens visivelmente envelheciam. Então ali também (como em Proust) havia o sentimento da vida de alguém passando junto com o desdobramento da série. De algum modo, como eu me propus a questão de como tecnicamente realizar o que Proust fez, mas de modo diferente e, mais importante, de modo mais curto, decidi que o uso de algumas das técnicas de uma série como *The Sopranos* poderia ser um caminho. É por aí que os dois se fundiram. Há esse enfoque lateral em *The Sopranos* no qual uma personagem menor subitamente se torna principal por um tempo e então sai de foco de novo, e a história englobante é às vezes quase invisível em face de sub enredos e complicações que são tão envolventes que quase se esquece qual é a história, com H maiúsculo, da temporada, ou apenas se fica sabendo quando esta começa a terminar. Eu realmente gostei disso tudo, e acho que, de algum modo, quando comecei a trabalhar em *A vista cruel do tempo*, a ideia de misturar algumas dessas técnicas com meus objetivos conscientes de escrever um livro deve ter acontecido. (Alford, 2012)

Parte deste conjunto de princípios, que a escritora soube amalgamar com muita felicidade no livro, é atribuída à experiência de acompanhar uma série televisiva de longa duração. A autora trouxe elementos formais dessa modalidade narrativa extremamente popular nos dias de hoje para dentro do romance, atualizando a vocação deste, identificada desde o séc. XVIII, de ser capaz de incorporar aspectos de qualquer forma discursiva. O foco da escritora recai sobre o aspecto mais literário das séries audiovisuais, a construção do roteiro.

O ponto de partida para destacarmos o que está em questão aqui reside em retomar rapidamente o tema da relação entre a noção de fim e o caráter episódico de qualquer narrativa. Esse é um tópico importante da *Poética* de Aristóteles, que, atualizado por Ricoeur em *Tempo e narrativa*, à luz da noção hermenêutica de *compreensão*, procura descrever todo o arco que vai desde os pressupostos pré-narrativos do leitor, que confrontados com a forma literária (ou fílmica), é amalgamada em uma aplicação ou apropriação no ato de leitura, a qual é pintada por Ricoeur com as cores de uma verdadeira experiência:

> Seguir uma história é avançar no meio de contingências e de peripécias sob a conduta de uma espera que encontra sua realização na *conclusão*. Essa conclusão não é logicamente implicada por algumas premissas anteriores. Ela dá à história um "ponto final", o qual, por sua vez, fornece o ponto de vista do qual a história pode ser percebida como formando um todo. Compreender a história é compreender como e por que os episódios sucessivos conduziram a essa conclusão, a qual, longe de ser previsível, deve finalmente ser aceitável, como congruente com os episódios reunidos. (Ricoeur, 1994, p. 105)

A série *The Sopranos*, na radiografia formal feita por Egan, parece levar a um limite muito próximo da ruptura este preceito da compreensibilidade em um todo, da expectativa de acabamento que acompanha o ato sucessivo de seguir os diversos episódios de uma narrativa. Ricoeur defende que uma grande variedade de modalidades de fim, observáveis na história do romance, não torna incompatível a perspectiva que postula o fim ou o acabamento como fronteira teórica para uma definição ampla de narrativa, centrada então na noção de enredo (Ricoeur, 1995, p. 33-50).

O peso proporcional conferido a cada um destes dois componentes do ato de seguir uma narrativa – o mergulho nos detalhes que constituem o presente dos protagonistas, com todos os seus detalhes persuasivos que compõem uma situação, por um lado, e a garantia de que somos conduzidos por uma mão que *já sabe* onde isso tudo vai dar – depende e varia segundo cada época e suas apreensões e necessidades. A nossa parece muito à vontade com um peso muito fraco, mas de modo algum nulo, conferido ao segundo destes polos: "Nossa época é a época de nada positivo, só transição. Ao invés de ser um ponto de inflexão entre duas épocas, a nossa transição é uma época em seu pleno direito",[4] diz Frank Kermode (2000), que insistentemente relaciona as narrativas literárias de uma época com as linhas mestras que regem a compreensão geral do fluxo do tempo, que varia enormemente. Kermode, em *The sense of an ending*, obra clássica no tema da relação do tempo com as formas narrativas, e que consiste naquela que é talvez a influência mais decisiva do *Tempo e narrativa* de Ricoeur, compõe um grande painel histórico que vai desde o tempo fortemente escatológico centrado na estruturação do *Novo Testamento*, que tem como último capítulo o apocalipse, até chegar na completa sublimação deste, que começou a ocorrer na proximidade do primeiro milênio, até chegar ao romance contemporâneo, que dialogaria então com a percepção de nossa época como a da transitoriedade absoluta.

Lembremos aqui a afinidade que nossa época demonstra cada vez mais pelo tipo de série televisiva do qual *The sopranos* é representante. Retomemos o rápido retrato que Egan faz da estrutura temporal da série, que ela identifica como a retomada de um sentido englobante e unitário de história perto do fim de cada temporada. Se é verdade que algo da forma da série se misturou ao projeto de *A Visit*, nos parece, no entanto, que uma decisiva diferença deve ser aqui ressaltada. Ou seja, não foi esta ambígua relação com o fim o que passou de uma forma para a outra, mas sim a força que mais efetivamente dilui a expectativa de um fim: o movimento lateral da trama, os subenredos que surgem de outros subenredos, o que constitui a própria espinha dorsal do desenvolvimento do seu livro.

Em *A Visit*, porém, ao contrário do que ocorre na série tal como descrita por Egan, esses caminhos laterais não são abandonados para retornar a uma linha mestra de enredo unificado em um fim, ou forjar um, a fim de renovar a curiosidade do leitor pelo que ocorre depois. As séries contam veladamente com o hábito cultural, que vem de longe, de ter por certo que, em algum lugar do futuro, já se encontra, à nossa espera, uma imagem de fechamento, um fim supremo que revelará o sentido conjunto de todos os episódios. A estratégia do livro de Jennifer Egan parece ser a de mostrar que se pode seguir uma história abdicando-se dessa expectativa culturalmente determinada. Isso é bem diferente de ler um romance sabidamente

4. "Our own epoch is the epoch of nothing positive, only of transition. Instead of being a point of balance between two ages, our transition is an age in its own right" (Edição Kindle. Posição 1.271 a 1.273).

inacabado. Trata-se, antes, de um romance virtualmente infinito. Os desdobramentos laterais, a transformação de um personagem secundário em principal é algo que ocorre todo o tempo no livro aqui em questão. Ser principal, nesse caso, significa que a narrativa do capítulo está centrada na perspectiva, interesses, projetos e temores de um determinado indivíduo ficcional. Este é, e uma única vez, como diz Egan, "o centro". Entretanto, após o término desse miniuniverso narrativo que muito se assemelha a um conto, não retornamos a um veio central, como quem faz um atalho por uma estrada vicinal e depois retorna para a auto estrada principal, como ocorre nas séries e como é muito comum em romances. A rigor, desde o *Dom Quixote*, pode-se extrair, de um romance, diversas histórias curtas dotadas de independência (lembremos, no caso deste último, da história do "Curioso impertinente", que é comumente encontrada em publicações avulsas, como uma "novela"). Trata-se de um recurso que provém da história desta forma artística, que Egan, no entanto, modifica: ao terminarmos um capítulo, não voltamos para lugar nenhum, somos introduzidos em um novo universo onde eventualmente reaparecem personagens da história que acabamos de ler, mas numa época anterior, ou posterior, e o centro é outra personagem, quer já a tenhamos "visto" ou não. Essa "máquina do tempo" dá a impressão de ser algo desgovernada, impressão esta que tem seu cerne na percepção de que o narrador que coordena estas histórias não está tentando provar nada. Consequências de ações são apresentadas de modo incidental, no caso de algumas personagens, ao passo que de tantas outras não ficamos sabendo o que aconteceu com elas. O acaso impera neste universo como um todo, não há destino comum regendo cada percurso individual, dos quais temos vislumbres aleatórios. A sua organização temporal é randômica, sem fim comum regendo as linhas narrativas de cada vida individual. Os golpes do tempo são cegos, percebidos abruptamente, por meio de um choque, quando nos deparamos com uma personagem que já foi o centro de uma história, vista pela ótica de outra personagem, em outra época de sua vida, como que flagrada por uma visita inesperada.

O romance de Egan convoca aquele que, no fim das contas, é o local de reunião de seu variado painel de discursos: o leitor. É ele que conclui o trabalho, que realiza a unificação dos tempos e das oscilações do centro/periferia, as duas principais ferramentas de Egan. Como enfatiza Paul Ricoeur, no entanto, é *sempre* no leitor que os diversos episódios de qualquer estória ganham unidade na compreensão. Na verdade, é com este elemento comum a qualquer leitura de narrativa que um experimento como o de Egan conta, e que pode explicar, em parte, a relativa facilidade com que foi recebido: desde que os episódios sejam persuasivos, e que alguns poucos sinais de conexão entre eles sejam fornecidos (e não precisam ser nexos causais), o leitor faz o resto. Para tanto, conta com sua própria compreensão cotidiana utilizada no campo prático, que faz uso constante de nexos de ligação entre ações separadas no tempo, mas unificadas na produção de sentido. É requerido apenas que o experimento literário proposto seja uma forma inteligente de mostrar o modo como este mesmo leitor experimenta o tempo, não através de cópia servil, mera réplica desta experiência, mas enfatizando e expandindo o que este possui de mais marcante. No mundo de *A Visit from the Goon Squad* ninguém permanece no centro como se tudo girasse em torno de um ego arbitrariamente posto no umbigo da realidade, neste mundo se sabe que as ações têm consequências, mas as coisas mudam sem direção única regendo tudo. O resultado que decorre de entrar nesse mundo é apurar o olhar para um modo coletivo e cambiante de ligar as ações sem a coordenação de uma força unificadora. Ora, podemos dizer que esta é uma descrição muito próxima também do modo como descreveríamos a nossa compreensão do fluxo geral dos acontecimentos na vida, ou seja, no mundo extra ficcional. Ao menos para nós que vivemos na época atual, regida pelo signo da transitoriedade absoluta e pela pluralidade inconclusiva de vozes e perspectivas a respeito de qualquer coisa. Talvez esta "visão de conjunto" não se aplique à compreensão que um cristão medieval tem de sua própria temporalidade, por exemplo, que poderia decorrer de uma seleção dos fatos e priorização da memória daqueles que pudessem ser adaptados a uma organização semelhante à do mito bíblico do apocalipse.

À guisa de conclusão, podemos dizer que o universo temporal do romance de Jennifer Egan, se guarda algum elemento da forma de construção de enredos como os das séries, que exploram constantemente as derivações laterais proporcionadas pelas visitas a situações particulares das diversas personagens, não incorpora, no entanto, o hábito de retornar a um veio central "perto do fim da temporada". O que Egan não diz, em suas entrevistas, e isso é compreensível, é que seu projeto é muito mais radical. Apesar disso, no entanto, o romance obteve uma recepção positiva, o nível de ruído ou discordância entre as expectativas de certo público letrado e acostumado com a leitura de romances e o seu experimento literário não foi grande demais, as premiações, as vendagens e a profusão de resenhas o comprovam. Isso demonstra a vitalidade dessa forma literária, que tem sido denominada romance, desde o primeiro romantismo. O risco assumido pela autora não entra no horizonte das produções de séries, o que explica, por exemplo, o fato de o canal HBO, o mesmo que produziu a série *The Sopranos*, ter se interessado pelo livro de Egan, com quem assinou um pré-contrato de cessão de direitos para adaptação do livro para um seriado, e depois ter desistido desse projeto. Sobre esse episódio da recepção do romance, antes da desistência do canal, Egan teria especulado:

> Uma coisa interessante sobre todo esse assunto HBO é que porque isto é proposto como uma série, a ideia é que de algum modo isso vai extrapolar os limites do livro, o que por um lado é assustador, mas eu também sinto que a estrutura do livro está aberta para isso. Há inúmeros tipos de direcionamento nos quais eu pensei em tomar e não o fiz, e eu gosto da ideia deles tomando essas direções. Eu sinto que existe uma abertura da narrativa que torna possível partir dela sem a violar. Trata-se mais do tipo de regra de investigação do que de fato ficar mexendo no que eu fiz. Eu acho.[5] (Feeldmar, 2011)

O canal HBO não forneceu explicações para a desistência. Isso que Egan entende como "assustador" e, ao mesmo tempo, inerente ao livro e às suas regras de composição, é, ao mesmo tempo, supomos, justamente o motivo da retirada da produtora de séries. E é a razão do sucesso do livro. No que diz respeito à situação do enredo como forma de totalização do universo temporal, o romance de Jennifer Egan representa uma experiência arriscada e bem sucedida de contato com a compreensão corrente do tempo, a qual é revelada justamente por este tipo de eleição de uma forma narrativa onde esta pode se reconhecer. São esses os motivos, portanto, do sucesso do livro, ao modo como o caracterizamos no início deste trabalho, ou seja, uma recepção marcada por um reconhecimento de uma especificidade formal da obra e pela conexão desta com certas características do modo de perceber e organizar o tempo predominantes hoje. O livro

5. "One thing that's interesting about this whole HBO thing is that because it's proposed as a series, the idea is that in some sense it will ultimately move outside the bounds of the book altogether, which is scary in one way, but I also feel like the structure of the book is open to that. There are all kinds of directions I thought of going in and I didn't, and I like the idea of them going in those directions. I feel like there's an openness to the narrative that makes it possible to part from it without violating it. It's more about some kind of rules of inquiry than actually sticking to what I've done. I think" (Feeldmar, 2011).

de Jennifer Egan, portanto, é um romance sobre o tempo que se quer, ao mesmo tempo, histórico.

Referências bibliográficas

ALFORD, R. "Celebrating the possibilities of fiction: ta conversation with Jeniffer Egan". Trad. nossa, 2012. Disponível em: <http://www.popmatters.com/column/154523-celebrating-the-possibilities-of-fiction-a-conversation-with-jennife/>.

EGAN, J. *A Visit from Goon Squad*. New York: Alfred A. Knopf, 2010. Edição Kindle.

______. *A visita cruel do tempo*. Trad. de Fernanda Abreu. Rio de Janeiro: Intrínseca, 2011.

______. "Authors at Google: Jennifer Egan, A visit from the Goon Squad". *YouTube*. Transcrição e tradução nossas, 2011a. Disponível em: <https://www.youtube.com/watch?v=kl86UbQWmyk>.

______. "Visiting writers series: night readings Jennifer Egan". *YouTube*. Transcrição e tradução nossas, 2011b. Disponível em: <https://www.youtube.com/watch?v=4WEvcW_EWlo>.

FEELDMAR, J. "Talking with Jennifer Egan". *Gothamist*, 2011. Trad. nossa. Disponível em: <http://gothamist.com/2011/07/08/jennifer_egan.php>.

JULAVITS, H. "Jennifer Egan by Julavits". *Bomb Magazine*, 2011. Trad. nossa. Disponível em: <http://bombmagazine.org/article/3524/jennifer-egan>.

KERMODE, F. *The Sense of an Ending*. Oxford: University Press, 2000.

MISHRA, P. "Modernity's Undoing". *London Review of Books*, 2011. Disponível em: <http://www.lrb.co.uk/v33/n07/pankaj-mishra/modernitys-undoing>.

RICOEUR, P. *Tempo e narrativa*. Tomo I. Trad. Constança Marcondes Cesar. Campinas: Papirus, 1994.

______. *Tempo e narrativa*. Tomo 2. Trad. Marina Appenzeller. Campinas: Papirus, 1995.

A FENOMENOLOGIA DO ESTÉTICO EM *INFÂNCIA*, DE GRACILIANO RAMOS

Douglas Garcia Alves Júnior[1]

Graciliano Ramos surpreende até hoje os seus leitores com o estilo singular de cada uma de suas obras, irmanadas, contudo, por um compromisso ético e estético com o ofício de escritor. Poder-se-ia acrescentar: escritor *brasileiro*, testemunha das dificuldades de representação de um país desde há muito socialmente conflagrado, às voltas com diversas formas de dominação, das mais diretas – aplicadas à pele e aos ossos – às mais indiretas – infiltradas no uso corrente da linguagem.

O que proponho aqui é uma leitura de *Infância*. A hipótese de leitura que guia este ensaio é a de que *Infância* é a obra-síntese de Graciliano, na qual ele desdobra, da forma mais complexa e bem acabada, um elemento que perpassa todas as suas obras e que é central para a sua relação com a literatura, a saber: a ideia de uma gênese conflituosa da consciência de si, das coisas do mundo e das relações sociais, mediada por uma apropriação gradual dos diversos usos da linguagem. Em outros termos: *Infância* é obra que esclarece a produção de Graciliano como um todo, não por fornecer ao leitor uma coleção de motivos biográficos, mas por desdobrar o movimento de uma consciência que se busca, se perde e se reencontra, distante e próxima de si, nos planos do texto literário.

---

1. Douglas Garcia Alves Júnior é doutor em Filosofia pela UFMG, com pós-doutorado pela UERJ. É Professor Associado do Departamento de Filosofia e do Mestrado em Estética e Filosofia da Arte da UFOP. Autor dos livros: *Depois de Auschwitz: a questão do antissemitismo em Theodor Adorno* (Annablume), *Dialética da vertigem: Adorno e a filosofia moral* (Escuta) e *Adorno material: ensaios de Teoria Crítica* (Editora da UFOP). Organizador dos livros *Os destinos do trágico: arte, vida e pensamento* (Autêntica) e (com Gilson Iannini e Romero Freitas) *Artefilosofia: antologia de textos estéticos* (Civilização Brasileira).

Uma palavra que aparece em vários de seus livros, e, particularmente, em *Infância*, indica alegoricamente o estilo e o sentido da produção de Graciliano: a palavra "desconchavo". Desentendimento entre pessoas, mas também desajuste entre coisas (como quando se diz de um desconchavo entre as tábuas no assoalho, por exemplo), bem como disparate, ilogicidade. Esse desajuste de palavras, coisas e pessoas, ao contrário do que possa inicialmente parecer, é produtivo: é ele que instaura a dinâmica de busca de relação entre subjetividade, linguagem e mundo. Dinâmica, decerto, sem descanso nem redenção. É nesse sentido que é possível falar de uma fenomenologia do estético em *Infância*.

Fenomenologia: descrição do aparecimento das significações de objetos para uma consciência, que se descobre ligada indissociavelmente a um campo prévio de significações.[2] *Estético*: regime de relação da subjetividade com o mundo que coloca entre parênteses a utilidade e até mesmo a existência dos objetos, privilegiando o seu poder de alusão a formas sensíveis, mundos imaginários e possibilidades de articulação de sentimentos a ações.[3] Será preciso percorrer o texto de *Infância* em busca de uma reconstituição, por certo aproximativa e lacunar, dos modos de constituição do estético mediados por uma tensão produtiva, por um desconchavo, entre a linguagem e os seres. Nesse sentido, proponho explorar dois caminhos que se entrelaçam na obra, núcleos narrativos carregados de desconchavos: o do corpo e o da linguagem.

---

2. Tomo aqui a fenomenologia no sentido dado por Merleau-Ponty, para quem mundo, consciência e corpo são constituídos como campos de relações entrelaçadas: "o mundo não é um objeto do qual possuo a lei de constituição; ele é o meio natural e o campo de todos os meus pensamentos e de todas as minhas percepções. A verdade não 'habita' apenas o 'homem interior' [numa alusão a santo Agostinho], ou, antes, não existe homem interior, o homem está no mundo, é no mundo que ele se conhece" (1999, p. 6). Isso não significa que eu pretenda ler Graciliano a partir de Merleau-Ponty, e, sim, que vejo em *Infância* o mesmo procedimento de destituição da primazia do sujeito transcendental desencarnado que se apresenta na fenomenologia deste autor.

3. Tomo aqui o estético em um sentido kantiano, em primeiro lugar, que aponta para a subjetividade da experiência estética das representações de objetos, bem como para a sua não subsunção a fins. Desejaria alargar, por outro lado, este sentido kantiano, para incluir o estético em uma dialética histórico-social da constituição da razão, em seu sentido prático. Explorei este último ponto em um texto a que remeto o leitor: *Como a literatura pode ser formativa? Sobre os modos de uma diferenciação mimética da razão* (Alves Júnior, 2015). Que este sentido do termo estético não é alheio ao universo de *Infância*, transparece em um trecho no qual, ao falar com ternura de seu avô paterno Tertuliano Ramos, que tinha habilidades de artesão, cantava e era músico, Graciliano (2002, p. 18) escreve: "Legou-me talvez a vocação absurda para coisas inúteis".

Começo com a exploração do corpo em *Infância*. Graciliano lida de diversos modos com um sentimento fundamental de inadequação do corpo. Esse corpo lhe aparece como palco privilegiado de desconchavos: feio, desproporcional, fraco, frequentemente sujeito à doença, sempre alvo de olhares escrutinadores de parentes, professoras e padres, à caça de qualquer inadequação. Esse corpo incômodo lhe valerá os vocativos criados pela mãe, que lhe realçam um desconchavo originário, por assim dizer. Em *Infância*, narrativa em que nem o narrador-personagem, nem seu pai e sua mãe recebem nomes próprios, esse ato peculiar de denominação ganha relevo. Transcrevo o trecho em questão:

> Sem dúvida o meu aspecto era desagradável, inspirava repugnância. E a gente da casa se impacientava. Minha mãe tinha a franqueza de manifestar-me viva antipatia. Dava-me dois apelidos: bezerro-encourado e cabra cega.
>
> Bezerro-encourado é um intruso. Quando uma cria morre, tiram-lhe o couro, vestem com ele um órfão, que, neste disfarce, é amamentado. A vaca sente o cheiro do filho, engana-se, adota o animal. Devo o apodo ao meu desarranjo, à feiura, ao desengonço. Não havia roupa que me assentasse no corpo: a camisa tufava na barriga, as mangas se encurtavam ou alongavam, o paletó se alargava nas costas, enchia-se, como um balão. Na verdade, o traje fora composto pela costureira módica, atarefada, pouco atenta às medidas. Todos os meninos, porém, usavam na vila fatiotas iguais, e conseguiam modificá-las, ajeitá-las. Eu aparentava pendurar nos ombros um casaco alheio. Bezerro-encourado. Mas não me fazia tolerar. Essa injúria revelou muito cedo minha condição na família: comparado ao bicho infeliz, considerei-me um pupilo enfadonho, aceito a custo. (Ramos, 2002, p. 129)

O menino Graciliano é o bezerro-encourado. É digno de nota que o narrador-personagem Graciliano opera em seu texto deslocamentos semânticos e associações não-lineares. O menino Graciliano é associado ao animal-órfão que recebe a pele de outro para receber o leite de uma mãe adotiva. Ele é tido por um bicho infeliz, quando facilmente se poderia dizer o contrário, isto é, que infeliz é o bezerro morto, de quem recebera a pele. Pois a vaca-mãe não repele o bezerro encourado, mas o recebe e nutre. A pele por empréstimo é associada à roupa mal talhada ao corpo. Em uma primeira aproximação, o desalinho da roupa é atribuído a uma costureira descuidada – outra associação possível para a mãe. Mas a percepção é rapidamente corrigida: não é a mãe/costureira/vaca a culpada pela aparência desconforme do filho: é ele mesmo o responsável pelo seu aspecto mofino, uma vez que "todos os meninos, porém, usavam na vila fatiotas iguais, e conseguiam modificá-las, ajeitá-las. Eu aparentava pendurar nos ombros um casaco alheio. Bezerro-encourado". A associação aqui é ligada a uma incapacidade de modificar, de ajeitar a pele recebida de outro. Esse corpo é feio não por acaso biológico, mas por incapacidade social, por heteronomia, porque não consegue "ajeitar" uma pele que não é dele, que vem por empréstimo, como também a mãe lhe vem como se fora emprestada.[4] Mas há um movimento considerável no que concerne à pele/roupa do narrador-personagem. Ele percebe que as palavras têm o poder de amoldar, de uma nova maneira, as roupas ao corpo, a pele ao "bezerro encourado". Transcrevo o trecho em questão:

> Essas moças tinham o vezo de afirmar o contrário do que desejavam. Notei a singularidade quando principiaram a elogiar o meu paletó cor de macaco. Examinavam-no sérias, achavam o pano e os aviamentos de qualidade superior, o feitio admirável. Envaideci-me: nunca havia reparado em tais vantagens. Mas os gabos se prolongaram, trouxeram-me desconfiança. Percebi afinal que elas zombavam, e não me suscetibilizei. Longe disso: julguei curiosa aquela maneira de falar pelo avesso, diferente das grosserias a que habituara. Em geral me diziam com franqueza que a roupa não me assentava no corpo, sobrava nos sovacos. Os defeitos eram evidentes, e eu considerava estupidez virem indicá-los. Dissimulavam-se agora num jogo de palavras que encerrava malícia e bondade. Essa mistura de sentimentos incompatíveis assombrava-me e pela primeira vez ri de mim mesmo. A doçura picante não me reformava, é claro, mas exibia-me como eu poderia ter sido se a natureza e o alfaiate me houvessem dado os recursos indispensáveis. Satisfazia-me a ideia de que a minha figura não provocava inevitavelmente irritação ou desdém, e as novas amigas surgiram-me compreensivas e caridosas. (Ramos, 2002, p. 184)

Novos deslocamentos, sutis, porém perceptíveis, tomam conta do texto. As roupas, principalmente o "paletó cor de macaco", funcionam como uma metonímia do narrador-personagem. Há um processo de apropriação transformadora do olhar dos outros sobre o seu corpo/pele/roupa. Esse processo se dá por meio da linguagem, por uma tomada de consciência

4. Os dados biográficos correspondentes à situação de Graciliano entre os dezesseis filhos da família de Sebastião Ramos Oliveira e Maria Amélia Ferro e Ramos revelam que ele é o primeiro filho de uma mãe que tinha então catorze anos (Moraes, 2012, p. 23).

do poder transfigurador e da ambiguidade das palavras, capazes de revelar e esconder, de castigar e de envolver sedutoramente. Essa passagem do uso brutal das palavras, assemelhadas a gritos e interjeições – comuns no ambiente doméstico do menino –, a um uso sutil, pelo qual as palavras são assemelhadas a jogos e afagos ambíguos, é uma descoberta do estético. De início, o narrador-personagem, ainda próximo da posição de bezerro encourado, recebe com fatalismo os desconchavos que lhe aplicam: "em geral me diziam com franqueza que a roupa não me assentava no corpo". As moças que lhe elogiam dubiamente as vestes, ao invés de provocarem ressentimento, como seria de se esperar, descortinam-lhe um novo mundo: em que "aquela maneira de falar pelo avesso" torna possível "a doçura picante" da "mistura de sentimentos incompatíveis" que toma de assalto o narrador-personagem, distendendo a rigidez de sua identidade até então amesquinhada: "pela primeira vez ri de mim mesmo".

Transcrevo agora outro trecho de *Infância*, que, passando das roupas muito próximas à pele, vem a tocar a pele do narrador-personagem, fonte de angústia e, mais uma vez, de um forte sentimento de inadequação:

> – Lavou as orelhas hoje?
> – Lavei o rosto, gaguejei atarantado.
> – Perguntei se lavou as orelhas.
> – Então? Se lavei o rosto, devo ter lavado as orelhas.
>
> D. Maria, num discurso, afastou-me as orelhas do rosto, aconselhou-me a tratar delas cuidadosamente. Isto me encheu de perturbação e vergonha. Se a mulher me desse cocorotes ou bolos, eu me zangaria, mas aquela advertência num rumor leve deixou-me confuso, de olhos baixos, com desejo de meter-me na água, tirar do corpo as impurezas que ofendiam vistas exigentes (...) A observação da mestra pareceu-me descabida, mas afligi-me, esquivei-me a exames desagradáveis, e à noite dormi pouco. Na manhã seguinte levantei-me cedo, abri a janela da sala de jantar, cheguei-me ao lavatório de ferro e enchi a bacia, vagarosamente, para não acordar as pessoas e o papagaio. Ainda havia um pretume no quintal e silêncio nos quartos. Fiquei talvez uma hora a friccionar-me, a ensaboar-me até que o sol nasceu e as dobradiças das portas rangeram. Fui olhar-me ao espelho da sala: as orelhas se arroxeavam, como se tivessem recebido puxavantes. Estariam bem limpas? As mãos se engelhavam, insensíveis, mas isto não tinha importância. O que me preocupava eram as

orelhas. Continuei a asseá-las rigoroso, e a ao cabo de uma semana surgiram nelas esfoladuras e gretas que dificultaram as esfregações.

A professora notou o exagero, segredou-me que deixasse as orelhas em paz. Desobedeci: havia contraído um hábito e receava outra admoestação, pior que insultos e gritos. (Ramos, 2002, p. 112)

D. Maria, a primeira professora do "bezerro encourado" é uma rara figura propiciadora. Diversamente da brutalidade sem reservas do pai e da mãe, ela demonstra suavidade para com o menino desde o primeiro contato. Por isso as censuras que lhe dirige sobre sua falta de limpeza corporal são-lhe particularmente dolorosas, muito mais do que se fossem "cocorotes ou bolos". Tanto mais que a bondade peculiar de D. Maria encontra um correlato sensível em características corporais, salientadas pelo narrador: "a extraordinária criatura tinha um cheiro agradável. As pessoas comuns exalavam odores fortes e excitantes, de fumo, suor, banha de porco, sangue. E bafos nauseabundos" (p. 110). Além disso, D. Maria não recorria a castigos físicos nem à palmatória, admitidos e praticados fartamente na escola daquele tempo (p. 111). A influência de D. Maria sobre o menino, se atinge o corpo, não o faz diretamente, por violência física, mas pela figura interposta das palavras. Note-se que, conforme o registro deixado pelo narrador, ela nem sequer chega a indicar a sujeira das orelhas, apenas lhe sugere a necessidade de lavá-las com cuidado. Ao entregar-se sem reservas à sugestão da mestra, é como se o menino obtivesse uma pequena vitória sobre a violência muda, descortinando o desejo de ter um "cheiro agradável" como o da "extraordinária criatura", muito distinta das "pessoas comuns". Diante da advertência moderadora da mestra, sua declaração: "desobedeci: havia contraído um hábito e receava outra admoestação, pior que insultos e gritos" indica, a contrapelo, um gesto de libertação do corpo: a compulsão de "tirar do corpo as impurezas que ofendiam vistas exigentes" marca um gesto de busca de outra imagem de si, desvinculada do universo familiar.

A comparação com a descrição que o narrador faz de sua mãe é aqui particularmente instrutiva: "o que nessa figura me espantava era a falta de sorriso. Não ia além daquilo: duas pregas que se fixavam numa careta, os beiços quase inexistentes repuxando-se, semelhantes às bordas de um caneco amassado. Miúda e feia, devia inquietar-se, desconfiar das amabilidades, recear mistificações" (p. 37). Novamente o narrador elabora correlações estético-morais: a fealdade física da mãe desdobra-se em incapacidade social, que a faz retrair-se diante dos outros, o que leva, ao cabo, à perda das mais elementares faculdades de expressão, fazendo o sorriso desaparecer numa careta. Retração comunicativa que impõe um regime de desconfiança e ausência de reconhecimento.

A severidade e a falta de jeito da mãe parecem o complemento "natural" à autoridade ilimitada do pai. No capítulo "Um cinturão", em páginas contíguas, o narrador relata dois episódios brutais: uma surra de corda dada pela mãe e uma surra de cinturão, aplicada pelo pai. Em comum, a ausência de contexto, de explicação em forma de palavras que as encerrassem em um todo minimamente significativo. O narrador adulto começa o capítulo assim: "As minhas primeiras relações com a justiça foram dolorosas e deixaram-me funda impressão. Eu devia ter quatro ou cinco anos, por aí, e figurava na qualidade de réu. Certamente já me haviam feito representar esse papel, mas ninguém me dera a entender que se tratava de julgamento. Batiam-me porque podiam bater-me, e isto era natural" (p. 29). Trecho significativo, ao ligar a flagrante injustiça do ato de bater violentamente em uma criança indefesa à ideia de justiça e de julgamento, e, por mediação, à ideia de culpa, implicada na figura do réu. Como em Kafka,[5] o veredito é anterior ao julgamento e assinala o universo mítico da distribuição cega de violências.

Transcrevo o trecho em questão:

> Meu pai dormia na rede armada na sala enorme. Tudo é nebuloso. Paredes extraordinariamente afastadas, rede infinita, os armadores longe, e meu pai acordando, levantando-se de mau humor, batendo com os chinelos no chão, a cara enferrujada... Desejei vê-lo dirigir-se a minha mãe e a José Bahia, pessoas grandes, que não levavam pancada. Tentei ansiosamente fixar-me nessa esperança frágil. A força de meu pai encontraria resistência e gastar-se-ia em palavras... Ninguém veio, meu pai me descobriu acocorado e sem fôlego, colado ao muro, e arrancou-me dali violentamente, reclamando um cinturão. Onde estava o cinturão? Eu não sabia, mas era difícil explicar-me: atrapalhava-me, gaguejava, embrutecido, sem atinar com o motivo da raiva. Os modos brutais, coléricos, atavam-me; os sons duros morriam, desprovidos de significação.

---

5. A ideia de uma figura mítica da justiça, ligada à culpa originária diante de uma autoridade paterna inabordável e excessiva, atravessa toda a obra de Kafka. Suas expressões mais contundentes encontram-se no conto *O veredito*, na narrativa autobiográfica *Carta ao pai* e no romance *O processo*. Judith Butler apresenta uma interpretação acurada de *O veredito* em seu *Relatar a si mesmo: crítica da violência ética* (2015).

> Não consigo reproduzir toda a cena. Juntando vagas lembranças dela a fatos que se deram depois, imagino os berros de meu pai, a zanga terrível, a minha tremura infeliz. Provavelmente fui sacudido. O assombro gelava-me o sangue, escancarava-me os olhos.
>
> Onde estava o cinturão? Impossível responder. Ainda que tivesse escondido o infame objeto, emudeceria, tão apavorado me achava. Situações deste gênero constituíram as maiores torturas da minha infância, e as consequências delas me acompanharam.
>
> O homem não me perguntava se eu tinha guardado a miserável correia: ordenava que a entregasse imediatamente. Os seus gritos me entravam na cabeça, nunca ninguém se esgoelou de semelhante maneira. (Ramos, 2002, p. 29-31)

A narração da cena avança por mais duas páginas tenebrosas, das mais sombrias da literatura brasileira. No fim das contas, o pai havia esquecido o cinturão na rede onde há pouco dormira. De longe, o narrador vê o pai baixar a cabeça e olhar para "o refúgio onde me abatia, aniquilado". Ele vê o pai conservar-se distante, além de qualquer relação: "e ali permaneci, miúdo, insignificante, tão insignificante e miúdo como as aranhas que trabalhavam na telha negra". E arremata o capítulo com palavras análogas ao seu começo: "Foi esse o primeiro contato que tive com a justiça" (p. 32). Há aqui o contato com um poder aniquilador arbitrário e além de qualquer medida, que se materializa em um signo sonoro indubitável, o urro de cólera: "os sons duros morriam, desprovidos de significação". Há mais dois aspectos sobre os quais gostaria de chamar a atenção neste trecho: de um lado, o aspecto quantitativo intenso da experiência embaralha, para o narrador, a fronteira entre memória e reconstrução imaginária: "Não consigo reproduzir toda a cena. Juntando vagas lembranças dela a fatos que se deram depois, imagino os berros de meu pai". De outro lado, a implosão de qualquer aspecto da linguagem que pudesse transcender a mera sinalização da violência física. A palavra-símbolo reduzida à palavra-som, que "entra na cabeça": "O homem não me perguntava se eu tinha guardado a miserável correia: ordenava que a entregasse imediatamente". A palavra é aqui levada a um grau que dissolve as fronteiras da linguagem humana, reduzindo-a ao urro do animal. Assim, em uma passagem que novamente lembra Kafka, o uso reduzido da palavra animaliza não só aquele que a enuncia, mas também quem a sofre: "permaneci, miúdo, insignificante, tão insignificante e miúdo como as aranhas que trabalhavam na telha negra".

Da aranha miúda à cabra-cega, voltemo-nos para o outro apelido criado por sua mãe. O apodo tem sua origem em uma doença dos olhos que acometera o menino e que durou semanas, impedindo-o de ir à escola. Há um aspecto linguístico que lhe aumenta o tormento: a associação de "cabra-cega" com os significantes "besouro" e "barata", presente em uma brincadeira infantil da época:

> – Cabra-cega!
> – Inhô.
> – Donde vem?
> – Do mundéu.
> – Traz ouro ou prata?
> – Ouro.
>
> Largavam em seguida uma porcaria que tinha *besouro* como rima; se a resposta fosse prata, a indecência terminava em *barata*. Eu abominava os nomes sujos, a brincadeira imunda enojava-me. Não sabia por que batizavam daquela forma. Se se referissem a um cavalo cego, não me ofenderiam tanto. Com certeza pensavam no diálogo, lançavam-me indiretamente as grosserias ligadas ao besouro e à barata. (Ramos, 2002, p. 130)

O narrador se aflige ao imaginar a origem de seu apelido ligada às funções excretoras do corpo, associadas aos animais besouro e barata, que costumam circular próximos das fezes e dos vômitos. Com as pálpebras inflamadas, sofrendo picadas de mosquitos e sem o auxílio de medicação adequada, substituída por uma pasta caseira feita com clara de ovo que só lhe aumenta os tormentos, a condição especial que o envolve no ambiente caseiro – longe da escola e das lições de alfabetização que àquele tempo lhe provocavam enorme sofrimento – amplia, de modo surpreendente, o universo das palavras:

> Na escuridão percebi o valor enorme das palavras. Em dias de claridade e movimento entretinha-me a observar a loja e o armazém, percorria alguns metros da rua da Palha, de casa para a escola, da escola para a casa [...] Agora a sombra espessa cobria tudo. O muro se desmoronava, como o outro se desmoronara anos atrás [...]. A igreja, os postes e os arames do telégrafo, aves e flores, a fachada luminosa, transeuntes, dissipavam-se, vagos e distantes: no rigor do verão envolviam-se numa densa garoa de inverno.

> Mas os ruídos avultavam, todos os sons adquiriam sentido. Os passos revelavam as criaturas, quase se confundiam com elas: para bem dizer tinham forma, feições, e era-me possível saber de longe se estavam zangados ou satisfeitos [...]. Os meus ouvidos aguçavam-se, reconstituíam frases indistintas, supriam lacunas – e isto encurtava ou alongava o tempo. Aos dois epítetos injuriosos uniam-se falas ásperas, que me atormentavam, agravavam as ferroadas dos mosquitos [...]
>
> [...] procurava anestesiar-me ouvindo as cantigas de minha mãe, duas cantigas desafinadas que a divertiam na fazenda [...]. Uma das poesias começava assim:
>
> *A letra A quer dizer – amada minha;*
> *A letra B quer dizer – bela adorada;*
> *A letra C quer dizer – casta mulher;*
> *A letra D quer dizer – donzela amada;*
> *A letra E quer dizer – és uma imagem;*
> *A letra F quer dizer – formosa deusa.*
>
> Em vez de *efe*, minha mãe pronunciava *fê*, o que decerto convinha ao último verso, e rematava-o com *formosa deus*, pois não admitia divindade fêmea além da Virgem Maria [...] A lengalenga se arrastava por todo o alfabeto: impossível encaixar a bela adorada no K e no Y. (Ramos, 2002, p. 131-133)

O acesso à palavra portadora de significado vem com a mãe, autora de tantos desconchavos, como o de criar epítetos infamantes para o filho, o de pronunciar a letra F como "fê" e trocar "formosa deusa" por "formosa deus". Não mais palavra-som opaca e brutal, a palavra-símbolo transmitida pela mãe cria no escuro um corpo de palavras. Não o corpo feio que o narrador enxerga na mãe, nem o corpo pequeno e insignificante que ele constrói para si mesmo, a partir do universo do discurso dos pais e da escola. Um corpo de "bela adorada", de "formosa deus(a)", que o narrador, para além da aspereza do sensível, passa a enxergar no corpo imaterial, estético, da linguagem.

ALVES JÚNIOR, D. G. "Como a literatura pode ser formativa? Sobre os modos de uma diferenciação mimética da razão". *Impulso*. Piracicaba, v. 25, n. 62, p. 45-54, jan.-abr. 2015.

BUTLER, J. *Relatar a si mesmo: crítica da violência ética.* Trad. Rogério Bettoni. Belo Horizonte: Autêntica, 2015.

KAFKA, F. "O veredicto". In: KAFKA. *O veredicto/Na colônia penal.* Trad. Modesto Carone. São Paulo: Brasiliense, 1993.

______. *Carta ao pai.* Trad. Modesto Carone. São Paulo: Brasiliense, 1986.

______. *O processo.* Trad. Modesto Carone. São Paulo: Companhia das Letras, 2005.

MERLEAU-PONTY, M. *Fenomenologia da percepção.* Trad. Carlos Alberto Ribeiro de Moura. São Paulo: Martins Fontes, 1999.

MORAES, D. *O velho Graça: uma biografia de Graciliano Ramos.* São Paulo: Boitempo, 2012.

RAMOS, G. *Infância.* 35ª edição. Rio de Janeiro: Editora Record, 2002.

A SUBLIMAÇÃO DA CARNE:
análise da série "Charques", de Adriana Varejão

Fábio Roberto Rodrigues Belo[1]
Michelle Aguilar Dias Santos[2]
Alice Portugal Ferreira[3]

Sublimação e dessexualização

Tomaremos a obra "Charques", de Adriana Varejão, a partir da psicanálise, para examinar as hipóteses de Jean Laplanche (1989, p. 211-2) sobre a sublimação. A obra em questão ajuda a repensar a noção de dessexualização da pulsão, presente no conceito freudiano, encarando a sublimação como uma forma de retomar a origem da pulsão sexual, de modo a ligá-la de forma menos traumática.

A sublimação pode ser definida, a partir da teoria freudiana, como um:

> Processo postulado por Freud para explicar atividades humanas sem qualquer relação aparente com a sexualidade, mas que encontrariam o seu elemento propulsor na força da pulsão sexual. [...] Diz-se que a pulsão é sublimada na medida em que é derivada para um novo alvo não sexual ou em que visa objetos socialmente valorizados. (Laplanche & Pontalis, 1996, p. 495)

Laplanche (1989) aponta que tal definição descreve dois domínios abarcados pelo conceito: de um lado, a metapsicologia, pois trata da sublimação enquanto destino pulsional. De outro, pressupõe uma teoria dos

---

1. Psicólogo, doutor em Estudos Literários pela UFMG, professor do Departamento de Psicologia da UFMG. E-mail: fabiobelo76@gmail.com

2. Psicóloga pela UFMG. E-mail: michelleaguilar.dias@gmail.com

3. Psicóloga pela UFMG. E-mail: aliceportugal.psi@gmail.com

valores, por levar em conta a produção de objetos valorizados culturalmente. Em sua problemática, o autor acaba por enfatizar o primeiro, e faremos o mesmo recorte neste artigo.

Ao tomarmos a sublimação enquanto destino pulsional, torna-se evidente em sua definição certa relação entre o âmbito do sexual e do não sexual. Tal relação, na qual se encaixaria a dessexualização, será retomada por Laplanche (1989) a partir do que ele próprio denominou *metapsicologia de bolso*, que nada mais é do que uma releitura da teoria do apoio feita por Freud, tendo em vista o que se convencionou chamar de primeiro dualismo pulsional.

Lança mão, assim, do chamado *modelo de charneira*, a partir do qual propõe figurar, sob a forma de um diedro, a articulação entre dois planos: as pulsões sexuais, de um lado, e a função de autoconservação, de outro. Tais relações deveriam ser analisadas, segundo o autor, tanto do ponto de vista do sexual surgindo do não sexual como também da retroação daquele sobre este.

De que forma tais relações seriam estabelecidas? A partir da *linha de apoio*, o que quer dizer que a pulsão sexual surgiria como que *apoiada* na função de autoconservação. Essa *linha de apoio* agiria, por sua vez, como uma dobradiça e manteria conectadas as pulsões sexuais à função de autoconservação, permitindo que, como as páginas de um livro, pudessem se afastar e se aproximar. Para entender esse movimento, que está na origem da pulsão, ele o divide em três tempos: 1) a pulsão sexual surge apoiada na função de autoconservação; 2) o distanciamento da pulsão sexual em relação à função de autoconservação sobre a qual esteve apoiada; 3) finalmente, o último movimento, a retroação da sexualidade sobre a autoconservação. É nesse processo de reaproximação dos dois planos – pulsão sexual e função de autoconservação – que Laplanche (1989) situa o que denominou de problemáticas essenciais: "(...) a do ego, por um lado, a da sublimação, por outro" (Laplanche, 1989, p. 27). Essa associação nos parece bastante cara, ao tomarmos a série "Charques", de Adriana Varejão. É justamente a relação entre a constituição psíquica – que envolve a formação do eu – e a sublimação que tomaremos para examinar não só "Charques", como algumas outras obras da artista, nas quais há um evidente contraste entre o interior e o exterior, a carne e os azulejos.

Ainda que a obra da artista seja composta de variadas séries, não somente de pinturas, mas também de desenhos e fotografias, parece haver um fio condutor por meio do qual seus trabalhos acentuam uma marca muito singular. A presença dos azulejos em "Saunas e banhos" parece nos fazer um convite arriscado ao descentralizar o olhar daquele que observa, que já não pode mais se localizar nem dentro e nem fora daquele espaço. A purificação corporal por meio da expulsão de toxinas provocada pela alta temperatura também se desfaz nas telas de Varejão, que deixa algo em suspenso, sugerindo portas e caminhos ocultos nas imagens das saunas.

Na série "Línguas e cortes", cuja mensagem parece estar em íntima relação com "Charques", os azulejos são obturados por forças ora internas, ora externas, indistinguíveis entre si. Em entrevista audiovisual ao Inhotim Escola, Adriana problematiza a lógica do dentro/fora, ao indicar "o interior como carne e a pintura como pele".

"Irezumis" e "Proposta para uma catequese" também são séries que figuram uma violência que incide nas fronteiras tênues do público e do privado. A violência destacada por esses trabalhos atravessa a violência dos encontros culturais (problemática amplamente explorada em sua obra) e colide com a constituição frágil dos limites entre o eu e o outro.

Retomando ainda a explanação teórica acerca da sublimação, antes de adentrarmos na análise de "Charques", é justamente no que tange à problemática do eu que a dessexualização parece tomar outro rumo nas proposições de Laplanche. Para o autor, se há uma passagem do sexual ao não sexual, este último não deve ser associado à autoconservação, devido à impossibilidade de pensá-la de forma separada da sexualidade, muito menos como um destino para o que outrora fora sexual. O plano da autoconservação no ser humano – desde o momento da origem da pulsão, no qual serve de apoio para o surgimento da sexualidade – já é extremamente frágil e debilitado, sendo posteriormente sustentado pela própria retroação da sexualidade. Além disso, o risco dessa conclusão é a suposição mecânica da sublimação como uma mera inversão do movimento de apoio (Laplanche, 1989). Mas o que seria, então, esse não sexual? Segundo o autor:

> [...] o não-sexual deve ser finalmente concebido não como a autoconservação, mas como o domínio do ego – portanto, em última instância, ainda do sexual, mas essa parte do sexual que está ligada, investida e como que sequestrada [...] a sublimação se situa do lado do ego e do objeto total. (Laplanche, 1989, p. 115)

Tendo isso em conta, o que estaria em jogo na sublimação, a partir dessa concepção, seria a relação entre a sexualidade enquanto energia livre, que ele denominou pulsão sexual de morte, e o ego, enquanto energia também sexual, porém ligada. É dessa forma que Laplanche reinterpreta a passagem do sexual para o não sexual, e que nada tem a ver com uma dessexualização. Define, portanto, a sublimação como "o triunfo das pulsões [sexuais] de vida sobre as pulsões [sexuais] de morte" (Laplanche, 1989, p. 116).

Como esse triunfo seria possível? Mediante a ligação: "Entendo por ligação o que permite dar forma e dominar a irrupção pulsional" (Laplanche, 1989, p. 212). A ligação seria, assim, um modo de tratamento da invasão pulsional (traumatismo), no qual a sublimação se apresentaria como um dos caminhos. É a partir dessa hipótese que analisaremos a obra de Adriana Verejão, refletindo sobre o papel da figurabilidade nesse trabalho de ligar o excesso pulsional como um dos processos presentes na sublimação.

A tópica do dentro e do fora

Ao expor a "cisão entre a fachada e o dentro", a série "Charques" revela, por meio de brutais incisões, "um interior carnal que transborda para a superfície", nas palavras da artista. A dialética entre a carne exposta e as paredes de azulejo que se desfazem parece apontar para a tópica do dentro e do fora, que precisa ser ressimbolizada. Metaforicamente, as paredes podem ser vistas como a tópica do eu, assim como a carne como o pulsional a ser contido e traduzido.

Investiguemos o caráter transgressivo da abertura na obra de Varejão. Didi-Huberman (2007) lembra como a metáfora da *imagem aberta* é fundamental para explorar aquilo que é escondido e que é de repente revelado. A carne (o incarnado) é um dos pontos altos dessa metáfora. A dogmática se vê ameaçada pelo não saber do abrir da carne. O eu organizado dos azulejos (a cultura, o higiênico) é descentrado (Freud, 1976 [1919]) pelo que deveria ter permanecido oculto.

Observemos que em "Charques", e também na série "Línguas e Cortes", o sangue não aparece. Parece haver uma razão para isso. A autora sabe trabalhar bem com o impacto da imagem do sangue. Nas obras "Laparatomia exploratória I" (1996) e "Pele tatuada à moda de azulejaria" (1995), por exemplo, a mesma técnica de rasgar a carne-parede é utilizada, mas com a diferença de se exibir marcas de sangue. Já em "The Guest" (2004), a artista pinta apenas o sangue espalhado no chão de uma sauna branca e vazia. Comparem ainda as obras "Extirpação do mal por overdose" (1996) e "Extirpação do mal por incisura" (1994). Ambas trazem instalações hospitalares. Na primeira, um pedaço de parede-carne jaz sobre uma maca ao lado da parede de onde supostamente fora arrancado. Na segunda, há uma instalação com equipamentos como os de doação de sangue ou soro, mas o líquido que liga os sacos suspensos e a tela é azul. Um dos canículos sai de um seio de uma mulher, sugerindo que o líquido também pode ser leite. Mais abaixo, porém, um imenso borrão de tinta azul, sobre o que supostamente seria o tronco e a cabeça de uma mulher, vaza para fora da tela, formando uma poça logo abaixo do quadro que compõe a instalação.

Como interpretar essa ausência do sangue? Talvez para deixar mais clara a abertura enquanto imagem. Como se a abertura fosse mais para mostrar o dentro do que para ferir e matar. O sangue ainda circula e irriga as vísceras. Os muitos tons de vermelho que pintam as entranhas são uma marca importante dessa imagem do interno. Em contraposição aos azulejos azuis e brancos, que formam uma tópica ainda resistente em muitos pontos.

Figurabilidade do trauma, constituição do eu

A vocação subversiva da psicanálise, parresiasta por excelência, infligiu um mal-estar na comunidade médica ao revelar que o homem era determinado justamente por aquilo do qual ele nada sabia. Descentralizando o sujeito da razão cartesiana, Freud engendra a problematização e desenvolvimento de temas polêmicos, atribuindo à etiologia das neuroses a sexualidade infantil.

Em seus *Três ensaios sobre a teoria da sexualidade*, Freud (1905) confronta a sociedade vitoriana e conservadora de sua época, ao considerar que a sexualidade se faz presente na vida infantil e é engendrada pelos adultos. Durante os processos de subjetivação e constituição do eu, marcados pela imaturidade psíquica e biológica, a criança registra o prazer dos cuidados a ela dirigidos como um excesso pulsional, o que se configura como um trauma no aparelho psíquico, ainda nelas inconcluso. A construção do eu e de sua imagem corporal, portanto, sobrevém do eterno enigma da origem do prazer, essa pátria inlocalizável entre o eu e o outro, entre o dentro e o fora. A psicanálise versa, dessa forma, sobre a impossibilidade de representação do trauma sexual e, em última instância, sobre as representações colaterais e subjacentes a ele, reveladas por meio das formações inconscientes, nos atos falhos, chistes, sintomas e sonhos.

"Quem quer que tenha falhado em explicar a origem das imagens oníricas dificilmente poderá esperar compreender as fobias, obsessões ou delírios, ou fazer com que uma influência terapêutica se faça sentir sobre eles" (Freud, 1900, p. 29). Tendo a orientação de Jean Laplanche como bússola, entendemos que a compreensão do mecanismo da sublimação também não se faz sem que se entenda a origem das imagens oníricas por meio da noção freudiana de *figurabilidade*.

Em *Interpretação dos sonhos*, Freud (1900, p. 270) esquadrinha, da metafísica à neurologia, os principais estudos e proposições a respeito dos sonhos, e, após extensa revisão bibliográfica, conclui:

> Todas as tentativas até hoje feitas de solucionar o problema dos sonhos têm lidado diretamente com seu conteúdo manifesto [...] Somos os únicos a levar algo mais em conta. Introduzimos uma nova classe de material psíquico entre o conteúdo manifesto dos sonhos e as conclusões de nossa investigação: a saber, seu conteúdo latente, ou (como dizemos) "os pensamentos do sonho" [...].

A psicanálise se propõe à tarefa inédita de, ao introduzir uma nova classe de material psíquico, investigar, por meio do método interpretativo, a relação intrínseca entre eles. A particularidade dessa relação está na transformação do conteúdo latente em conteúdo manifesto, como se pudéssemos tratá-los sob a égide de uma transcrição – o original e sua tradução, respectivamente. O que o sonho traduz em imagens nada mais é do que a realização de um desejo inconsciente e, por esta razão, seu propósito de disfarce. As imagens oníricas são fabricadas por intermédio do trabalho do sonho, que integra os mecanismos inconscientes de condensação e deslocamento. A condensação, responsável pelo caráter fantástico e quimérico das imagens, desempenha a fusão de duas ou mais ideias dos pensamentos do sonho em uma única imagem do conteúdo manifesto. O deslocamento, por sua vez, exerce sua ação na redistribuição da intensidade de valor psíquico dos pensamentos oníricos. O que é a matriz do conteúdo latente se transforma em pormenores do conteúdo manifesto.

A análise dos sonhos, portanto, destina-se, por meio da associação livre, ao sentido oculto encerrado no sonho. Contudo, Freud nos adverte que, à medida que se compreende os pensamentos do sonho ao se tomar conhecimento sobre eles, o mesmo não ocorre com o conteúdo manifesto, que se expressa por meio de uma *escrita pictográfica*, "cujos caracteres têm que ser individualmente transpostos para a linguagem dos pensamentos dos sonhos" (Freud, 1900, p. 270).

Após uma meticulosa elucidação a respeito da representabilidade dos sonhos por meio dos mecanismos de condensação e deslocamento – os quais Freud sublinha por sua relação particularmente verbal com as formações oníricas –, o psicanalista propõe a noção de *figurabilidade*, "expressão pictórica e concreta" (Freud, 1900, p. 323) como uma segunda forma de deslocamento. Para Freud, a expressão imagética arquitetada pela figurabilidade é superior às outras formas de expressão, estendendo seus efeitos também sobre a condensação e a censura. Aqui, o exemplo utilizado por ele é habilmente ilustrado por meio da técnica dos *retratos compostos* de Francis Galton. O método consistia na superposição de fotografias de rostos, alvejando a eleição de características comuns entre eles. As imagens oníricas permitem, por meio do trabalho do sonho, a presença e a combinação de ideias radicalmente opostas. A linguagem pictórica, portanto, parece estar profundamente vinculada ao propósito de *disfarce* dos sonhos, ao autorizar na imagem o impossível da tradução verbal. Nessa esteira, a figurabilidade diz respeito à "expressão mais sucinta e unificada possível" (Freud, 1900, p. 324), ensejando a expressão de pensamentos oníricos deveras diversos à consistência do eu. Laplanche e Pontalis (1996, p. 189) explicam que "O sistema de expressão que o sonho constitui tem as suas leis próprias. Exige que todas as significações, até os pensamentos mais abstratos, se exprimam por imagens".

Sustentamos a hipótese de que a obra "Charques" seria uma tentativa de elaborar o trauma da constituição e da dissolução violenta das fronteiras do eu, percebido em sua dimensão corporal (Freud, 1996 [1923]). Pensamos que a arte pode retomar, em alguns aspectos, a dinâmica própria desse mecanismo inconsciente da figurabilidade. Assim como no sonho, também na arte as inscrições do pulsional devem contentar-se em ser representadas por outras imagens. Figurar o trauma é uma primeira forma de se defender dele.

Freud por diversas vezes se vale da imagem da abertura para falar do trauma. Um de seus modelos da vida psíquica, a da vesícula, propõe o trauma como uma efração do para-excitações, uma abertura, pela qual vazaria a libido. Vazaria a libido para onde? Para dentro do eu, atacando-o, desligando-o. E qual o trabalho do eu, diante dessa abertura? Tentar ligar essas excitações. E como isso se faz? Articulando-as às imagens, às representações-palavra. É nesse sentido que a arte é uma forma mais elaborada de se fazer esse trabalho de ligação do pulsional.

Adiantemos nossa hipótese: a obra "Charques", bem como a série *Línguas e cortes*, valem-se da imagem reiterada da efração do corpo para metaforizar a efração do invólucro do ego. Há, portanto, uma espécie de derivação de uma efração a outra. Uma derivação metafórica que insiste em mostrar a tópica dentro-fora se abrindo e rompendo. Importante entender esta ideia de derivação:

> O aparelho psíquico não é somente "à imagem de" (de um corpo); é uma "diferenciação de", "a partir de". É o que eu designo pelo nome de derivação "metáforo-metonímica", o que significa que há simultaneamente transposição do semelhante num outro domínio, mas, ao mesmo tempo, continuidade, gênese de um ao outro. (Laplanche, 1998, p. 197)

Primeira derivação: do trauma físico (uma abertura no corpo) para o trauma psíquico (uma abertura na fronteira do eu). O trauma obriga o eu, portanto, a con-figurar-se. Segunda derivação: do trauma psíquico para sua representação figurada na arte. A sublimação, então, seria esse segundo momento de derivação que repete a primeira derivação. Figurar é sempre, em alguma medida, figurar-se.

Para se compreender melhor essa segunda derivação, a sublimação artística, que tenta metaforizar o corpo e sua abertura traumática por meio da figuração artística, as observações de Nancy (2005) nos serão muito úteis. Para o autor, há uma relação intrínseca entre imagem e violência. A violência sempre faz uma imagem de si mesma: "A pessoa violenta quer ver a marca que ela faz na coisa ou ser que ela ataca, e a violência consiste precisamente em imprimir tal marca. (...) A violência do torturador é a exibição – ao menos para seus próprios olhos – das feridas da vítima" (Nancy, 2005, p. 21). Ou seja: a violência é representada pela figurabilidade que ela consegue impor. O argumento do autor continua: "a imagem é a imitação de uma coisa somente no sentido em que a imitação *emula* a coisa" (Nancy, 2005, p. 21), mas a competição entre imagem e coisa não se dá apenas em termos da competição como reprodução, há algo a mais: a imagem mostra a coisa fora dela mesma.

> A imagem é da ordem do monstro; o *monstrum* é um sinal prodigioso, o qual adverte uma ameaça divina. A palavra alemã para a imagem, *Bild* – a qual designa a imagem na sua forma ou fabricação – vem da raiz (*bil-*), que

designa uma força prodigiosa ou um sinal miraculoso. É nesse sentido que há uma monstruosidade da imagem. A imagem está fora da esfera comum da presença porque é a apresentação da presença. É a manifestação da presença, não como aparência, mas como exibição, como trazer à luz e colocando adiante. (Nancy, 2005, p. 22)

Lembremos que Freud se vale da palavra *Vorbild*, modelo, para designar figurações derivadas: o luto é o modelo da melancolia; o sono é o modelo do narcisismo; o corpo como modelo do eu (Laplanche, 1998, p. 203). O eu deve figurar-se para existir. Se acompanhamos Nancy até aqui, é mandatório concluir: essa figuração é violenta. Isso parece estar de acordo com as ponderações de Laplanche (1998, p. 223): "Talvez só haja tópica relacionada com um ego, talvez toda tópica esteja ligada ao imaginário, isto é, ao modo como um ego se figura (*se figura-ser*) como um todo, como *o* todo". Observemos: violência que institui a tópica, do dentro e do fora, do eu e do não-eu. Essa violência é resposta, evidentemente, à violência do trauma: "A barreira interna do ego é *construída* segundo o modelo do pára-excitações: como falar de traumatismo, de força traumatizante das pulsões, se elas não cometessem a efração de uma tal barreira?" (Laplanche, 1998, p. 217). Diante dessa efração, impõe-se a criação de uma imagem, e a própria criação da imagem é um processo que repete e metaforiza o processo de efração-fechamento:

> A imagem é um prodigioso sinal-força (*force-sign*) de uma improvável presença irrompendo do coração de uma quietude na qual nada pode ser construído. É o sinal-força da unidade sem a qual não haveria nem coisa, nem presença, nem sujeito. Mas a unidade da coisa, da presença e do sujeito é, em si mesma, violenta. É violenta em virtude (isto é, por força) de uma série de razões que são parte de seu próprio ser: ele deve irromper, despedaçar-se da multiplicidade dispersa, resistindo e reduzindo esta multiplicidade; ele deve agarrar-se, como se com garras ou pinças, do nada, da absoluta não-unidade que primeiro é dada como a partes extra partes de um exterior disperso; unidade deve então relacionar si mesma com si mesma em si mesma para que apresente ela mesma e então se externalize quanto também excluindo de si mesma aquilo que não é e não deve ser, aquilo do que é a recusa e redução violenta. (Nancy, 2005, p. 23)

Pensemos nessa passagem de Nancy como a descrição da figuração do eu: uma imagem egoica irrompendo do pulsional mais disruptivo, impondo, violentamente, uma ordem a uma violência devastadora. O eu deve resistir a esse despedaçamento, esse desligamento, produzindo uma imagem total e totalitária de si mesma, agarrando-se às tópicas e às representações que lhe darão forma. Para formar-se, o eu deve excluir dessa imagem de si mesmo aquilo que ele não é e não deve ser: a pura satisfação pulsional, pois ele é e sempre será uma espécie de recusa e redução dessa satisfação. Sem um contorno para essa satisfação, sem uma imagem, toda e qualquer satisfação estaria em risco pelo fato de o próprio suporte para essa satisfação estar em risco de romper-se, abrir-se, dilacerar-se.

> O ego [...] pode ser definido como uma espécie de organismo homeostático. Suas leis de funcionamento, suas tendências, definem-se muito exatamente como as daquela vesícula protoplasmática que foi proposta como modelo em *Além do princípio do prazer.* Ele funciona de acordo com princípios que podem ser nomeados: restituição de uma forma; reconstituição de uma barreira quando se verifica que essa barreira sofreu uma brecha (a brecha do traumatismo); reparação de uma totalidade – seja esta totalidade interna ou a totalidade projetiva de seu mundo. (Laplanche, 1998, p. 249)

A constituição do eu também se dá conjuntamente na figurabilidade do trauma que o constitui. Essa figurabilidade visa restituir uma forma, reconstituir uma barreira, reparar uma totalidade: como se o eu já estivesse lá desde o princípio. Não estava, mas isso é próprio da violência constitutiva do eu: recusar que é *resposta* a algo e que não surge *ex nihilo*. Vejamos agora como a sublimação pode ser vista como um tipo de continuidade a produzir respostas ao traumático e como a obra em análise parece ser uma figuração particular desse trauma das origens, constitutivo das tópicas.

Trauma, pulsão sexual de morte e sublimação

Se o eu se representa fechado ou pelo menos com barreiras evidentes é porque se trata de uma resposta às invasões anteriores. Se se pode dizer que "não há imagem do corpo sem a imaginação de sua abertura" (Didi-Huberman, 1999, p. 99), complementamos: não há constituição do eu sem fantasias inconscientes de sua abertura. Ou ainda: sem fantasias inconscientes de sua reabertura, na medida em que "toda abertura só adquire seu impacto como reabertura" (Laplanche, 1989, p. 3). Tentamos mostrar neste texto que

"Charques" metaforiza essa (re)abertura e nos ajuda a pensar na arte como sublimação também na medida em que se liga, apropria-se do pulsional, fazendo uma imagem do processo da constituição e da abertura da tópica.

Schøllhammer (2009, p. 187) defende uma importante tese sobre Varejão. Ele a enuncia:

> Como criar imagens nessa condição de representação devastada? Como explorar a potência e a violência da imagem sem correr o perigo de corroborar as representações autoritárias e opressivas? Ao criar imagens por meio do movimento da "ferida", Adriana Varejão nunca as reduz apenas a objetos de representação; muito pelo contrário, ela inscreve a ferida na própria textura. A dinâmica da imagem não conduz a nenhuma revelação, ela é essa violência capaz de romper o laço autoritário entre representação e verdade que funda as representações opressivas; e assim aponta para o sem-fundamento da representação. A obra de Adriana Varejão opta por interrogar a cumplicidade entre violência e representação, oferecendo imagens que já não procuram penetrar no sentido a partir de uma posição exterior de autoridade, mas que desafiam a representação como questão, deslizando pela superfície do sentido.

Estamos de acordo com essa tese na medida em que pensamos, com Laplanche, que a constituição subjetiva também deve ser pensada sempre a partir desse "sem fundamento da representação", isto é, pensar que o que liga o pulsional é sempre contingente. Isso é um antídoto fundamental contra qualquer tentativa de hipostasiar identidades e acreditar na perenidade do eu. Um processo analítico, em grande medida, precisa contribuir para "romper o laço autoritário entre representação e verdade" que o eu faz de si mesmo. E como o processo analítico deve fazer isso? Demonstrando, quando possível, por meio da interpretação do analista, que "Imagem e abertura, carne e inconsciente são indissociáveis como a matéria mesma é indissociável dos intervalos que a fazem *manter* e consistir. (...) [A abertura] é um ato, um processo de *alteração*" (Didi-Huberman, 2007, p. 32). Uma interpretação analítica, no sentido forte do termo, deve provocar a transferência enquanto reabertura da situação originária. A descrição de Laplanche (1992, p. 430) é clara:

> Somos capazes de conceber que é a oferta da análise, a oferta do analista, que cria... o quê? Não a análise, mas sua dimensão essencial, a transferência. Não talvez toda a transferência, mas o que está na base dela, a alma e o motor, isto é, a reabertura de uma relação, da relação originária, na qual o outro é

primeiro com relação ao sujeito. Uma reabertura, pois todo o movimento de constituição do sujeito é feito por um fechamento que é justamente o recalcamento, a constituição das instâncias, a colocação do outro no interior e seu fechamento sob a forma do inconsciente.

Entendemos "Charques" como uma obra que provoca algo dessa reabertura. Transcendência da transferência: o processo de reabertura também acontece na arte. O artista, assim como o analista, consegue sustentar o enigma que nos impele a traduzir e a reelaborar algo da ordem do originário. As paredes viscerais da obra de Adriana Varejão apontam para a constituição dinâmica das tópicas.

Concluímos que, do ponto de vista metapsicológico, evidencia-se a articulação entre o recalcamento e a sublimação quando, na arte, o sexual irrompe em seu aspecto mortífero. Interpretar "Charques" como uma imagem da constituição das tópicas psíquicas também nos ajuda a compreender o movimento transferencial que a obra dispara. Sublimação da artista, certamente, mas também convite à sublimação para quem se sente convocado pelo enigma da obra.

Referências bibliográficas

DIDI-HUBERMAN, G. *L'image ouverte: motifs de l'incarnation dans les arts visuels.* Paris: Gallimard, 2007.

______. *Ouvrir Vénus: nudité, rêve, cruauté.* Paris: Gallimard, 1999.

FREUD, S. "A interpretação dos sonhos". In: FREUD, Sigmund. *Edição Standard Brasileira das Obras Completas*, vol. IV e V. Rio de Janeiro: Imago, (1987 [1900]).

______. "Três ensaios sobre a teoria da sexualidade". In: FREUD, Sigmund. *Edição Standard Brasileira das Obras Completas*, vol. VII. Rio de Janeiro: Imago, (1989 [1905]). p. 118-228.

______. "O estranho". In: FREUD, Sigmund. *Edição Standard Brasileira das Obras Completas*, vol. XVII. Trad. Eudoro Augusto Macieira de Sousa. Rio de Janeiro: Imago, (1976 [1919]). p. 273-314.

______. "O eu e o id". In: FREUD, Sigmund. *Escritos sobre a psicologia do inconsciente*, vol. 3. Trad. (coord.). Luiz Alberto Hanns. Rio de Janeiro: Imago, (2007 [1923]). p. 13-92.

LAPLANCHE, J. "Du transfert: sa provocation par l'analyste". In: ______. *La révolution copernicienne inachevée*. Paris: Aubier, 1992. p. 417-437.

______. *Problemáticas I: a angústia*. Trad. Álvaro Cabral. 3ª edição. São Paulo: Martins Fontes, 1998.

______. *Problemáticas III: a sublimação*. Trad. Álvaro Cabral. 1ª edição. São Paulo: Martins Fontes, 1989.

______.; PONTALIS, J. B. *Vocabulário da Psicanálise*. Trad. Pedro Tamen. São Paulo: Martins Fontes, 1996.

NANCY, J-L. *The ground of the image*. Trad. Jeff Fort. New York: Forham University Press, 2005.

SCHOLLHAMMER, K. "O teatro cruel da imagem". In: DIEGUES, I. *Adriana Varejão: entre carnes e mares*. Rio de Janeiro: Cobogó, 2009. p. 181-187.

A ESTÉTICA AUTORAL MODERNA: originalidade e propriedade

Marco Antônio Sousa Alves[1]

A emergência do autor moderno é muito comumente associada ao advento do Romantismo na Europa do final do século XVIII. Apesar de ser uma tese comum e aparentemente simples, acredito que é preciso tornar mais clara a maneira como essa "retórica romântica" atuou na constituição moderna do autor e na consolidação jurídica do direito autoral. Nessa direção, pretendo investigar aqui como podemos compreender essa aproximação entre Romantismo e autoria moderna.

Na tentativa de jogar alguma luz sobre essa questão, proponho dirigir minha atenção para as transformações que podemos verificar no século XVIII, no que diz respeito às concepções estéticas. Em linhas gerais, pode-se dizer que houve uma mudança de metáfora: do espelho que copia uma imagem, para a lâmpada que irradia sua luz sobre as coisas; ou da mente como algo que reflete objetos externos, para a mente como um projetor que conforma os objetos; ou ainda, em suma: da *imitação* para a *expressão*. É nesses termos que Abrams, em seu famoso estudo sobre o Romantismo e a tradição crítica intitulado *The mirror and the lamp*, descreveu a transformação ocorrida no século XVIII. Sua tese central é a de que, acima de tudo, a diferença entre a antiga e a nova concepção estética pode ser pensada em termos de uma mudança na escolha das metáforas. Mais do que algo completamente inédito, a estética romântica caracterizar-se-ia por deslocar o foco e a seleção dos exemplos, ressaltando aspectos que, embora já existentes, eram normalmente minimizados ou tratados de forma marginal (Abrams, 1953, p. 53; De Man, 1984, p. 1-2). Na poesia lírica, por exemplo, os

1. Doutor em Filosofia pela UFMG. Pesquisador de Pós-Doutorado (PNPD/Capes) em Filosofia na UFMG. E-mail: marcofilosofia@yahoo.com.br

sentimentos e a "fala do coração" sempre foram valorizados, mas tendiam a ficar restritos a esse gênero, sem conformar uma imagem geral da criação intelectual e artística (Abrams, 1953, p. 84-85).

A dita "teoria expressiva" da arte é definida por Abrams como aquela na qual o autor/artista é erigido a elemento central, gerador do produto artístico e, ao mesmo tempo, critério para seu julgamento. A obra passa a ser vista, então, como algo interno, que é exteriorizado por um processo criativo marcado pelos sentimentos espontâneos que encarnam os pensamentos, percepções e emoções do autor/artista. Em suma, a principal fonte da arte seria a mente ou a "alma do homem" (*the Soul of Man*) (Abrams, 1953, p. 22). O próprio termo usado para nomear a "expressão" (*Ausdruck*, *expression*) significa, etimologicamente, "pressionar para fora" (*ex-pressus*, *ex-premere*). Tal termo ressalta, sem dúvida, o movimento no qual aquilo que é interno se faz externo, como se o "eu" fosse uma fonte de onde irrompe ou transborda (*overflow*) a obra (Abrams, 1953, p. 48).

Essa centralidade conferida à "teoria expressiva" da arte deve, contudo, ser vista com cautela. Em primeiro lugar, não devemos imaginar que tenha havido uma escola com um conjunto comum de doutrinas, mas simplesmente que uma direção mais ou menos convergente foi tomada, envolvendo ideias com fontes diversas, com diferentes vocabulários e pressupostos filosóficos os mais variados (Abrams, 1953, p. 100). A própria caracterização de Abrams e a sua tese de uma mudança de metáfora, segundo Pedro Duarte, não funciona bem para os primeiros românticos alemães, embora possa servir para caracterizar os chamados "pré-românticos", como veremos mais adiante (Duarte, 2011, p. 91).

Como se pode perceber, não constitui tarefa fácil definir o que foi o Romantismo, movimento concebido, ao mesmo tempo, como uma escola, uma tendência, uma forma de pensar, um fenômeno histórico ou um estado de espírito. Tal dificuldade decorre, de início, do fato de que aqueles que são comumente chamados "românticos" não assumiram uma conceituação ou uma proposta comum, tendendo, ao contrário, a priorizar, em suas posturas, a ultrapassagem e o apagamento de qualquer fronteira. Todo fundamento supostamente conquistado era, de maneira geral, rapidamente derrubado no seio do próprio movimento romântico.

Talvez os únicos parâmetros que possam ser utilizados para circunscrever com maior precisão o movimento romântico sejam de natureza espacial e temporal: trata-se de algo que teve seu núcleo em Iena, na Alemanha, entre

1798 e 1800, período correspondente ao da existência da revista *Athenäum* (Duarte, 2011, p. 17). Ainda que seja aceitável admitir a existência desse "núcleo" do movimento romântico alemão, intitulando os agentes nele envolvidos de "os primeiros românticos", é preciso ter em mente que a palavra "romantismo" tem uma história bem mais vasta, associada inicialmente ao gênero dos velhos romances de cavalaria, provenientes de culturas românicas neolatinas. O termo tendia, em geral, a assumir uma conotação pejorativa, como se se tratasse de uma produção literária menor, distante dos ideais clássicos de equilíbrio e proporção (Duarte, 2011, p. 23). Além disso, apesar de ser comum conferir primazia à vertente alemã, é preciso reconhecer que o Romantismo foi uma confluência de vertentes, até certo ponto, autônomas, vinculadas a diferentes tradições nacionais (Nunes, 2002, p. 52-53). Mesmo na Alemanha, há, desde meados do século XVIII, posturas que são chamadas normalmente de "pré-românticas", como vemos no movimento conhecido pelo nome de "Tempestade e Ímpeto" (*Sturm und Drang*), que já enfatizava a expressão da subjetividade humana na criação artística, concebida como uma "rebelião do coração", e também exaltava a figura do gênio, condenando as regras clássicas, a retórica de Boileau e o *bel esprit* neoclássico (Duarte, 2011, p. 72; Gomes; Vechi, 1992, p. 17).

Tentando desenhar uma imagem mais geral, talvez se possa, ao menos, afirmar o seguinte: ao se reabilitar esse termo no século XVIII, o que chamamos de "romantismo" ou, ainda, de "pré-romantismo", pode ser compreendido, *grosso modo*, como um movimento de reação à tradição retórica e aos cânones da *ars poetica* de matriz aristotélica, tendo na noção de gênio um de seus temas mais recorrentes. Nas considerações que se seguem, pretendo deixar em segundo plano as diferenças do Romantismo com relação à tradição retórica aristotélica e gostaria de aprofundar o que podemos entender por gênio original, analisando como essa noção impregnou nossa percepção da autoria moderna.

Proponho, então, para dar início a essa investigação, voltar ao Adams. Se a metáfora da lâmpada que irradia sua luz sobre o mundo tende a mover as concepções estéticas românticas a partir do século XVIII, é interessante perceber como as antigas metáforas da criação humana apontavam, em geral, para o valor da tradição e dos modelos que nos foram legados. Nesse sentido, era comum comparar a atividade de criação intelectual com a da abelha, que faz seu mel retirando o pólen de diversas flores. Ou seja, são as flores, ou os grandes modelos herdados, que fornecem a base para a produção do mel, ou da obra a ser criada. Diversas outras metáforas apontam para a importância da continuidade e dos empréstimos em relação aos modelos clássicos. Por exemplo: a metáfora do mosaico, na qual cada obra é uma pedra sobreposta a outras, a metáfora da digestão, que acentua a necessidade de ingerir e assimilar o que nos foi legado, a metáfora da colheita e do buquê, que apresenta a criação como uma junção de diversas flores colhidas aqui e ali, e a metáfora da árvore e do enxerto, na qual os modelos servem de caule para a inserção de novos ramos (Schneider, 1990, p. 107-110).

Como se pode perceber, não é correto dizer que não havia espaço para a invenção ou para a expressão da criatividade humana. Não me parece adequado dizer simplesmente que o autor moderno é um filho do pensamento romântico do século XVIII acerca do gênio original. Sem dúvida, tal construção estética conferirá novos contornos à figura autoral, mas é importante perceber que, mesmo no seio da retórica renascentista, da escrita erudita da República das Letras ou do neoclassicismo do século XVII, há também um lugar para a defesa do talento individual e para a afirmação da originalidade e da figura autoral. Em vez de excluída ou recusada, a originalidade era, apenas, mais claramente confinada dentro de certos limites do conveniente e do bom gosto (Mortier, 1982, p. 134-137). O contraste entre esses diferentes elementos, e sobre a importância deles, moveu, em grande medida, a famosa *querelle des Anciens et des Modernes* (Nunes, 2002, p. 55). Em meio a tantos temas, a questão do respeito à tradição e de qual poderia ser o papel do autor moderno na criação de uma nova obra é também colocada em pauta.

O Romantismo trouxe, mais do que algo completamente novo, uma nova ênfase: a ideia de "irrupção ou transbordamento de sentimento" (*overflow of feeling*) deixa de ser periférica para assumir o papel de princípio central da criação (Abrams, 1953, p. 84; Todorov, 1977, p. 141). É nesses termos que considero admissível dizer que os pré-românticos configuraram uma nova maneira de entender o poder do criador original. Não se trata mais da habilidade do homem engenhoso e talentoso, mas sim de um verdadeiro poder criador espontâneo, poder esse característico de um demiurgo, que expressa de maneira sincera sua individualidade. A serenidade e a erudição tendem a ceder lugar para a explosão e o surto irracional da emoção, sem se ater a qualquer regra prévia. O pré-romantismo enfatizava o valor conferido ao engenho (*ingenium*, *ingegno*, *esprit*, *wit*), dando origem à figura do gênio, que não mais precisava aliar a leveza, rapidez e perspicácia do engenho (*celeritas mentis*) ao gosto clássico e à qualidade de discernimento e juízo (*judicium*) (Dobránszky, 1992, p. 48-49). A obra bárbara, irregular, original e emotiva de Shakespeare, por exemplo, passa a servir de novo modelo para a criação (Rosenfeld; Guinsburg, 2002, p. 267). Assim, uma nova figura autoral, criadora de uma obra radicalmente original, desenha-se mais nitidamente a partir de então.

Voltemos então o foco para um ponto com íntimas relações com a noção de autoria: afinal, o que caracteriza a noção moderna de gênio original? Primeiro, por gênio, entende-se um indivíduo que possui um grande talento, uma capacidade excepcional. Contudo, de onde vem ou quem lhe concede esse poder? Para os antigos, tratava-se de um *daimon* exterior, uma espécie de sopro divino inspirador, sem o qual o homem não poderia ambicionar nenhuma grande criação. De certa maneira, o gênio moderno foi o resultado de um processo de "interiorização" (*Innerlichung*), no qual uma faculdade sobrenatural foi transformada em talento pessoal inato. A velha ideia do entusiasmo poético de origem sacerdotal, do delírio ou da possessão divina assumiu, progressivamente, a forma de uma nova força interior. No *genius* moderno, a inspiração claramente vem do próprio criador. Ela também não é adquirida pelo estudo, decorrendo mais propriamente de uma espécie de entusiasmo, de um *furor poeticus* ou ímpeto quase natural (*lymphaticus impetus*) (Zilsel, 1993; Osborne, 1978, p. 188-189).

E a originalidade, o que seria? Mais do que uma mera novidade (*nouveauté*), no sentido de um afastamento em relação à tradição, tal noção está ligada à singularidade da obra, ao fato de a criação do gênio ser uma expressão de seu "eu único". O autor original, que era visto normalmente de forma pejorativa, como um ser bizarro ou excêntrico, passa a ser valorizado justamente em razão de sua originalidade. Essa mudança, contudo, não deve ser tomada como uma afirmação da subjetividade do autor, que, finalmente, pôde expressar seu "verdadeiro eu" e ver sua "obra original" valorizada como tal. O que está em jogo é uma maneira distinta de conceber o sujeito e a sua criação, e não uma mera emancipação da individualidade ou realização da criatividade humana.

Em linhas gerais, a ideia de uma obra original entendida como uma expressão autoral tem múltiplas raízes e está relacionada à valorização do original e do autêntico sobre as meras cópias (algo antigo na cultura ocidental, que remonta, por exemplo, ao culto cristão das relíquias), à valorização da invenção sobre a mera imitação (algo que também é antigo e remonta ao valor concedido à *novitas* e à *inventio*) e à elevação do gênio em detrimento de um mero virtuose técnico. Somente mediante a junção desses elementos pode-se compreender um pouco melhor o aspecto subjetivista do culto à originalidade (Schaeffer, 2004, p. 81-89).

A tradicional desconfiança em relação à originalidade exagerada, que era normalmente vista como um desregramento ou uma desmesura inaceitável, é revista. O homem original, de uma figura possuidora de uma maneira singular e estranha de ver as coisas, é alçado à posição de gênio singular, que dita as regras e produz algo absolutamente novo, expressão de sua individualidade única (Dobránszky, 1992, p. 193). Valorizar a originalidade do gênio significa, sobretudo, afirmar, como fez Joseph Warton em seu *Essay on the genius and writings of Pope* (1756), que o "verdadeiro poeta" (*true Poet*) não se identifica mais com o "homem espirituoso ou de bom senso" (*Man of wit* ou *Man of Sense*), que conhece e respeita, com talento e engenhosidade, as regras do bom gosto, mas sim com o autor de alma impetuosa, que afirma sua singularidade conformando uma obra verdadeiramente única (Blamires, 1991, p. 187).

Um caso que ilustra bem essa mudança em curso diz respeito à recepção e valorização de Shakespeare. Em seu tempo, embora tivesse seu talento reconhecido, ele era normalmente criticado por seu caráter indomado, por não obedecer às regras clássicas e por produzir obras que, como avaliou Voltaire, eram vistas como "farsas monstruosas, chamadas tragédias", que seriam "desprovidas de conveniência" (Voltaire, *Cartas inglesas*, *apud* Duarte, 2011, p. 74). Essa "monstruosidade" decorreria, basicamente, do afastamento em relação aos cânones da poética aristotélica. Entretanto, com o advento das concepções pré-românticas, o que antes era criticável, de um ponto de vista neoclássico, passou a ser tomado como o exemplo mesmo do grande criador, da postura autoral a ser seguida. Nesse sentido, Herder tomou Shakespeare por um grande mestre justamente por ter olhado e respeitado sua natureza, e não as regras clássicas (Duarte, 2011, p. 88).

Shakespeare torna-se objeto de uma verdadeira idolatria, o melhor exemplo de criador original. Suas obras teatrais, em geral escritas em colaboração no seio de sua companhia e baseadas em encenações anteriores e lendas populares, são reunidas em uma única obra autoral acompanhada de uma biografia na edição de Rowe de 1709 (Feather, 1994, p. 203-204; Rose, 1993, p. 25-26). Um interesse pela vida de Shakespeare ganha amplas proporções, passando a circular várias anedotas sobre sua vida e personalidade, além de diversos textos tidos por originais. Outro traço importante da criação do gênio fica claramente visível: a mistura que se opera entre a obra criada e a pessoa do criador. Transita-se facilmente das propriedades formais da obra para as qualidades inatas ou para as aptidões individuais de seu criador. De maneira geral, os aspectos mais íntimos da vida interior do gênio são sublinhados e tomados como fonte privilegiada da iluminação inspiradora, que teria o poder de ditar as regras e conformar a obra (Zilsel, 1993, p. 27-28).

No caso de Shakespeare, essa colagem entre vida e obra não poderia ser mais evidente. Na quase ausência de documentos autográficos, de textos autobiográficos ou de dados biográficos, a vida e a pessoa de Shakespeare foram praticamente construídas a partir de suas peças e sonetos. Nesse sentido, a contribuição de Edmond Malone é bem ilustrativa. Ao editar *The Plays and Poems of William Shakespeare* em 1790 e redigir, ao final de sua vida, uma *Life of Shakespeare*, Malone inaugurou uma nova postura no seio da biografia literária, encontrando a vida do autor no seio de suas próprias obras. Mais do que uma pessoa de carne e osso, vemos a figura do autor ser desenhada a partir de um paradigma interpretativo. Em suma, Shakespeare, autor original, foi praticamente inventado nos séculos XVII e XVIII (Rose, 1993, p. 122-123; Abrams, 1953, p. 246).

Um capítulo importante nessa "invenção" do autor moderno original chamado Shakespeare está na edição *in-folio* de 1623 de suas peças, que inaugura sua canonização. Os organizadores dessa publicação, John Heminges e Henry Condell, dizem, no prefácio, que selecionaram apenas peças cuja autoria era una e incontestável, excluindo todas as obras escritas em colaboração (empregando critérios hoje amplamente criticáveis). Essa advertência mostra, claramente, a preocupação com a autenticidade, com a unidade autoral e com a preservação dos originais shakespearianos. A escolha mesma do grande formato *in-folio* é significativa, pois, normalmente, ele era reservado aos grandes clássicos, de modo que a opção por esse formato mais nobre visou, certamente, estabelecer a dignidade do autor.

Além do exemplo da construção autoral de Shakespeare como um gênio original, convém considerar ainda os diversos ensaios dedicados à noção de gênio que passaram a circular pela Europa, a partir de meados do século XVIII. Tais textos contribuíram para conferir maior visibilidade e consolidação às nascentes noções estéticas, além de dar origem a uma nova geração literária ou artística movida por concepções estéticas românticas ou pré-românticas que eram, em ampla medida, críticas em relação ao bom gosto neoclássico dominante.

Um texto bastante interessante e influente sobre o tema foi *Conjectures on Original Composition* de Edward Young, de 1759. Trata-se de um panfleto contrário à imitação que concedeu à originalidade uma grande preponderância, assumindo um radicalismo que, de maneira geral, terá mais eco na Alemanha do que na própria Inglaterra. Ele contribuiu para mover a questão da originalidade da periferia para o centro do debate estético, influenciando também a justificação legal do direito de autor, ao ressaltar a dimensão moral ou pessoal do vínculo autor/obra (Woodmansee, 1994, p. 39). Cito uma passagem das *Conjectures* de Young bastante clara nesse sentido:

> O homem que reverencia a si mesmo logo encontrará a reverência do mundo seguindo a sua própria. Suas obras serão elevadas e distinguidas, sendo apenas sua a propriedade sobre elas, propriedade essa que, apenas ela, confere o nobre título a um *Autor*, ou seja, àquele que (para falar com exatidão) *pensa* e *compõe*, enquanto outros invasores da imprensa, quão volumosos, que, por mais eruditos que sejam (com todo respeito, seja dito) apenas *leem* e *escrevem*. (Young, 1759, p. 54, grifos no original, tradução livre)

O gênio original é descrito por Young como alguém que possui algo divino, efeito de uma graça ou um dom, um mistério que não se explica, devendo simplesmente ser admitido. Uma metáfora vegetal é empregada para explicar o gênio: em vez de um trabalho detido, a obra original é vital, crescendo espontaneamente (Suzuki, 1998, p. 60). Vários exemplos de gênios modernos são mencionados, como Bacon, Boyle, Newton, Shakespeare e Milton. Shakespeare, aliás, encarnaria o gênio imenso, em estado quase bruto. A imitação dos antigos, diferentemente de algo louvável e mesmo exigível do grande autor, passa a ser descrita como uma forma de plágio ou de roubo sórdido. Em Young, fica clara a tendência de se misturar o campo estético com o moral, associando a originalidade à autenticidade e à sinceridade. Imitar passa a ser visto como uma fraqueza de caráter, uma forma de mentira ou de falsidade. A única imitação legítima, em seu ponto de vista, consistiria não em copiar uma obra, mas sim em se igualar ao modelo. Nasce, assim, uma máxima: "quanto menos copiarmos os ilustres Antigos, mais nós nos pareceremos com eles" (Mortier, 1982, p. 79).

Outro texto influente sobre a noção de gênio vindo da Inglaterra é *An essay on original genius* de William Duff, de 1767. A genialidade é descrita como um "poder inato e radical" (*native and radical power*), possuído pela mente, de descobrir algo novo e incomum, o que pode ocorrer na literatura e nas artes, mas também nas ciências ou na filosofia (Duff, 1767, p. 86). Três características são verificadas no gênio, sendo elas a imaginação (*imagination*), o juízo (*judgement*) e o gosto (*taste*). Acima de tudo, o gênio original possui uma imaginação mais vívida, capaz de conceber algo "nunca antes contemplado ou concebido" (*never before contemplated or conceived*) e expressar essas ideias em "cores mais fortes" (*strongest colours*) e com uma "luz intensa" (*the most striking light*) (Duff, 1767, p. 89-90).

Convém ainda considerar o texto de Alexander Gerard intitulado *An essay on genius*, escrito parcialmente em 1758 e publicado em 1774. Novamente, uma grande importância é concedida à faculdade da imaginação e à capacidade de inventar, que podem se manifestar nas artes (sendo o gênio artístico possuidor de brilho e bom gosto, capaz de produzir obras de arte originais) e também nas ciências (sendo o gênio científico possuidor de grande penetração e memória, capaz de realizar novas descobertas) (Gerard, 1774, p. 8). Em Shakespeare, é identificado, mais uma vez, o exemplo de representação natural da paixão, distinto do discurso elaborado e artificial (Gerard, 1774, p. 7; Blamires, 1991, p. 210; Abrams, 1953, p. 157).

Ainda entre os ingleses, gostaria de mencionar um último texto sobre o tema do gênio: o prefácio das *Lyrical Ballads*, escrito em 1798 (e ampliado em 1800) por William Wordsworth e Samuel Taylor Coleridge, dois dos maiores escritores e críticos da época. Uma famosa definição romântica da criação poética é então oferecida: "Poesia é o transbordamento espontâneo de poderosos sentimentos" (*Poetry is the spontaneous overflow of powerful feelings*) (*apud* Abrams, 1953, p. 21). Se o conhecimento, para ser verdadeiro, deve corresponder ao estado de coisas no mundo, a poesia, para ser verdadeira (*true poetry*), deve ser espontânea, genuína e sincera, uma explosão dos sentimentos. E o verdadeiro poeta ou autor original é definido justamente como aquele homem capaz de expressar aquilo que sente, que detém a habilidade de colocar pra fora suas paixões interiores (Blamires, 1991, p. 220).

Coleridge, em sua atividade como crítico, como se vê em *Biographia Literaria* (1817), volta sua atenção para o processo de criação, para a mente do poeta, interessando-se inclusive pelos estudos empíricos da época sobre o funcionamento do cérebro e a faculdade de imaginar. O poeta, em linhas gerais, é então visto como alguém que coloca "toda a sua alma em atividade" (*the whole soul of man into activity*), que encarna um "espírito de unidade" (*spirit of unity*), de quem se pode dizer: "Assim ele é, assim ele escreve" (*such he is: so he writes*) (Read, 1968, p. 45; Bennett, 2005, p. 61).

Vendo no texto literário uma emanação genial da própria individualidade do autor criador, não é de se estranhar que Wordsworth tenha abertamente defendido o direito perpétuo dos autores sobre suas obras, chegando inclusive a escrever, no início do século XIX, um ensaio sobre o tema, no qual defendeu que o prazo de proteção concedido pelo *copyright* inglês, que tinha sido, à época, ampliado para 28 anos ou até a morte do autor, era curto demais para acomodar a obra de um verdadeiro gênio. Mais ainda: passagens das *Lyrical Ballads* foram citadas nos discursos parlamentares com a clara intenção de se fortalecer os direitos dos autores por meio da retórica do gênio original (Jaszi; Woodmansee, 1994, p. 4; Swartz, 1992, p. 492-494). A postura de Wordsworth parece, de certa forma, acomodar pretensões estéticas românticas com uma lógica de mercantilização da cultura, moldando aquilo que se pode chamar de "mercadorias do gênio" (*commodities of genius*) (Swartz, 1992, p. 487-488). Como seu próprio nome indica, Wordsworth parecia conhecer como ninguém o "valor das palavras".

Se os ingleses tiveram um papel importante e talvez precursor na elaboração das ideias estéticas românticas, foram os alemães que, sem dúvida, radicalizaram e levaram adiante tal perspectiva, dando forma àquilo que veio a se tornar um grande movimento artístico, literário e filosófico. Gostaria de mencionar e analisar alguns textos que contribuíram para isso.

Em 1767, Johann Gottfried von Herder escreveu o ensaio intitulado *Dos meios de despertar o gênio na Alemanha* (*Über die Mittel zur Erweckung des Genies in Deutschland*). Nesse texto, encontramos um jovem Herder exaltando a originalidade e inventividade do gênio original e deixando clara a importância que a leitura de Young teve para toda uma nova geração de intelectuais e artistas alemães. Cito Herder:

> Por que será que certa chama se ilumina em nós com a leitura da obra de Young sobre o gênio original, algo que nós não sentimos diante de meras pesquisas aprofundadas? Isso ocorre porque o espírito de Young reina ali, fala diretamente de seu coração ao nosso, de gênio a gênio, comunicando-se como uma faísca elétrica. (Herder, 1827, p. 14, tradução livre)

Alguns anos depois, em 1778, no texto intitulado *Sobre o conhecimento e o sentimento na alma humana* (*Vom Erkennen und Empfinden der menschlichen Seele*), Herder retoma inclusive a metáfora vegetal empregada por Young, ressaltando o nascimento espontâneo e vital das obras dos gênios e a necessidade, para os críticos, de penetrarem na "alma dos autores" (*die Seele des Urhebers*) (Herder, 1778).

Outro texto que concedeu grande destaque à ideia de gênio criador foi *Espírito original e obra original* (*Originalgeist* e *Originalwerk*) de Johann Georg Sulzer, parte da grande enciclopédia de estética em quatro volumes chamada *Teoria geral das belas artes* (*Allgemeine Theorie der schönen Künste*), publicada entre os anos de 1771 e 1774. A "obra original" é definida, inicialmente, de forma negativa, como aquela que não é cópia nem imitação, sendo mais propriamente, em sentido positivo, algo que jorra da plenitude do sentimento e responde a uma pulsão irresistível, de modo que a originalidade residiria essencialmente na "expressão" (*Ausdruck*) (Sulzer, 1799). A alma do artista é então tomada como o ponto de partida do processo de composição, sendo a teoria aristotélica da imitação claramente rejeitada em nome da expressão espontânea dos sentimentos (Abrams, 1953, p. 89).

Já ao final do século XVIII, em 1790, não podemos esquecer Kant, que reservou do parágrafo 46 ao 50 de sua *Crítica da faculdade do juízo* (*Kritik der Urteilskraft*) para o estudo da noção de gênio (Kant, 1993). A conhecida análise kantiana faz do gênio um "favorito da natureza", que dita suas regras e não se curva aos modelos previamente existentes. Ao invés de produto das regras, a obra original do gênio edifica novas regras.

Para finalizar esse apanhado geral acerca das concepções sobre o gênio original, gostaria de observar como o núcleo romântico de Iena dos últimos anos do século XVIII radicalizou essa noção. Uma distinção foi traçada entre o gênio, figura alçada às alturas, e o autor/artista empírico, que seria, mais propriamente, um escravo da genialidade, um simples indivíduo de carne e osso que seria arrebatado por ela. Ao aprofundar a figura do autor ou do sujeito criador, o romantismo de Iena levou a uma radicalização que tendeu a exterminar a própria figura do indivíduo empírico, que deveria ser aniquilado para que o gênio pudesse verdadeiramente criar. Ao invés de senhor da criação, o autor, entendido como um indivíduo que cria, vê-se submetido à própria criação, faltando-lhe um domínio completo sobre aquilo que faz, ou que se faz *malgré lui*. Sendo assim, dado que a obra ultrapassa toda intenção originária, é fácil entender por que os românticos de Iena recusaram a simples prioridade hermenêutica do autor, fazendo a genialidade residir mais propriamente na obra em si mesma (Duarte, 2011, p. 78-79).

Como salientou Walter Benjamin, o centro do romantismo de Iena não era a tradição nem o "eu" empírico: era a obra, tomada de forma imanente. A crítica, nesse sentido, é vista como uma continuação da obra, que parte dela e propicia seu autoconhecimento (Benjamin, 2002, p. 75). Indo além da obra singular, a crítica deveria buscar o absoluto da arte no conjunto e na comunicação das obras entre si, na ideia da "obra das obras". Como se vê, a abolição das regras neoclássicas levou os românticos de Iena a sustentarem uma posição bem além do mero elogio das subjetividades desenfreadas. Tal postura, contudo, não deve ser vista como uma negação da figura do autor em benefício da obra em si mesma, mas sim como a instauração de uma instância autoral em certo sentido transcendental, liberada das caricaturas biográficas e tomada em toda a sua potência (Duarte, 2011, p. 92-97; Van Eynde, 2005, p. 131).

Como se pode perceber, a postura dos românticos de Iena com relação à autoria não pode ser resumida a uma simples celebração do gênio original. Acima de tudo, o pensamento romântico, também nesse aspecto, é marcado pelo conflito, por diversos paradoxos e por uma insuperável instabilidade (Bennett, 2005, p. 71). Apesar disso, pode-se dizer, sobre esse ponto, que os românticos de Iena do final do século XVIII, ao aprofundarem as noções de originalidade e singularidade, tenderam a ultrapassar o culto simples ao "eu" empírico do autor, distanciando-se dos pré-românticos. Dessa maneira, fica mais compreensível o aparente paradoxo de os jovens românticos entregarem-se à chamada *simpoesia* ou *simfilosofia*, entendidas como o poetizar ou o filosofar em conjunto, no seio de uma comunidade sem "eus" empíricos identificáveis (Duarte, 2011, p. 20; Van Eynde, 2005, p. 132). De certa forma, eles operaram uma subversão do princípio autoral a partir do interior mesmo de sua valorização.

Sem entrar no mérito desses desdobramentos e aprofundamentos dos últimos anos do século XVIII, creio que é possível, *grosso modo*, retirar algumas conclusões sobre o tratamento romântico ou pré-romântico da ideia de gênio original e traçar algumas relações com a noção moderna de autoria. Os diferentes textos mencionados acima, cada um a sua maneira, contribuíram para conformar uma nova visão acerca da criação e do indivíduo criador, na qual a identificação entre a obra e o autor tendeu a ser intensificada. A obra passou a ser vista, em linhas gerais, como nada mais que a expressão daquilo que o autor teria de mais próprio e íntimo: seus sentimentos e sua maneira única de ser e pensar. Embora não seja verdade que a figura do autor como proprietário de sua obra seja uma decorrência desse tipo de concepção estética, pode-se dizer que tal visão, em alguma medida, contribuiu para a valorização da figura do autor e também para a atribuição a ele de prerrogativas de natureza moral ou pessoal. Dado que a obra é uma expressão daquilo que o autor tem de mais íntimo e próprio, nada mais "natural" do que conferir ao criador o direito de ter sua obra respeitada em sua integridade, em sua forma própria e original, ou ainda de ter a paternidade protegida e de poder se arrepender e retirar a obra de circulação, caso o autor entenda que ela não mais expressa seus verdadeiros sentimentos ou pensamentos. Mais do que uma ofensa a um bem detido pelo autor, ferir esses direitos implicaria em um atentado à pessoa mesma do autor, lesando sua imagem autoral e seu próprio "eu".

Referências bibliográficas

ABRAMS, M. H. *The Mirror and the Lamp: Romantic Theory and the Critical Tradition*. London / Oxford / New York: Oxford University Press, 1953.

BENJAMIN, W. *O conceito de crítica de arte no romantismo alemão*. Trad.: M. Seligmann-Silva. São Paulo: Iluminuras, 2002.

BENNETT, A. *The Author*. London/New York: Routledge, 2005.

BLAMIRES, H. *A History of Literary Criticism*. Houndmills, Hampshire / London: Macmillan, 1991.

DE MAN, P. *The Rhetoric of Romanticism*. New York: Columbia University Press, 1984.

DOBRÁNSZKY, E. A. *No tear de Palas: imaginação e gênio no século XVIII – uma introdução*. Campinas: Papirus/Editora da Unicamp, 1992.

DUARTE, P. *Estio do tempo: romantismo e estética moderna*. Rio de Janeiro: Zahar, 2011.

DUFF, W. *Essay on Original Genius and its Various Modes of Exertion in Philosophy and the Fine Arts, Particularly in Poetry*. London: Edward

& Charles Dilly, 1767. Disponível em: <http://www.archive.org/details/essayonoriginalgooduff>.

FEATHER, J. "From rights in copies to copyright: the recognition of author's rights in England law and practice in the sixteenth and seventeenth centuries". In: JASZI, P.; WOODMANSEE, M. (eds.). *The Construction of Authorship: Textual Appropriation in the Law and Literature.* Durham/London: Duke University Press, 1994. p. 191-209.

GERARD, A. *An Essay on Genius*. London: W. Strahan, 1774. Disponível em: <www.books.google.com>.

GOMES, A. C.; VECHI, C. A. *A estética romântica: textos doutrinários.* São Paulo: Atlas, 1992.

HERDER, J. G. *Vom Erkennen und Empfinden der menschlichen Seele: Bemerkungen und Träume.* Riga: J. F. Hartknoch, 1778. Disponível em: <www.books.google.com>.

HERDER, J. G. "Einleitung in die Fragmente: über die Mittel zur Erweckung der Genies in Deutschland". In: ______. *Fragmente zur Deutschen Literatur. Zweite und dritte Sammlung.* Stuttgart und Tübingen, 1827. p. 11-16. Disponível em: <www.books.google.com>.

JASZI, P.; WOODMANSEE, M. "Introduction". In: ______. (eds.). *The Construction of Authorship: Textual Appropriation in the Law and Literature.* Durham/London: Duke University Press, 1994. p. 1-13.

KANT, I. *Crítica da faculdade do juízo*. Trad.: V. Rohden e A. Marques. Rio de Janeiro: Forense Universitária, 1993.

MORTIER, R. *L'originalité: une nouvelle catégorie esthétique au siècle des Lumières.* Genève: Droz, 1982.

NUNES, B. "A visão romântica". In: GUINSBURG, J. (org.). *O romantismo.* São Paulo: Perspectiva, 2002. p. 51-74.

OSBORNE, H. *Estética e teoria da arte: uma introdução histórica.* Trad.: O. M. Cajado. São Paulo: Cultrix, 1978.

READ, H. *The True Voice of Feeling: Studies in English Romantic Poetry.* London: Faber and Faber, 1968.

ROSE, M. *Authors and Owners: The Invention of Copyright.* Cambridge: Mass / London: Harvard University Press, 1993.

ROSENFELD, A.; GUINSBURG, J. "Romantismo e classicismo". In: GUINSBURG, J. (org.). *O romantismo.* São Paulo: Perspectiva, 2002, p. 261-274.

SCHAEFFER, J.-M. "Originalité et expression de soi: éléments pour une généalogie de la figure de l'artiste". In: HEINICH, N.; SCHAEFFER, J.-M. *Art, création, fiction: entre sociologie et philosophie.* Nîmes: Éd. Jacqueline Chambon, 2004, p. 71-98.

SCHNEIDER, M. *Ladrões de palavras: ensaio sobre o plágio, a psicanálise e o pensamento.* Trad.: L. F. Franco. Campinas: Editora da Unicamp, 1990.

SULZER, J. G. *Allgemeine Theorie der schönen Künste in Einzeln: nach alphabetischer Ordnung der Kunstwörter auf einander folgenden*, Artikeln abgehandelt. 4 vols. Leipzig: In der Weidmannschen Buchhandlung, 1799. Disponível em: <www.books.google.com>.

SUZUKI, M. *O gênio romântico: crítica e história da filosofia em Friedrich Schlegel.* São Paulo: Iluminuras, 1998.

SWARTZ, R. G. "Wordsworth, copyright, and the commodities of genius". *Modern Philology*, v. 89, n. 4, p. 482-509, 1992.

TODOROV, T. *Théories du symbole.* Paris: Éd. du Seuil, 1977.

VAN EYNDE, L. "Du sujet à l'auteur – et retour: la question de l'auctorialité à la lumière de la philosophie de la littérature". In: HAYEZ, C.; LISSE, M. (éds.). *Apparitions de l'auteur: études interdisciplinaires du concept d'auteur.* Berne: Peter Lang, 2005. p. 107-136.

WOODMANSEE, M. *The Author, Art, and the Market: Rereading the History of Aesthetics.* New York: Columbia University Press, 1994.

YOUNG, E. *Conjectures on original composition: in a letter to the author of Sir. Charles Grandison.* London: A. Millar & J. Dodsley, 1759. Disponível em: <www.books.google.com>.

ZILSEL, E. *Le génie: histoire d'une notion de l'antiquité à la renaissance.* Trad.: M. Thévenaz. Paris: Éd. de Minuit, 1993.

A DÚVIDA DE MERLEAU-PONTY:
notas sobre a significação metafísica da pintura e a fenomenologia do olhar

José Luiz Furtado[1]

"Toda teoria moderna da pintura tem uma significação metafísica", afirma Merleau-Ponty (2002a, p. 292). Por essa via, sua filosofia da arte nos leva a indagar principalmente sobre o que seria, propriamente falando, uma "teoria" da pintura e a "metafísica" nela contida. "Teoria da pintura" não significa, em Merleau-Ponty, a filosofia da arte, mas o conjunto das reflexões, legadas pelos próprios artistas, sobre suas respectivas obras. A obra escrita de Cézanne testemunha sua arte descrevendo diretamente a experiência vivida de pintar, sendo por isso, teórica em sentido estritamente fenomenológico.[2] O que interessa ao filósofo, portanto, são as confissões pessoais que relatam o esforço criativo do artista, ou seja, a pintura *em vias de se fazer* e, afinal, as reflexões do pintor sobre seu próprio processo de criação. Para Merleau-Ponty a teoria moderna da arte não possui imediatamente uma significação metafísica, seja ela de ordem filosófica, explícita, ou não, mas os relatos por meio dos quais os artistas descrevem suas muitas vezes angustiadas experiências criativas e a reflexão que fazem sobre elas. Na medida em que tais experiências são interditadas ao filósofo diretamente, a via a ser seguida será inevitavelmente, no caso, a própria reflexão de Cézanne sobre sua arte.

---

1. Professor associado do Departamento de filosofia e do Mestrado em Estética e Filosofia da arte da UFOP. Autor de *Amor* (Editora Globo, 2009) e *Ensaios de fenomenologia; ontologia e estética* (Editora UFOP, 2015).
2. A fórmula que poderia descrever a postura fenomenológica seria então "o menos possível de entendimento, e o mais possível de intuição pura", pois "toda arte (fenomenológica, JLF) consiste em deixar a palavra puramente ao olho que vê" (Husserl, 1993, p. 92).

Merleau-Ponty pretende compreender a obra de Cézanne – melhor seria dizer Cézanne em obra – por meio da descrição das suas dificuldades em exprimir pictoricamente a dimensão originária do mundo visível visada por ele, tarefa em nada diferente da fenomenologia que pretende "voltar às coisas mesmas" através da *epoché*. Cézanne buscava, afinal, oferecer uma visão fenomenológica do mundo, despida de todos os preconceitos que sobre ele lançamos, partindo de um olhar alçado, desinteressadamente, para um horizonte de puras coisas, sem nenhuma outra adjunção. O pintor pretenderia retornar a um mundo "selvagem", ainda desnudo do manto das significações que sobre ele lançamos com o olhar e o pensamento, e contemplar uma paisagem desabitada. "(...) a arte, e notadamente a pintura, nutrem-se nesse lençol de *sentido bruto*", ainda não retomado e elaborado por uma reflexão de qualquer ordem, afirma Merleau-Ponty (2002a, p. 276). Trata-se, pois, de reconduzir a percepção ao seu ponto de partida, ao seu frescor original, ao seu primeiro estágio antes de ser intuição de um objeto determinado, ainda que seja exatamente o que ela busca, desde si mesma, como intencionalidade.[3]

Para isso, Merleau-Ponty buscará apoio em uma teoria da linguagem enquanto "palavra falante", no sentido da captura do seu significado

3. Tanto a *epoché* fenomenológica – abstenção dos juízos de existência – como a estética – visão desinteressada –, pretendem pôr entre parênteses todos os conhecimentos sedimentados em nossa memória, toda linguagem instituída e as significações que poderiam dela provir, sem negar, no entanto, nada disso. No entanto, retornando às coisas mesmas, pretende reunir-se à natureza tal como nos aparece originariamente, recuperando um sentido do mundo que se realiza ocultamente na percepção ordinária como fé perceptiva e crença natural. A pintura visa retomar o contato com essa camada primitiva do ser da aparência, recriando-a a fim de refazer sua experiência como realidade dada, mediante uma intencionalidade criativa consciente de si, e não como mera natureza já feita diante da percepção ordinária. A visão artística interpreta o mundo refazendo o sentido da coisa visível, ao constitui-la como sentido, o que pressupõe sua inserção em um horizonte intencional novo que visa na aparência uma necessidade de essência, uma conformação estrutural adequada à revelação de uma significação que de outro modo permaneceria intocada. O significado da obra provém da disposição espaço-temporal dos elementos pictóricos sobre a tela (denominada por Kandinski "plano originário"), e não de alguma alusão a ideias ou pensamentos já adquiridos, quaisquer que eles sejam. Vem da estrutura ou forma interior da obra derivada de uma intencionalidade criadora e de um olhar reflexivo. A tarefa consiste em retornar às incertezas do surgimento das coisas surpreendendo-as em estado nascente de visibilidade, captando o *ver ou tomar forma visível das coisas*, apreendendo o aparecer por detrás do que aparece, o desvelar por sob o que é nele desvelado. Para compreender como o aparecer é aparecer de uma coisa como fenômeno, é preciso produzir o aparecer como coisa.

dinâmico enquanto o que está em vias de se fazer, ou seja, enquanto fala propriamente dita. Falar consiste, originariamente, em um acontecimento, em *dizer*, ou expressar, um sentido ainda não pré-existente.[4] Por essa via, as coisas se ofereceriam à elaboração do olhar, do mesmo modo como nossos pensamentos à expressão da linguagem: sem que um anteceda ou coincida com o outro, sem que haja independência completa ou (con)fusão total. Para Merleau-Ponty, a atividade expressiva consiste, principalmente, no processo de incorporação do sentido e das significações. O corpo próprio é, por isso, o correlato da materialidade dos signos e da expressão em geral. "Esta [expressão] confere ao expressado uma existência na natureza, como a que possui os objetos percebidos, sendo por isso acessível, em princípio, a todos" (Jimenez, 1995, p. 244).[5] O pensamento e toda cultura só adquirem efetividade na e pela sua incorporação sensível na existência como, para usar uma expressão de Husserl, "espiritualidade física".

Se não temos, de um lado, a referência a um objeto puro, estendido diante do olhar como suporte fixo de qualidades sensíveis nomeáveis e identificáveis como um conjunto de significações gerais, como a substância aristotélica, de outro, não há também um sujeito transcendental cuja atividade se resumiria em constituir o sentido a partir da síntese de uma

---

4. No nível utilitário da linguagem, como simples moeda de troca e instrumento de comunicação, a palavra desaparece em sua maneabilidade para reenviar à significação por ela veiculada e para qual serve de suporte material. "A fala está na palavra, ela constitui seu aspecto aberto, enquanto a palavra poética esclarece, a palavra instrumental se faz esquecer" (Visscher, 1966, p. 241). Em outro plano, as próprias coisas, enquanto usadas pelas mãos que as manejam, também se fazem esquecer justamente como "entes" cujo ser consiste antes do mais em aparecer. Elas aparecem alienadamente, na perspectiva cotidiana de uso, como se fossem produtos da técnica humana para a satisfação de necessidades. Na vida cotidiana uma coisa é um utensílio e seu sentido sua utilidade, na perspectiva heideggeriana uma coisa é um ente e sua significação reside inteiramente no seu modo de aparecer. Que o ente apareça então como utensílio no horizonte aberto do mundo da cotidianidade mediana, é o que deve ser explicado antes de mais nada.

5. Husserl cunha, a propósito das obras de arte a expressão "espiritualidade física". Nas Ideias II (Husserliana IV, p. 239), escreve: "Em muitos casos temos uma natureza real, um ser dotado de existência como base do sentido espiritual, em muitos outros temos uma irrealidade física ("*ein physisch Unwirkliches*"), desprovida de existência" (*apud* Saraiva, 1965, p. 34). Sobre a idealidade da linguagem, Husserl afirma que ela possui "a objetividade das objetividades do mundo que denominamos espiritual ou mundo da cultura e não a objetividade da simples natureza psíquica. (...) assim distinguimos igualmente a própria gravura das suas milhares de reproduções; e a gravura, a própria imagem gravada, nós vemos a partir de cada reprodução, e ela é dada em cada reprodução do mesmo modo como um ser ideal idêntico" (Husserl, 1965, p. 45).

rapsódia de puras sensações dadas. O que dificulta a leitura de "A dúvida de Cézanne" consiste justamente no fato da compreensão dos textos produzidos pelo artista se fazer sem nenhum apelo à redução das implicações subjetivas do ato de pintar para ele próprio. Sem dúvida, Merleau-Ponty reconhece na obra de Cézanne uma significação metafísica, pois o pintor busca compreender a essência das coisas visíveis, reconstruindo sua visibilidade de tal modo que a obra mostre o *aparecer que a coisa mesma é* antes que um olhar a recolha sob o feixe intencional de uma consciência constituinte. Quer compreender a visão como uma espécie de invasão das coisas a depositar um sentido que jamais esteve, nem mesmo como esboço formal apriorístico, em nós. De um certo modo o pintor deseja que as coisas se vejam através dele, por mais absurda que seja uma pretensão como esta. Quer aniquilar-se como sujeito, sendo nada para que a aparência seja plenamente – no entanto através dele – na tela.

O sentido da obra de Cézanne não pode, evidentemente, ser determinado por sua vida pessoal. Não é essa a pretensão de Merleau-Ponty. Contudo, a história da arte não esclareceria melhor sua obra, porque assim como a própria fenomenologia, Cézanne busca inspiração junto, por assim dizer, ao "odor" e à "respiração" das próprias coisas. Ele quer que o verde da grama lhe ensine diretamente a pintá-lo. Busca instruir-se no contato imediato com a natureza, aquém do pensamento, além, de certa forma, da visão cotidiana e das influências tradicionais. Diz ele: "Se penso, estrago tudo" (*apud* Merleau-Ponty, 2002a, p. 345). Quer se anular como sede de qualquer forma explícita de saber e reduzir-se ao puro exercício de um poder absoluto de ver, anônimo e sem cabedal histórico nos bastidores da sua existência. Crê poder eliminar seu próprio olhar e pintar a natureza vista por ele, sem, no entanto, o homem. A pintura é, para ele, atividade investigativa no sentido fenomenológico estrito de "estudo *preciso* das aparências" (Merleau-Ponty, 2002a, p. 305). Enquanto o impressionismo visava redescobrir a "verdade geral da impressão" da natureza, a atmosfera que envolve todo objeto e o transfigura ao mesmo tempo que o revela para nós, Cézanne quer reencontrar-se com o objeto em sua materialidade e densidade ontológicas *próprias*. Os objetos, de fato, "emanam luz", mas Cézanne quer compreender como, dessa atmosfera fluida, resulta essa impressão de solidez e materialidade" (Merleau-Ponty, 2002a, p. 305) com as quais se depara, mesmo sem sabê-lo explicitamente, toda visão das coisas. Embora vise a coisa em sua realidade, não pretende abandonar as sensações, pois somente por meio delas a realidade atravessa nossos sentidos e possuímos as coisas mesmas. No entanto, a coisa não é feita de sensações, não se confunde com sua proveniência fenomenológica, cabendo ao pintor buscá-la além delas mesmas, proibindo-se paradoxalmente, desta forma, os meios de atingi-la. Se a visão se faz em meio aos diversos modos segundo os quais as coisas nos afetam, como aprendê-las em sua realidade própria?

Nesse ponto, Cézanne vê-se, como o filósofo, diante das alternativas metafísicas clássicas entre duas ordens de ser: as qualidades primárias e secundárias, os sentidos e a inteligência, a sensibilidade e o pensamento, a realidade essencial e a aparência. A coisa é significação e sentido, aos quais temos acesso por meio de cores, linhas, superfícies, volumes de que seu aparecer – e todo aparecer – é afinal feito. Na medida em que reproduz a aparência, a pintura prova que nossa visão das coisas advém do seu caráter de fenômeno sensível, do seu ser para nós. Elucidar a misteriosa presença da coisa mesma, lá onde ela se dá a ver como tal, é a tarefa.

Ora, se, de acordo com o axioma dos axiomas da fenomenologia "ser quer dizer aparecer", o lá onde se constitui o "*Dasein*" da coisa é o aparecer, ou seja, o fenômeno que a desvela em seu ser, tal como ela é. A intencionalidade é a essência da consciência, e toda coisa é visada como tal por meio do seu aparecer fenomenal e, no caso da percepção, por meio dos elementos sensíveis de que é feito seu aparecer. Husserl chama a atenção para o procedimento estético de "neutralização" (Husserl, 1950, § 111), com o qual centramos a atenção apenas na estrutura impressional do fenômeno, ou seja, no noema, sem nos importarmos com o objeto transcendente visado por ele, refletindo menos sobre o objeto do que sobre o modo efetivo da sua doação, através de uma das suas múltiplas fisionomias e seus inesgotáveis conteúdos sensíveis, sempre também infinitamente variáveis.

Contudo, Cézanne não quer separar a fugacidade do aparecer impressional da fixidez das coisas capturadas pela percepção e nomeadas, ou a fluidez das perspectivas e fisionomias segundo as quais tudo no mundo se doa a nós, da unidade de sentido que as atravessa. "Quer pintar *a matéria ao tomar forma* [sensível, JLF], a ordem nascendo por uma organização espontânea" (Merleau-Ponty, 2002, p. 306), a que o espírito não preside, mas à qual empresta seu poder mudo de expressão, como a própria pintura. Como o ser fenomenal se organiza previamente em espetáculo diante de nós? Tal é a questão de Cézanne e a dúvida de Merleau-Ponty como filósofo conduzido, por via da própria lógica intrínseca da sua reflexão, a postular a existência de um arcabouço prévio de sentido situado no interior das próprias formas sensíveis das coisas, mas, paradoxalmente, formadas anteriormente a qualquer atividade constituinte propriamente dita. Ou, ainda, o que é pior, forçado a admitir uma atividade constituinte de tipo transcendental agindo no próprio mundo anteriormente à abertura sensível do olhar humano sobre ele. O olhar deixando assim de ser o fundamento último do ser visível e da visibilidade.

Tal empreitada implica, no caso da pintura, em dissolver o contorno dos objetos fazendo as coisas vibrarem de forma a realçar o sentido autêntico, isto é, metafísico, da profundidade: "é vibrando que a órbita do espaço se constitui" (Merleau-Ponty, 2002, p. 308) e não se condensando sob uma fronteira linear, ou seja, literalmente delineada. Desse modo, a pintura de Cézanne mostra que a linha pictórica, diferentemente da geométrica, não é um elemento da aparência sensível das coisas, o modo como suas figuras são circunscritas no espaço, a demarcação dos limites espaciais dos corpos. A linha é algo para que os contornos das coisas visíveis tendem, e não por acaso Cézanne fará desaparecê-las das figuras dos seus quadros por fidelidade à percepção (Saenz, 2000, p. 61).

Por isso, a profundidade em jogo na pintura não é uma dimensão entre outras do espaço objetivo, dedutível da largura e altura. A profundidade é uma dimensão privilegiada ontologicamente porque "nos dá a coisa (...) *repleta de reservas*, como uma 'realidade inesgotável'" (Merleau-Ponty, 2002, p. 307) transcendente às suas infinitas perspectivas possíveis de manifestação, cuja exploração depende de nós, mas sem ser jamais efetivamente separável delas. A profundidade do olhar reside pois na transcendência do horizonte de visibilidade em cuja abertura prévia ele se lança. Lá se concentram virtualmente todas as formas de aparência arregimentadas pelo pintor para projetar as coisas no espaço de uma existência fenomenal inesgotável em princípio. Profundidade não quer dizer então simplesmente uma dimensão espacial, entre outras, mas determinação estrutural do ser visível como transcendência em relação à própria fenomenalidade que o constitui como tal.

Compreendemos assim que a pintura sendo "expressão do que existe" seja simultaneamente, "tarefa infinita" (Merleau-Ponty, 2002, p. 308), mas não porque a pintura seria, como queria Platão, um espelho a passear indiferentemente pelas infinitas imagens nele refletidas das coisas. O caráter infinito da doação das coisas para nós, sempre se mantendo em um excesso de possibilidades para além das aparências atuais, jamais encerrada sobre si mesma, não banha o mundo das coisas, nem decorre da relatividade inultrapassável dos pontos de vista por meio dos quais as apreendemos. Pertence ao surgir de cada uma delas no horizonte da visão e o uso das cores está subordinado a essa tarefa expressiva. A coisa visível é um "centro de onde se irradiam" os dados dos sentidos, não a subjetividade de quem vê. "*Vemos* a profundidade, o aveludado, a dureza, a maciez *dos* objetos", afirma Cézanne, citado por Merleau-Ponty (2002, p. 307), isto é, vemos qualidades que somente esperaríamos obter com o tato, de modo que inclusive poderíamos falar de certa apalpação do olhar. Nesse sentido, a tarefa da pintura consistirá, pois, em recriar esse centro de emanação de significações que é a própria coisa como tal, ou melhor, desvelar o próprio movimento de constituição da coisa como fenômeno sob o olhar. Nesse sentido, não seria despropositado afirmar que "a paisagem se pensa em mim" e que "sou sua consciência" (Merleau-Ponty, 2002, p. 309). A pintura é a linguagem com que este "pensamento" da coisa em nós busca se exprimir, se é verdade que vemos as coisas mesmas, tais como são, tese que torna a admissão de qualquer atividade constituinte da parte do sujeito uma dimensão ontológica.

É evidente que toda coisa percebida se reveste de uma significação qualquer. Quem diz não ver nada descreve o sentido da sua experiência efetiva de ver. Quem diz não ver nada vê alguma coisa. Ora, essa significação é como que depositada nas próprias coisas antes que possamos, propriamente falando, remetê-las a um processo transcendental de constituição, tal como ocorre na experiência originária da palavra ou fala, enquanto "*parole parlant*", a qual Merleau-Ponty se refere (1945, p. 167). Para o pintor, trata-se de trazer à luz a experiência que temos das coisas anteriormente à sua nomeação e aos juízos que emitimos sobre elas, o que vem a ser uma tarefa extremamente difícil, pois a percepção cotidiana encontra-se encharcada de pensamentos.[6] Frequentemente descrevemos a multiplicidade das coi-

6. Na verdade, toda essa discussão tem ver com a questão do processo de constituição fenomenológica e antepredicativa do objeto. De fato, "uma teoria fenomenológica do juízo (...) não poderia ser levada a cabo sem prévia elucidação fenomenológica da experiência qualificada como antepredicativa" (Barata, 1996, p. 23). Não podemos desenvolver aqui, no espaço deste artigo, essa questão, mas temos o dever de remeter o leitor a alguns aspectos essenciais do problema. Assim, essa "experiência originária" das coisas será necessariamente referida a um objeto individual em carne e osso: essa coisa aí, através da sua significação visada ou intencional. Em termos da sua constituição antepredicativa o objeto será pri-

sas vistas como se fossem quantidades. Por exemplo, dizemos ver "cinco pássaros voando", como se fosse a coisa mais natural do mundo perceber quantidades. Ora quantidades não são perceptíveis e quem afirma vê-las mente, pois se trata de noções matemáticas abstratas. O juízo no qual o sujeito

---

meiramente dado como uma afecção, antes de ser apreendido em sua individualidade e destacado do seu fundo afetivo originário. O objeto percebido de fato se individualiza ao ser destacado do fundo indiviso do horizonte do mundo de onde provém, como figura sobre um fundo. O que afeta a consciência primeiramente, em sua receptividade, é então o horizonte do próprio mundo: o objeto afeta a partir do seu campo, é um objeto, um ente entre outros possíveis, já previamente dado a partir de uma crença passiva de caráter universal no ser como alguma coisa que é, simplesmente, o que ela é, tal como está dada. O mundo originário é um horizonte de onde vem à presença seres cuja existência nos afetam, antes de ser uma totalidade de utensílios interconectados mediante nossas preocupações existenciais imediatas (Heidegger). Há, assim, precedência da totalidade do mundo em relação ao objeto individualizado de uma percepção intuitiva. O mundo percebido como totalidade é sempre previamente dado, mediante uma certeza passiva, e a orientação do conhecimento na direção de um ente singular é geneticamente posterior à orientação originária para o mundo como um todo. O horizonte do mundo, tal como as formas puras do espaço e do tempo kantianos, é sempre *a priori*: um pressuposto da percepção, o qual não só não é percebido, como, na medida em que coparticipa da experiência do objeto, tem de necessariamente se ausentar dela. A experiência é sempre uma espécie de confirmação intuitiva de uma significação antecipada pela visada intencional de uma confirmação *in re*. De certa forma, o mundo da experiência pré-predicativa funciona para consciência intencional como reserva ontológica de significações que nos afetam e suscitam por assim dizer sua clarificação intuitiva e cognitiva em um juízo. A indeterminação originária do objeto intencional jamais se completa. A percepção antepredicativa antecipa possibilidades interiores ao objeto, por assim dizer, na medida em que ele é dado imediatamente em uma perspectiva atual efetivamente vivida, sempre retificável, em princípio, por outras perspectivas possíveis, implicadas na intuição presente. Esse horizonte aberto pelas perspectivas virtuais é interno ao processo de constituição do objeto como tal. "A coisa, ou seja, um ente qualquer dado como objeto de uma experiência possível, possui um caráter apriórico genérico que constitui seu pré-conhecimento" (Barata, 1999, p. 45). Uma generalidade indeterminada em todo fenômeno se enquadra no interior de um jogo de possibilidades dadas *a priori*, ou seja, o conjunto de significações possíveis de uma coisa dada, ou de juízos que adequadamente se podem formular sobre ela. Ao lado desse horizonte aberto de perspectivas internas a cada objeto dado, abre-se um segundo referente às codurações essenciais ao processo de constituição de objetividades novas. Cada objeto individual, dado em uma intuição correspondente, é apreendido necessariamente como um tipo mais ou menos determinado em geral. No primeiro caso, o que aparecia como coisa pode vir a ser determinado mediante o desenrolar da experiência como "cadeira". É apenas através da sua significação lógica prévia de um gênero determinado que um objeto se converte em objeto de conhecimento, sem deixar por isso de ser o mesmo objeto percebido. No primeiro caso, ele é o polo de ações constituintes e predicativas do sujeito, no segundo, é polo de atividades receptivas ou propriamente intuitivas. Assim, não haveria jamais percepção sem pressupostos, ou seja, esboço prévio sem uma tipologia genérica de significações adiantadas ou antecipadas, por assim dizer, do objeto intencional.

afirma ver tantas e tantas coisas contém um raciocínio sub-repticiamente alojado nele, mediante o qual pensamos a quantidade em questão efetuando a operação aritmética de contar ou enumerar os objetos que percebemos. Evidentemente esse raciocínio passa como se fosse parte do ato de ver ele próprio e não uma adjunção posterior. Primeiro, vemos tais ou tais objetos e, em seguida, refletindo sobre o fenômeno, contamos o número das coisas percebidas (caso tenhamos passado antes alguns bons anos na escola), o que exprimimos posteriormente mediante o juízo "vejo cinco pássaros". O que Merleau-Ponty entende por "percepção bruta" consiste na visão anteriormente a qualquer ato de juízo efetuado sobre ela, o que inclui a nomeação, pois esta converte a experiência ainda muda na de uma coisa dita. Daí a necessidade de fazer uma espécie de curto-circuito entre a linguagem e a expressão, trazendo a lume uma experiência do sentido ainda não contaminada por qualquer pré-conceito, afastando a dupla familiaridade da linguagem, como depositária de significações imediatamente disponíveis, já prontas, e do pensamento, com seu arcabouço de regras lógicas pré-garantidoras da coerência da expressão. Trata-se, para Merleau-Ponty, de retomar o sentido e a significação do mundo, percebido como se fossem nele depositado por uma atividade constituinte, a qual, não podendo ser a de uma subjetividade transcendental, como que encarnada nas coisas, só poderia ser atribuída ao corpo, às mãos com as quais o pintor refaz o que ele vê, a fim de compreender a natureza do ser sensível.

Para isso, é preciso romper a familiaridade do mundo da vida cotidiana, no qual cada olhar capta as coisas na perspectiva das ações para as quais são meios, inseridos na fixidez de um sistema habitual e familiar de utensílios.[7]

7. A percepção cotidiana não é originária, embora seja primeira. Ela é uma modificação da percepção originária, um empobrecimento da percepção submetida às necessidades da ação, à descoberta de tudo que é útil para a realização das nossas tarefas imediatas que o mundo não cessa de nos propor. A arte nos convida a reencontrar, em nossas percepções, potencialidades de efetuação que transcendem o horizonte das preocupações cotidianas, liberando-a da submissão às necessidades do agir. A pintura é, assim, liberação das potencialidades perceptivas essenciais da visão humana. Ela consiste em deixar ver as coisas tal como elas são, podendo mostrar assim "como as coisas se fazem coisas" (Merleau-Ponty, 1987, p. 69) se fazendo fenômenos para nós. A pintura expressa as coisas não como elas se apresentam à nossa frente, como objetos de uma manipulação, e, portanto, referidas a nossas preocupações humanas cotidianas, mas tal como elas se mostram em seu ser, no frescor matinal do seu surgir, como a rosa de Angelus Silesius, que é sem porquê. A arte visa "ultrapassar o modo como as coisas aparecem a uma consciência que se deixa dominar por seu desejo de domínio sobre o mundo e se tornar disponível às inflexões infinitas do ser" (*Art et philosophie*. Pompidou: Paris, 1998, p. 7). Por isso, podemos dizer

Ao contrário, o pintor quer aprender e compreender esse "fundo de natureza inumana" (Merleau-Ponty, 2002, p. 304) onde a existência se instala primariamente, esse nosso primitivo e originário ser-no-mundo aquém da teia de familiaridade nele inserida por nossos hábitos cotidianos. Este comércio com o ser mais antigo do que todo pensamento, como afirmava Merleau-Ponty, que se dá através da percepção sensível.

De fato, o utensílio é, antes de tudo, *coisa feita*. Existe porque foi construído, e esse gesto de criação preside sua inscrição no mundo, seu lugar e sua significação. Ao contrário, "o pintor retoma e converte justamente em objeto visível o que sem ele permaneceria encerrado na vida separada de cada consciência: a vibração das aparências que é o berço das coisas" (Merleau-Ponty, 2002, p. 310), e será este o sentido autêntico, se quisermos, da expressão "mundo" da pintura ou da arte em oposição ao universo sociológico dos museus, galerias etc. O aparecer vem, assim, do mundo que o pintor interroga, ou melhor, da sua vibração ou ressonância imanente na vida do pintor e de cada vidente. Ele provém da vibração das cores, formas, enfim, das sensações. Como dizia Kandinsky, "a cor é vibração interior", e o quadro consiste em uma reconstituição do mundo na tela como horizonte de onde todo ente vem ao reino do visível e que enquanto condição de possibilidade em sentido não transcendental o pintor visa compreender. O mundo do pintor é assim: a tela por ele recoberta com as pinceladas mediante as quais abre sua janela para o ser invisível do visível.

Essa interioridade na qual vibram os elementos estéticos, revelando, desse modo, sua essência invisível, é constituída pela afetividade da

---

que, na verdade, a visão cotidiana é abstrata, pois seleciona apenas o que da coisa mostra ou desvela sua utilidade para nós. Sua concretude mesma de coisa existente lá diante do olhar fica obnubilada por sua disponibilidade imediata a uma intencionalidade prática. Desse modo, concerne à arte e ao modo de percepção originária que ela sustenta "reencontrar o solo do mundo sensível e sua abertura" e, antes de opor-se ao mundo, como o olhar do engenheiro que considera uma cachoeira como diferença de potencial geradora de energia para nós, comunga com ele. A arte reencontra a relação original do homem com o mundo, ocultada pela vontade de poder da visão científica da natureza, e substitui a visão objetivante pelo olhar patológico que se deixa seduzir pelo aparecer do mundo e das coisas, deixando-se conduzir pelo sentimento do mundo, mais do que pela abertura do seu horizonte e do que nela se mostra. Além de se encontrar praticamente orientada para as necessidades da ação, a percepção encontra-se encerrada na rede verbal das palavras, por meio das quais exprimimos nossas experiências das coisas vistas. "Não vemos as próprias coisas; nós nos limitamos com frequência a ler as etiquetas coladas sobre elas" (Bergson, 1900, p. 117). Essas etiquetas são nomes que selecionam as características típicas, funções banais etc. das coisas.

vida. Além da vinda na presença a partir da exterioridade do mundo, há também uma segunda presentificação na qual o que se presentifica é o objeto tal como nos chega internamente à afetividade, conforme a tonalidade afetiva particular da sua experiência, antes de ser exteriorizado por uma intencionalidade objetivante. A arte se caracteriza exatamente por se deixar guiar pela revelação imanente da tonalidade específica assumida pela autoafecção dos atos constituintes do objeto. O artista nunca representa o que ele vê conforme sua visão, tal como percebe. Ele representa o que vê em conformidade com a tonalidade afetiva do que sente em presença do que representa. A essência da pintura reside, portanto, na abstração do objeto, abstração reveladora da substância afetiva e individual de que é feita toda manifestação. O artista não pinta a partir do que vê e sim a partir do que sente enquanto vê, sentimento que guia o saber de que se serve para construir sua pintura.

Por isso, a pintura retoma, pela via das dificuldades da criação estética, a espinhosa tarefa de compreender a metafísica do mundo sem elevar, no entanto, essa compreensão a um conceito. A senda conceitual nos afasta do mundo da vida. Ao contrário, a visão do pintor, nele habitando, nos convida a *ver como* as coisas são visíveis, mostra a essência da visibilidade como ser visível, recusando-se exibi-la conceitualmente. É uma visão que penetra no visível para fazê-lo dobrar-se sobre si mesmo e exprimir-se como tal, serve-se das suas formas elementares para recriar, com elas, a aparência sensível enquanto é aparência e mostra como a solidez das coisas se constitui ao olhar através da fluidificação das cores, linhas, planos e volumes. Por isso, Merleau-Ponty (2002, p. 304) pode afirmar que "o artista fixa e torna acessível aos homens", por meio da obra por ele criada,[8] "o espetáculo de que participam sem perceber", ao suprimir da fenomenalidade sua referência habitual e cotidiana às coisas como utensílios e objetos das nossas preocupações. Assim, a obra conforma-se como um processo de objetivação não conceitual, paradoxalmente, da atividade espontânea de constituição originária do mundo vivido e percebido como horizonte primitivo de sentido e significação.

Por isso, por mais inovadora que seja, toda obra de arte retoma o gesto inaugural da expressão, sempre possível, por mais distanciado que estejamos

8. Nessa medida, poderíamos afirmar que a teoria da arte em Merleau-Ponty é "uma teoria do significado entendido como práxis, quer dizer, como atividade produtiva e não simplesmente reprodutiva" (Ensaz, 2000, p. 53).

hoje do primeiro homem que percebeu o mundo. Trata-se de um gesto de retomada que está em poder de cada um fazer e compreender a todo momento da sua vida. A tarefa do artista será, portanto, trazer diante do olhar o que antes dele o faz ser o poder de ver e captar instantaneamente o sentido das coisas que ele efetivamente não é e com as quais não se confunde. O poder de transcendência torna possível que possamos ver as coisas como elas são e, ao mesmo tempo, situar, em nosso poder, mesmo que dele não tenhamos uma consciência explícita, o processo da sua constituição como objetos percebidos.

***

Falar e entender uma língua não é tomar posse de um conjunto de meios expressivos dos quais teríamos a chave absoluta do manejo; e, muito menos, a visão seria a simples apreensão da coisa vista, como se ela preexistisse ao olhar que se debruça sobre ela. Falar é habitar uma língua, assim como ver é habitar o mundo visível entremeado de sentidos. Tanto em um caso como no outro, nós nos instalamos desde já na fala e na visão, o que significa que afirmamos sempre mais ou menos do que queríamos dizer[9] e que toda visão é inadequada, podendo sempre ser corrigida, ou confirmada, por outra percepção, visando cada vez um objeto cujo sentido transcende toda intencionalidade que o apreende. A percepção nos instala em um mundo equívoco, equivocidade que o pintor faz aflorar, da mesma maneira como a literatura em geral nos remete à polissemia das palavras e expressões das quais explora a riqueza dos sentidos, ao contrário de censurá-los, em nome da clareza da informação e da comunicação.

Para Merleau-Ponty, a interioridade da existência significa reflexão no sentido estrito de *retorno* sobre si. O *si*, por exemplo, da visão, é vidente antes de se saber como tal, porque é visível para si, mas com a condição de esposar a mesma condição das coisas dispostas lá, de assumir o mesmo ser à distância de si que as constitui. No entanto, o circuito percorrido por esse retorno, implicando a inerência dos dois termos, se dá pela mediação do espaço do mundo, não na interioridade da consciência de si ou do cogito. O sentimento de si da corporalidade acontece porque o corpo é

9. De fato, se houvesse coincidência entre o pensamento e a fala, se os dois fenômenos se recobrissem mutuamente, não compreenderíamos como, na experiência habitual, o pensamento tende à expressão como se fosse sua consumação, que o objeto pareça indeterminado até que possamos denominá-lo, ou que ignoremos nosso pensamento até encontrarmos, para ele, uma expressão adequada (Jimenez, 1995, p. 244).

vidente e, ao mesmo tempo, visível, as coisas e meu corpo próprio sendo feitos do mesmo estofo substancial. "A visão se faz no meio das coisas" (Merleau-Ponty, 2002, p. 279) e, entretanto, ela é, para si mesma (como que contaminada com essa estrutura própria), as coisas por ela vistas. Por isso, Merleau-Ponty (1945, Prefácio) pode afirmar, mais geralmente, que "só encontro a mim mesmo sendo no mundo". "Diz-se que um homem nasceu no momento em que aquilo que, no fundo do corpo materno, não passava de um visível virtual, torna-se ao mesmo tempo visível para nós e para si" (Merleau-Ponty, 2002, p. 282).

Somos, então, conduzidos a essa situação paradoxal: sou vidente porque

a) Sou visível, para mim mesmo, como qualquer outra coisa. Com a exceção de que a coisa refletida no espelho não se vê e não é vidente.

b) Que minha imagem especular não é, de forma alguma, meu próprio olhar, mas seu reflexo morto, posto que o olhar em ato é vidente e seu reflexo no espelho não. Essa inadequação, possuindo um sentido ontológico, é absoluta, não dependendo da maior ou menor adequação da imagem ao objeto por ela representado.

c) A visão se faz nas próprias coisas, lá no fora e na distância do mundo, e não a partir de uma interioridade fechada sobre o si da reflexão na consciência de *si* do ego, porque a visão não se reduz ao pensamento de ver e *não posso modificar o que vejo senão me movendo e dando assim ao olhar uma nova perspectiva que ele não poderia ter se não fosse, precisamente, encarnado*. Ao mesmo tempo, porque as coisas e meu corpo pertencem a uma mesma dimensão ontológica, a "visibilidade manifesta" das coisas "se reforça por meio de uma visibilidade secreta", que se faz por meio das ressonâncias por elas provocadas na interioridade do corpo, na sua carne: "qualidade, luz, cor, profundidade, que está ai diante de nós, aí só estão porque despertam um eco em nosso corpo, porque este lhe faz acolhida" (Merleau-Ponty, 2002, p. 279). A mesma coisa está lá no coração do mundo e no âmago da visão cuja essência é afetividade. As coisas nos são, por isso, dadas duas vezes: como objetos diante do olhar e como tonalidade própria interior ao exercício do ato perceptivo, como gozo de si.[10]

---

10. Comentando a distinção entre a estética de Michel Henry e as de Kant e Heidegger, Florinda Martins (2013, p. 64) escreve: "a sensibilidade requerida pela objetualidade é uma sensibilidade empírica" e seria nela que se encerrariam as reflexões de Heidegger e

O pintor trabalha justamente nesta zona de entrelaçamento ontológico na qual não sabemos o que as coisas devem à visão, e o que a visão deve a elas, em que ver não é ver um vermelho, mas ver vermelho. Ou seja, não sabemos o que o espírito deve à cor como modo de acesso ao mundo sensível, por exemplo, e o que a cor deve à ressonância ou eco despertados no interior de nossas vidas para ser constitutiva da aparência das coisas. Desvendar a essência desse ser equívoco, dessa *(con)fusão* da aparência, é a tarefa da pintura. Daí a importância comumente dada aos espelhos pelos pintores porque se trata de um emblema: a reduplicação dessa alienação originária que constitui a essência do amálgama vidente-visível, e que é o corpo próprio. Através dele "*tudo o que eu tenho de mais secreto passa a este rosto*", isto é, a esta imagem de si sobre um plano carnal de expressividade. A imagem especular transforma "eu no outro e o outro em mim", explicitando a "metamorfose do vidente e do visível que é a definição da nossa carne e a vocação deles [dos pintores, JLF]" (Merleau-Ponty, 2002, p. 283). Entretanto, tudo isso se dá porque o sorriso já é a alegria estampada no rosto para ser decifrada por um outro olhar. O que sei dela diretamente, porque ela me afeta, deve ser acrescido de um saber exterior e indireto de sua expressão facial à qual não tenho acesso. Sem este comprometimento do seu ser interior, o sentido ou significação da alegria e de todos nossos sentimentos em geral, não seria completo.

A pintura conduz nosso olhar, ao contrário das coisas, tal como a perspectiva de um quadro me traga para o seu interior, para uma interioridade nebulosa feita sem distâncias objetivamente mensuráveis. As relações entre os elementos do quadro, a sua composição, como se diz em pintura, não imitam ou representam as estruturas "objetivas" do visível, como, de uma ou de outra forma, fazem as teorias científicas.[11] Com a pintura, esposamos "os vestígios da visão do interior" (Merleau-Ponty, 2002, p. 280), na qual ela é, acima de tudo, fluxo continuado, ser em estado de composição. Trata-se de um fato, porém, que a visão retém as coisas lá no lugar onde são vistas. Por sua transcendência, fixa as coisas visíveis no ser, faz-nos vê-las lá onde elas são e não em nós. E o faz tornando visíveis os elementos sensíveis –

Kant sobre a arte. Já "a sensibilidade requerida pela estética prova-se na prova originária da vida: a afecção da vida".

11. Quando um físico mede um fenômeno transformando-o assim em conteúdo de uma variável matemática, o faz objetivamente. Mas quando um pintor reproduz na tela as linhas de que é feito o objeto representado, o faz segundo uma avaliação subjetiva.

cores, luz, sombras, reflexos, linhas, volumes, superfície – que fazem com que uma coisa assome como isto ou aquilo ao nosso olhar. "O visível no sentido profano esquece suas premissas" (Merleau-Ponty, 2002, p. 282), ou seja, os elementos de que é feita sua "visibilidade inteira" e que é preciso, assim, recriar. Ao transpor os elementos de que a aparência sensível é feita, da matéria das coisas para a superfície do quadro, o pintor não lhes confere apenas autonomia estética, mas, acima de tudo, retoma a interrogação sobre o sentido ontológico da dimensão fenomenal do mundo e em geral da própria realidade das coisas enquanto visíveis.

> A pintura, afirma Michel Henry, é uma contra percepção. Por isso queremos dizer que esse encaixamento de significações referenciais através das quais se constitui a realidade cotidiana do mundo, este movimento incessante de ultrapassagem das aparições sensíveis rumo a um plano anterior monótono e estereotipado de objetos utilitários, se interrompe bruscamente sob o olhar do artista. (Henry, 1988, p. 48)[12]

Com a redução do fundo prático, a partir do qual as coisas emergem na vida cotidiana, as cores e formas cessam de ser imediatamente os elementos da figuração objetiva das coisas no mundo praticamente ordenado, figuração na qual os elementos sensíveis perdem todos sua dimensão afetiva, passando a valer por si próprios e sendo percebidos como o que eles são originariamente. O vermelho aveludado de um novelo de lã, o verde azedo de um limão, o calmo e edificante azul do céu límpido, tornam-se e são tomados pelo artista puramente como formas pictóricas.

---

12. Enquanto, para Merleau-Ponty, após essa conversão o olhar aprofunda-se na aparência libertando-a da sua função significante para se revelar apenas como puro aparecer da coisa, destrinchado em seus elementos sensíveis originários, para Michel Henry (1988) a redução promovida pela arte vai mais além, perscrutando a dimensão invisível da vida onde não há sequer cores, linhas ou quaisquer outros elementos sensíveis, mas apenas vibrações interiores à nossa carne carregadas de tonalidades afetivas próprias que revelam a própria vida e manifestam suas potencialidades mais recônditas. Se o trigal é deixado de lado pelo pintor para reter dele apenas sua aparência amarela e como ferindo o olhar, esta cor é capaz de lançar o sujeito na materialidade mesma da natureza sensível, como através do amarelo o olho toca o trigal; para Michel Henry a própria percepção da cor, mediante o processo interior de autoafecção do olhar, será captada mediante o modo como se sente a si própria na tonalidade afetiva revelada naquela afecção. Afetando-se a si mesma mediante a autoafecção do ato de vê-la, a cor se revela como o que ela é, a saber, como vibração interior da vida afetivamente determinada, a que se reduz ao fim e ao cabo ao trigal amarelo na e para a vida do olhar que o percebe.

De fato, quando afirmamos ver uma mesa, na verdade a apreendemos somente por um dos seus infinitos perfis possíveis, isto é, por meio da perspectiva atual destacada no presente da história inesgotável do processo da sua constituição, sempre aberto, como fenômeno. A visão só se efetiva com a condição, por assim dizer, de roubar a coisa visível, de raptá-la do fluxo temporal, de inserir, por meio da idealização da palavra que a nomeia, a coisa na estrutura de um juízo, de um conceito ou de uma ideia. O pintor será quem recusa traduzir o que vê em um discurso, ou passar de uma vez do esboço ou aspecto oferecido pela percepção enraizada na finitude da sua perspectiva e do seu fluir à solidez, nunca plenamente alcançada, do objeto visado pelo pensamento. É quem se recusa efetuar o salto platônico do mundo sensível para o mundo das ideias (a visão do cubo jamais terá a dimensão do seu pensamento como corpo dotado de seis lados). Ou antes, aquele que recusa abandonar a aparência para captar a coisa mesma na rigidez do seu ser material. O olho do pintor, afirma Merleau-Ponty (2002, p. 281), claramente "é aquilo que foi *comovido por um certo impacto do mundo*, e que o restitui ao visível pelos traços da mão". É quem "retoma e *converte em objeto visível* o que sem ele permaneceria encerrado na vida separada da cada consciência: a vibração [interior e afetiva, JLF] das aparências que é o berço das coisas" (Merleau-Ponty, 2002, p. 310).[13]

O pintor explora os ecos interiores de um mundo visível para cuja constituição a contribuição humana é uma certeza, mas permanece – pelo menos para ele – misteriosa. Inversamente, ele sonda as leis imanentes da visão para entender como o ser percebido pode através delas se manifestar como sendo aquilo mesmo que ele é. "Ao diabo se duvidarem como, casando um verde matizado com um vermelho, entristece-se uma boca ou faz-se sorrir uma face" (Merleau-Ponty, 2002, p. 308) escreve Cézanne. A mesma questão se põe a propósito do vermelho aveludado de um manto, ou de uma "toalha de neve fresca". Trata-se de refazer na tela, a partir dos elementos sensíveis, de que afinal é feita a visão de todas as coisas, o mesmo sentido de ser do que se mostra na percepção. Portanto, o sorriso esboçado

13. Se, por um lado, é verdade que a tentativa de retornar a uma atitude perceptiva primitiva e como que desnuda de preconceitos de qualquer ordem, estabelecendo uma intimidade com o mundo sensível que a vida cotidiana e as teorias científicas nos roubam constantemente, é muito difícil, quando não impossível, por outro lado, não é menos verdadeiro que a pintura introduz a reflexão no próprio interior da percepção. Por meio da arte, a percepção é levada a compreender o que ela é originariamente, antes que o olhar seja raptado por nossos preconceitos e engajado na tessitura prática da vida.

na face de um homem feliz, considerado do ponto de vista estético da sua representação, resolve-se em um problema de relação entre as diversas cores utilizadas pelo artista para pintar seu retrato. Traduzindo o que lá deciframos como um estado interior de espírito, como satisfação, alegria e gozo, na superfície de um quadro articulado, no entanto em torno de problemas estéticos de composição dos elementos picturais. Como Cézanne eu lhes diria: ao diabo se duvidarem disso!

Referências bibliográficas

ART ET PHILOSOPHIE. Pompidou: Paris, 1998.

BARATA, A. "Uma abordagem husserliana ao problema da referência". *Investigaciones Fenomnenológicas*, ed. 6, UNED, Madrid, 2008. p. 117-143.

BERGSON, H. *Le rire*, vol. III, ed. 1. Paris: Alcan, 1900.

HENRY, M. *Voir le invisible. Sur Kankinsky*. Paris: PUF, 1988.

HUSSERL, E. *Idées Directrices pour une phénoménologie: introduction générale a la phénoménologie pure*. Trad., introdução e notas por Paul Ricouer. Paris: Gallimard, 1950.

______. *Logique formelle et transcendantale*. Paris: PUF, 1965.

______. *A ideia da fenomenologia*. Porto: Edições 70, 1993.

JIMENEZ, R. A. *Subjetividad y mundo de la vida en Husserl y Merleau-Ponty*. Madrid: Complutense, 1995.

MERLEAU-PONTY, M. *A dúvida de Cézanne*. São Paulo: Abril, 2002. (Coleção Os Pensadores)

______. *O olho e o espírito*. São Paulo: Abril, 2002. (Coleção Os Pensadores)

______. *L´œil et l´esprit*. Paris: Gallimard, 1987.

______. *Phénoménologie de la perception*. Paris: Gallimard, 1945.

MARTINS, F. *Michel Henry: critério de avaliação de uma obra de arte*. Porto: Universidade Católica Portuguesa, 2013.

SAÉNZ, C. L. *El arte como racionalidad liberadora*. Madrid: UNED, 2000.

SARAIVA, M. *A concepção da obra de arte em Husserl*. Coimbra: Centro de estudos fenomenológicos, 1965.

VISSCHER, L. F. "La pensée du langage chez Heidegger." *Revue Philosophique de Louvain*. Tomo 64, 82, 1966.

A CURADORIA DO MUSEU DA ACRÓPOLE E O FUTURO DAS ESCULTURAS DO PARTENON[1]

Celina F. Lage[2]

A poética curatorial

A poética da Acrópole de Atenas possui um caráter múltiplo. Essa afirmação leva em consideração todos os "poetas" que, no sentido antigo do termo, contribuíram com seus atos criativos na construção desse universo de ideias e narrativas ao qual damos o nome de Acrópole. Em grego antigo, o termo *poíesis*, que corresponde em português à palavra "poesia", possui um significado bastante amplo. Significa o ato de fazer, fabricar, produzir e criar, sendo que daí deriva o sentido da "criação poética", tal como utilizamos em nossa língua. Dessa forma, podemos pensar que todos aqueles que contribuíram com suas produções para a construção do monumento, ou mesmo para a construção das ideias e narrativas sobre o monumento, construíram, efetivamente, poéticas da Acrópole. Assim, considero criadores de poéticas da Acrópole todos os seus idealizadores: seus construtores, arquitetos, restauradores, escultores, pintores, escritores, fotógrafos, cineastas, estudiosos, etc. Todos esses "poetas" contribuíram a seu modo para a fabricação de poéticas da Acrópole, as quais conferem sentidos diversos a esse monumento que é um patrimônio da humanidade.

---

1. Pesquisa financiada pelo Programa Institucional de Apoio à Pesquisa (PAPq) da Universidade do Estado de Minas Gerais (UEMG) e Fundação de Amparo à Pesquisa do Estado de Minas Gerais (FAPEMIG).

2. Professora doutora do Programa de Pós-Graduação em Artes da Escola Guignard da Universidade do Estado de Minas Gerais (PPG Artes/UEMG). Vice-presidente do Comitê Brasileiro para Reunificação das Esculturas do Partenon. E-mail: celinalage@gmail.com

Entre essas poéticas, situo também a poética curatorial que foi criada com o ensejo da construção do novo Museu da Acrópole em Atenas. Inaugurado em 20 de junho de 2009, o museu foi construído com a proposta de apresentar ao visitante uma narrativa contemporânea sobre esse monumento antigo por meio de um projeto curatorial inovador. Nesse caso, o projeto curatorial e o projeto arquitetônico do museu se convergem em muitos pontos, uma vez que foram criados em conjunto por uma equipe chefiada por Dimitrios Pandermalis, curador e diretor do museu, e pelo arquiteto suíço Bernard Tschumi.

Diferentemente de outros museus, esse prédio foi planejado arquitetonicamente em função do acervo e em consonância com a sua expografia. Assim, sob esse ponto de vista, projeto arquitetônico e expográfico são indissociáveis. A forma como o projeto foi concebido, bem como as suas relações com o passado, presente e futuro abrem margem para diversas reflexões. O Museu da Acrópole, visto sob esse ângulo, inaugura, ele próprio, uma nova poética da Acrópole, na medida em que apresenta uma narrativa criada sobre a história da rocha sagrada, capaz de apresentar visões distintas sobre ela e sobre as suas obras de arte.

O Museu e o seu contexto

O novo museu guarda afinidades com as concepções mais tradicionais da museologia, relacionadas ao colecionismo de objetos de grande valor artístico e cultural. O conjunto maior de objetos é proveniente do antigo Museu da Acrópole, construído em 1874 no alto da rocha sagrada, o qual já não se adequava para abrigar e expor o crescente número de achados (Caskey, 2011, p. 1). Abriga, também, achados que estavam sob a guarda do Museu Arqueológico Nacional, do Museu Numismático e do Museu Epigráfico. Nesse sentido, ele foi concebido com o intuito de abrigar os artefatos e obras de arte que se relacionam com a Acrópole, os quais foram encontrados nesse local ou em seu entorno. Além de abrigar esses objetos, o Museu pretende expor traços e rituais da vida cotidiana em Atenas em diversos períodos, os quais foram se revelando por meio das escavações feitas. Assim, o prédio do museu projetado por Tschumi expõe, à vista do público visitante, partes da cidade antiga que se encontra logo abaixo do museu e que foram escavadas visando à sua construção, além de incorporar à exposição esses achados. As ruínas continuam em processo de escavação por arqueólogos e futuramente poderão também ser visitadas pelo público.

Tschumi cria camadas com painéis de vidro transparente que servem como pisos em diversos pontos e andares do museu, de modo a fazer com que o prédio contemporâneo estabeleça um diálogo com o seu contexto. A transparência do vidro faz revelar camadas temporais que coexistem em um mesmo espaço, nesse caso, o impressionante prédio construído no século XXI e as ruínas de Atenas da época clássica, romana e bizantina, datando mais de dois mil anos atrás, bem como a cidade contemporânea de Atenas. Ao visitante que se encontra no terceiro andar do prédio é possível enxergar as escavações na sua base, aguçando a percepção sobre a passagem do tempo e sobre a coexistência de vestígios do passado na metrópole do século XXI. O museu se torna, assim, uma interface entre passado e presente.

Ao visitar o museu, pode-se, por exemplo, observar uma visão inédita das esculturas que compunham o frontão do Partenon. As esculturas são vistas também na sua parte traseira e na altura dos olhos do visitante, o que não seria possível de ser visualizado no seu local original no alto do templo, onde as esculturas eram vistas apenas de baixo para cima e de frente. As esculturas estão voltadas para a parede de vidro do museu, como se estivessem observando a paisagem da cidade de Atenas, estabelecendo, assim, um diálogo entre a arte do passado e o contexto da metrópole contemporânea. A paisagem é composta por prédios modernos, mas, também, ao fundo, avista-se o monte das Musas e, no seu ponto mais alto, o mausoléu de Filopapo, monumento romano datado do século II d.C. Essa visão inédita demonstra, desse modo, a potencialidade do projeto curatorial do museu em estabelecer diálogos temporais no contexto expositivo das Esculturas do Partenon.

Da mesma forma, estando situado aos pés da Acrópole, o museu propõe um diálogo com o monumento, estabelecendo-se, ao mesmo tempo, como uma interface entre a cidade alta (em grego antigo *akrópolis* significa "cidade alta") que pode ser visualizada por meio de suas paredes de vidro e as coleções expostas no museu, permitindo aos visitantes estabelecerem relações visuais entre ambos (Tschumi, 2013). Desse modo, é possível ver as coleções de métopas, frisos e frontões do Partenon e visualizar, simultaneamente, o monumento. Adicionalmente, as imensas paredes de vidro permitem que a luz natural da região da Ática iluminem as esculturas com sua luz natural, proporcionando visões diferenciadas das obras de arte.

Assim, uma quarta dimensão é adicionada às obras tridimensionais, no que diz respeito a esse elemento temporal presente nas variações da luz durante o dia e durante as estações do ano.

O futuro das esculturas do Partenon

Além de abrigar os artefatos e obras de arte que se relacionam com a Acrópole, os quais foram encontrados nesse local ou em seu entorno, e que estavam sob a guarda de instituições gregas, o projeto do museu pretende abrigar as famosas Esculturas (também chamadas de mármores) do Partenon que se encontram espalhadas por vários museus do mundo (Robertson & Frantz, 1975). Cerca de 49% das esculturas se encontram atualmente no Museu da Acrópole, outros 49% se encontram no Museu Britânico e outros 2% se encontram em outros museus, como o Museu do Louvre e o Museu do Vaticano (Korka, 2010). O museu se firma, portanto, como o argumento mais eloquente para o retorno dessas esculturas para a Grécia, o que é reivindicado pelos gregos desde que conquistaram a sua independência do império Otomano em 1821.

O projeto do museu foi feito com os olhos voltados para o futuro, com a expectativa de que algum dia essas esculturas serão novamente reunidas, devolvendo ao conjunto a sua unidade perdida. Sob esse ponto de vista, podemos afirmar que o projeto do museu foi concebido em função de obras que ele ainda não possui. Essa é uma característica que parece ter se tornado uma tendência na primeira década do século XXI: outros dois museus importantes, o Grande Museu do Egito (em construção) e o Museu Nacional da China, inaugurado em 2003, também foram projetados para abrigar obras que estão sob a guarda de outros museus do mundo. Portanto, esses três museus estariam potencialmente preparados para receber de volta grandes tesouros culturais que têm sido reivindicados por seus países de origem. Devo sublinhar nesse ponto que desde a criação do Comitê Intergovernamental para Fomentar o Retorno dos Bens Culturais a seus Países de Origem ou a Restituição em Caso de Apropriação Ilícita da Unesco, em 1978, inúmeras foram as restituições de obras de arte entre os países, com uma tendência para que esse número cresça ainda mais.

Apesar do museu da Acrópole deter menos da metade das esculturas do Partenon (Hellenic Ministry of Culture, 2007a; 2007b), elas ocupam um lugar de destaque no museu. Para abrigá-las foi construída uma grande galeria de vidro no alto do museu, com as mesmas proporções e com o mesmo direcionamento do templo principal situado no alto da Acrópole de Atenas, de onde elas são oriundas. A exposição proporciona ao visitante a experiência de se movimentar em torno dos frisos, métopes e frontões, como se estivesse andando em volta do monumento.

Esse conjunto escultural se destaca pelo seu significado e simbolismo para a nação grega, mas também para todo o mundo ocidental, uma vez que o Partenon é o símbolo máximo dos ideais da democracia, da igualdade, da liberdade, da arte, da filosofia, entre outros conceitos e noções que foram criados pela civilização grega antiga (Boadman, 1985). O Partenon simboliza também a noção de patrimônio cultural. Não é sem motivo que a Acrópole possui o título de patrimônio da Humanidade e o Partenon é o símbolo da Unesco. Do mesmo modo, pode-se observar em diversos prédios públicos em diferentes países do mundo uma alusão à arquitetura do Partenon (Tournikiotis, 1994).

Para lidar com a ausência dessas esculturas, o curador Pandermalis considerou três diferentes propostas expográficas. A primeira delas seria deixar que espaços vazios na exposição denunciassem fortemente a ausência das esculturas. A segunda opção seria utilizar de uma projeção da imagem das esculturas faltantes sobre uma superfície de vidro ao lado das esculturas originais, de modo que elas parecessem com fantasmas, o que, segundo ele, denunciaria a sua ausência, mas de forma um pouco mais atenuada, se compararmos com a primeira opção. A terceira opção, por sua vez, que foi a adotada pelo curador, coloca lado a lado as esculturas originais com cópias das esculturas ausentes, sendo que as cópias foram feitas em uma cor mais clara, de modo a que o visitante possa vislumbrar todo o conjunto e, ao mesmo tempo, perceber, pela diferença de cor, quais são as partes que estão em outros museus. A terceira opção, segundo ele, é a que denuncia essa ausência de um modo ainda mais brando, e, por esse motivo, seria a mais apropriada, levando em conta todas as delicadas questões diplomáticas envolvidas nesse caso específico. Já na expografia das Cariátides no segundo andar, a opção do curador foi deixar um espaço vazio em alusão à ausência da sexta Cariátide que integra a exposição do Museu Britânico.

Pandermalis considera o fato de as esculturas estarem na Inglaterra como uma "atípica exposição temporária de 200 anos no Museu Britânico",[3] afirmando indiretamente sua confiança na reunificação das obras em um futuro próximo. Nos últimos anos, desde a inauguração do Museu, a questão da reunificação tem sido debatida mais intensamente, e o governo da Grécia tem estudado quais seriam as formas possíveis de ação para garantir o retorno das esculturas. Entre as várias opções, destaca-se em primeiro lugar a via diplomática, que envolve conversações e acordos entre Inglaterra e Grécia. Essa opção tem sido a escolhida pelo governo, que parece pretender explorar ao máximo todas as suas possibilidades. Recentemente, a Grécia fez uma tentativa, convidando a Inglaterra a participar de uma comissão com a finalidade da reunificação mediada pela Unesco, convite esse que foi recusado.

Por último, mas não menos importante, encontra-se a opção da via legal, que propõe ações judiciais para resolver a questão. Essa última opção não está totalmente descartada, mas se coloca claramente como uma opção que não é prioritária para o país no momento atual. Apesar disso, o governo da Grécia conta com o aconselhamento de advogados experientes no âmbito europeu e não o faz de maneira secreta: no ano de 2014, membros de um famoso escritório de advocacia, entre os quais a advogada Amal Alamuddin Clooney, esposa do ator e cineasta George Clooney, foram oficialmente recebidos em Atenas para discutir as possibilidades legais. Essa visita, que inclui reuniões oficiais, visita ao museu e até mesmo jantar com armadores milionários, foi noticiada em todo o mundo, e o que mais chamou a atenção foi o fato de a publicidade do evento ter sido intensificada com a presença do marido da advogada na visita, o que emprestou ares hollywoodianos à questão.

Novos olhares sobre a Acrópole

A percepção dos diálogos que o museu estabelece com o seu contexto nos leva a afirmar que a curadoria do museu se estabelece como uma poética

3. Informação oral obtida na palestra proferida por Pandermalis na National Art Gallery em Washington, em 17 de outubro de 2010. Disponível em: <http://www.nga.gov/content/ngaweb/audio-video/audio/pandermalis-new-acropolis-museum.html>.

capaz de atribuir novos sentidos e lançar novos olhares sobre a Acrópole e suas obras de arte, sobre o passado e o presente da cidade de Atenas. Ao mesmo tempo, a curadoria propõe a construção de novas narrativas, em vista das esculturas que estariam ausentes, vislumbrando sua reunificação no futuro. O museu não se apresenta como uma obra acabada e um discurso fechado, muito pelo contrário, ele depende também do seu público para que essas poéticas tenham lugar.

Os visitantes do museu são convidados, dessa forma, a lançar novos olhares sobre a Acrópole e sobre as Esculturas do Partenon, fazendo com que eles participem da construção dessa nova poética. A poética curatorial, entendida dessa forma, só poderia fazer sentido e se completar por meio das relações que os visitantes estabeleceriam com as obras ali expostas, com o contexto da cidade, e também com as obras que se espera ver ali no futuro. Não existe uma poética pré-determinada, ou uma chave de leitura pronta do projeto curatorial. Somente o público, por meio da sua fruição, pode acessar as inúmeras possibilidades de leitura, interpretação e vivência que lhe são oferecidos pelo museu e suas exposições. Esse fato o situa em uma posição privilegiada entre os melhores museus do mundo, pois o seu projeto curatorial se destaca justamente por estar afinado com as questões e os desafios mais pungentes da percepção estética contemporânea.

Referências bibliográficas

BOARDMAN, J. *The Parthenon and Its Sculptures*. Austin: University of Texas, 1985.

CASKEY, 2011. "Perceptions of the New Acropolis Museum". *American Journal of Archeology Online Museum Review*, 115.3, p. 1-10, jul. 2011.

HELLENIC Ministry of Culture. *The restitution of the Parthenon marbles*: The removed sculptures. Athens: Hellenic Ministry of Culture, 2007. Disponível em: <http://odysseus.culture.gr/a/1/12/ea126.html>.

HELLENIC Ministry of Culture. *The restitution of the Parthenon marbles*: The review of the seizure. Athens: Hellenic Ministry of Culture, 2007. Disponível em: <http://odysseus.culture.gr/a/1/12/ea125.html>.

KORKA, E. "A conversation with Elena Korka – The pillaging of the Parthenon Marbles by Elgin". In: KOUTSADELIS, C. (ed.). *Dialogues on the Acropolis*: Scholars and experts talk on the history, restoration and the Acropolis Museum. Athens: Skai Books, 2010. p. 278-298.

ROBERTSON, M. & FRANTZ, A. *The Parthenon Frieze*. New York: Oxford University Press, 1975.

TOURNIKIOTIS, Panayotis. *The Parthenon and its impact in modern times*. Athens: Melissa, 1994.

TSCHUMI ARCHITECTS, Bernard (ed.). *The New Acropolis Museum*. New York: Skira Rizzoli, 2013.

ÀS ORIGENS DA PARTILHA DO SENSÍVEL

Jordi Carmona Hurtado[1]

Na fortuna crítica da obra de Jacques Rancière, o conceito de "partilha do sensível" ocupa um lugar de destaque. Amplamente divulgado a partir da publicação, no ano 2000, da entrevista *A partilha do sensível. Estética e politica*, tal conceito tem contribuído para colocarem-se em questão as formas habituais por meio das quais pensamos a potência política ou social das práticas da arte. Segundo Rancière, não é o conteúdo, nem a técnica, nem a intenção do artista ou os efeitos que ele espera produzir no espectador o que define o caráter político de uma obra de arte. À alternativa simples entre uma política da resistência, na qual a arte desenvolver-se-ia segundo sua lei própria em um espaço fechado e completamente separado da circulação sensível comum, e uma política da comunicação, segundo a qual a arte seria tanto mais política quanto mais ela conseguir anular sua diferença estética, Rancière tem oposto a afirmação de que a política da arte joga-se, justamente, no intervalo entre o que liga uma prática estética às práticas sociais comuns e o que as separa delas.

Afastada tanto da religião de *l'art pour l'art* quanto da abolição da diferença estética na comunicação, Rancière situa a potência política da arte na *estética* mesma. A política da estética residiria, assim, na maneira como uma obra ou uma performance fazem um recorte do mundo sensível comum: como elas decidem o que aparece e não aparece nele, como elas qualificam essa aparência ou essa invisibilidade, como elas significam o

---

1. Doutorado Internacional em Filosofia - Université Paris 8 Vincennes-Saint-Denis e Universidad Autónoma de Madrid (2012). Pesquisador de pós-doutorado no Programa de Pós-Graduação em Filosofia na Universidade Federal do Rio Grande do Norte, bolsista do programa PNPD CAPES, de setembro 2013 a julho 2014. Desde agosto de 2014, Professor de Filosofia Moderna, com ênfase em Estética, na Universidade Federal de Campina Grande, PB.

que vem antes e o que aparece depois, o silêncio e as palavras, o possível e o impossível. A política de uma obra de arte consiste, portanto, no modo no qual ela estabelece um recorte de partes diferenciadas no sensível comum (uma paisagem, uma frase escrita, uma percepção da passagem do tempo, uma palavra ou um grito...) e como essas partes são articuladas em um tecido específico. Rancière tem diferenciado, inclusive, segundo uma historicidade descontinua, três grandes partilhas, chamadas por ele de "regimes da arte", que delimitam os grandes modos pelos quais as práticas artísticas têm sido visíveis e pensáveis no Ocidente.

Eis, grosso modo, como a crítica da arte tem assimilado habitualmente o conceito de "partilha do sensível". Ora, como acontece amiúde em Rancière, cujo pensamento é uma constante prática de atravessar fronteiras de saber, os conceitos resistem a qualquer apropriação disciplinar. O caso da "partilha do sensível" é paradigmático dessa prática. A região intelectual na qual ele intervém, e em certo modo cria, é um continente possível no qual a filosofia, a política e a arte não são estados separados, nem sequer de uma federação, mas há passagens súbitas e zonas de vizinhança e de indiferenciação. Mas essa última afirmação precisa de um esclarecimento.

No sentido mais direto, o conceito de "partilha do sensível" situa-se exatamente no limiar do pensamento da arte e da reflexão política. Na trajetória intelectual de Rancière, esse limiar também é um ponto de basculação, no qual a reflexão passa, cada vez mais, a tomar a literatura e as diferentes manifestações da arte e da reflexão estética como objeto de interesse privilegiado, e, cada vez menos, a história, a teoria política e os discursos da emancipação social. O deslocamento, certamente, não é ruptura, mas pode ser entendido como o movimento de uma mesma prática intelectual que vai conhecendo-se e descobrindo-se quando é exercida em diferentes formas da cultura, desenhando, assim, um território filosófico reconhecível. Resta, porém, que o deslocamento é real, que é preciso entender seu significado, e que o conceito de "partilha do sensível" tem uma função central nele. É isso que tentaremos mostrar no presente ensaio, por meio de uma análise de sua gênese na obra de Rancière.

A "partilha do sensível": questões preliminares

Na resposta à primeira pergunta da entrevista publicada sob o título *A partilha do sensível*, o conceito é determinado, primeiro, em uma generalidade: é o "sistema de evidências sensíveis que revela, ao mesmo tempo, a existência de um *comum* e dos recortes que nele definem lugares e partes respectivas" (Rancière, 2005, p. 15). Os exemplos desses modos de incluir em um comum, que definem ao mesmo tempo partes exclusivas e excluídas, pertencem completamente ao campo do pensamento da política: a parte do escravo, na concepção da cidadania de Aristóteles, que percebe o *logos* nos outros, mas não o possui, e que, portanto, não tem capacidade para dizer o que pensa sobre o mundo; e a parte do artesão, na *República* de Platão, que não tem tempo para a política porque sua ocupação é trabalhar e o trabalho define-se por uma urgência essencial. O escravo de Aristóteles e o artesão de Platão, desse modo, são, ao mesmo tempo, incluídos em um mundo comum e excluídos de qualquer possibilidade de intervenção sobre a configuração desse mesmo mundo. A "partilha do sensível" estabelecida pela filosofia política antiga os torna invisíveis, e, nesse gesto, politicamente incompetentes. Portanto, o sistema da dominação é, a princípio, sensível, assim como a possibilidade de emancipação. Há, em resumo, como diz Rancière, uma estética na base da política. Essa estética, acrescenta Rancière (2005, p. 18), pode ser entendida no sentido kantiano da estética transcendental: como "o sistema de formas *a priori* determinando o que se dá a sentir". Mas o kantismo de Rancière reconhece a intervenção de Foucault: esse sistema de formas *a priori* da sensibilidade, como a *episteme* do autor de *As palavras e as coisas*, só é possível segundo uma historicidade essencial.

Recolocando a questão política em um espaço primitivamente estético, Rancière efetua alguns deslocamentos importantes em relação à reflexão política herdada da tradição filosófica, sendo útil salientá-los. A dominação perde grande parte da sua natureza enigmática, em Rancière. Não é um sutil sistema ideológico o que nos domina, mas uma evidência direta, sensível. Não é, em consequência, o conhecimento do sistema da dominação o que vai nos indicar o lugar de uma liberação. Se a ordem da dominação é sensível, a desordem da liberação também o é. Ora, não há sensível puro nem matéria pura em Rancière, e a estética na base da política não se assemelha ao esquema de uma infraestrutura sob o discurso ideológico. Em Rancière, como em Kant, o sensível já está sempre tecido de significações:

a sensação da ausência de tempo é, simultaneamente, o sentimento de uma incapacidade; o simples fato de não ver ou de não ouvir alguém já é uma consideração sobre a qualidade desse sujeito.

O fato de a dominação ser diretamente sensível significa, também, que já a aceitamos em nossa experiência imediata do mundo, antes de produzir algum juízo sobre ela. A única exigência da dominação é nosso consentimento, tácito ou declarado: é o fato de cumprir nossa parte na "partilha do sensível", e de só acessar, desde aí, o comum. O que julgamos sobre o mundo está, assim, em nossos modos de perceber os sujeitos que o habitam e não em alguma teoria sobre o sujeito político. A dominação tem a força de uma evidência sensível que delimita nossas ocupações, nossos modos de ser, de sentir e de fazer, e nossos modos de circular, de descrever e de qualificar essa experiência. A política não se decide no conflito dos grandes valores, mas, antes, na experiência sensível dos corpos e no modo pelo qual ela é sempre já simbolizada: joga-se no campo das "partilhas do sensível" que determinam a experiência comum.

Ora, se, na entrevista, Rancière aproxima a "partilha do sensível" a uma conceptualidade histórico-crítica, ao pesquisarmos mais a fundo sua obra é possível afirmar que a descoberta desse território primeiro da política, que coincide com uma estética partilhada, tem sua origem numa matriz aristotélica. É Aristóteles, com efeito, quem vai definir a comunidade política pela participação em uma *aisthesis* determinada. Mas também é preciso entender como Rancière chega a Aristóteles. E, para isso, faz-se necessária uma rápida descrição do contexto intelectual da segunda metade da década de 80 e da primeira dos 90, anos nos quais Rancière concentra-se na reflexão política, flagrada nos ensaios reunidos em *Aux bords du politique*, no livro *La mésentente* e no texto-síntese das "10 teses sobre a política". Esses anos estão marcados por um diagnóstico em aparência contraditório: por um lado, há a queda do muro de Berlim e a queda simbólica, mas não menos real, dos grandes projetos de transformação radical da sociedade, decretando-se o fim da História e das políticas de emancipação. Por outro, produz-se, na França, a notícia inversa de um retorno acadêmico da política e da filosofia política, que se fundamenta em uma apropriação conservadora da filosofia antiga, por parte de pensadores como Leo Strauss ou Hannah Arendt (a descrição de Rancière não faz nenhuma distinção fundamental entre esses autores).[2] O encontro de Rancière com Aristóteles situa-se nesse contexto, tanto em relação a uma crítica dos temas do fim e do retorno da política, quanto a uma reapropriação dessas grandes fontes da tradição da reflexão política.

O problema da efetividade histórica da emancipação

A descoberta de uma *aisthesis* política diz respeito a um aspecto delicado do próprio dispositivo de pensamento rancieriano. Amiúde, Rancière tem-se definido a si próprio como um pensador da emancipação. Ora, no texto que ele consagra mais especificamente à emancipação, *O mestre ignorante*, há um problema considerável. É que para Joseph Jacotot, o mestre ignorante, cuja lição é interrogada no livro, a emancipação é sempre uma experiência solitária: é uma experiência radicalmente apolítica ou associal, que diz respeito ao homem, e não ao cidadão. Assim, segundo Jacotot, poderíamos imaginar uma sociedade inteiramente composta de indivíduos emancipados, mas nunca uma sociedade emancipada.[3] A sociedade será sempre uma agregação desigualitária dos corpos e nunca será razoável: sempre será a paixão, na forma mais específica do desprezo político, a impor suas próprias leis. Portanto, e paradoxalmente, para esse pensador radical da emancipação, não é possível haver sociedade igualitária, razoável ou emancipada possível.

Em companhia de Jacotot, Rancière consegue construir uma concepção de emancipação que não deve mais nada às teorias da ciência e da ideologia do marxismo, no qual ele se educou. A lição do mestre ignorante vem ser superposta assim completamente à lição da ciência marxista de Althusser.[4] Mas no caminho até a anarquia de Jacotot, é a efetividade histórica das lutas de emancipação que tem entrado numa situação de ininteligibilidade. Em Jacotot, há a possibilidade da manutenção de uma vida da razão no seio da loucura cidadã, segundo uma espécie de contrato na qual o homem

2. Sobre esse diagnóstico, a partir do qual é possível entender em situação a intervenção de Rancière ao redor da palavra "política", consultem-se principalmente as páginas de "Dix thèses sur la politique" (Rancière, 1998, p. 223-254).

3. "Não pode haver um partido dos emancipados, uma assembleia ou uma sociedade emancipada. Mas todo homem pode, a cada instante, emancipar-se e emancipar a um outro [...]" (Rancière, 2002, p. 106).

4. Estamos nos referindo ao livro, publicado pela primeira vez em 1974, *La leçon d'Althusser* (Rancière, 2011).

emancipado sacrifica parte de sua razão à desrazão social, para não perdê-la completamente.[5] Essa possibilidade de uma presença da vida da igualdade na sociedade da desigualdade atravessa também uma crítica da posição socrática. Para Jacotot e seus discípulos, a partir do princípio de igualdade radical de todas as expressões da inteligência, é preciso aprender também as armas da retórica, e não há nada de indigno em um homem razoável que usa delas nas assembleias, enquanto seja consciente da ausência da razão que as habita. O homem emancipado que usa das técnicas da desrazão mostra mais uma vez que a razão pode achar seu caminho naquilo que ela não é e se aperceber de sua capacidade igual. Assim, a lição "sofística" do razoável que usa das técnicas da paixão é ainda uma lição de emancipação.

Mas há um segundo momento, nesse problema de delimitar uma eficácia social ou coletiva da emancipação, que é mais significativo para o presente trabalho. É o reconhecimento de uma exceção a essa lei jacotista geral que marca o caráter desrazoável, desigualitário e arbitrário da vida histórica e social. Essa exceção consiste, segundo Rancière (2002, p. 162), no fato de a sociedade conhecer, às vezes, "o milagre de momentos da razão". Ora, a intervenção da razão na história não consiste em unir suas forças a uma determinada ordem social, fazendo com que ela não seja mais arbitrária. É na encenação de um espaço tanto de divisão quanto de relativo reconhecimento das partes em conflito que a emancipação tem efeito na história. O paradigma desse espaço da emancipação histórica é a cena no monte Aventino, contada por Tito Lívio e reinterpretada pelo filósofo francês do século XIX, Pierre-Simon Ballanche. Essa cena aparece no momento estratégico que estamos analisando em *O mestre ignorante*. Também vai ser retomada por Rancière na *Mésentente*, no momento em que aparece definitivamente a expressão "partilha do sensível".

O nascimento da partilha: a cena do Aventino

A retirada da plebe armada no monte Aventino, e sua rejeição a acompanhar os patrícios em uma nova guerra, representa um dos momentos principais dessa "desunione", que, segundo Maquiavel, foi o segredo da grandeza das antigas instituições romanas.[6] Com efeito, depois dessa espécie de greve

5. Consultar as páginas sobre "Como desrazoar razoavelmente" (Rancière, 2002, p. 99-104).
6. Consultar o capítulo quarto do livro I dos *Discorsi* (Maquiavel, 1994, p. 31-32).

militar, a plebe ganhou representação política em Roma, com a célebre instituição dos tribunos da plebe – o começo da grande odisseia de emancipação plebeia, segundo Ballanche.[7] De acordo com a leitura de Tito Lívio, a revolta do Aventino foi uma insurreição da miséria e da cólera, e só teve sucesso pela relação de forças favorável à plebe. Mas Rancière lê a revolta pelos olhos de Ballanche, que mostra a insuficiência da intepretação habitual em termos de simples relação de força. Pois nunca há relação pura das forças: e a primeira prova disso é a posição do chefe Apius Claudius, cuja intenção era abordar a revolta simplesmente pela força, como um exército se relaciona com outro. O que, certamente, teria aprofundado a guerra civil e, talvez, provocado a destruição de Roma.

Em *O mestre ignorante*, Rancière, na sua análise da cena, focaliza outro dos chefes patrícios, Menenius Agrippa, que triunfa sobre Claudius e consegue comandar uma delegação ao Aventino, para negociar com os plebeus. Agrippa simboliza, na primeira incidência da cena no discurso de Rancière, essa figura do homem emancipado, que é capaz de salvaguardar sua razão mesmo no meio da desrazão. O "milagre" do Aventino é que Agrippa fala para os plebeus e escuta o que eles têm a dizer. Mas o que faz exceção na história da dominação não é o conteúdo dessa fala. Ele conta para eles uma fábula, na qual os plebeus são o estômago da sociedade, sem o qual os outros membros do corpo social não poderiam funcionar, o que mostra que Roma não poderia existir sem os seus plebeus. Agrippa chama os plebeus de estômago, o que, como diz Rancière, não é muito elogioso, mas, ao mesmo tempo, dirige-se a eles, no seu discurso, como seres "igualmente marcados pelo signo da inteligência" (Rancière, 2002, p. 105). Assim, Agrippa emancipa os plebeus com seu ato de fala, e independentemente do conteúdo desse ato. Pois mesmo o discurso que simboliza a desigualdade só pode ser emitido postulando a igualdade das inteligências dos seres humanos quaisquer; mesmo o discurso que diz a desigualdade radical pressupõe a igualdade ainda mais radical para poder ser escutado e entendido. O discurso de Agrippa é assim uma performance da igualdade, uma efetuação da emancipação na sociedade. E mesmo se, como diz Rancière, os futuros tribunos da plebe

7. "A história romana, tal como ela nos foi apresentada até o presente, após haver regulado uma parte de nossos destinos, após haver entrado, sob uma forma, na composição de nossa vida social, de nossos costumes, de nossas opiniões, de nossas leis, vem, sob outra forma, regular nossos novos pensamentos, os que devem entrar na composição de nossa vida social futura" Pierre-Simon Ballanche, citado por Rancière (2002, p. 106).

serão tão pouco razoáveis emancipadores quanto as outras instituições da sociedade. Pois o importante não é isso: o que importa para a história da emancipação é que os plebeus conseguiram entrar na ordem simbólica da cidade, modificando a "partilha do sensível" da política romana (e mesmo da civilização ocidental). Segundo a bela expressão de Ballanche, eles escreveram, assim, "um nome no céu" (Rancière, 1995, p. 47).[8]

Na *Mésentente*, Rancière aprofunda a leitura dessa cena do Aventino, usando pela primeira vez o conceito de "partilha do sensível" e modificando novamente, por assim dizer, a perspectiva, colocando o foco, agora, no aspecto oposto: já não é mais o ato de Agrippa que interessa a Rancière, mas o conteúdo da experiência dos plebeus no Aventino. Como temos antecipado, essa problemática estética no coração da política é identificada por Rancière a partir de uma leitura determinada de Aristóteles. Trata-se das proposições, na *Política*, que estabelecem uma dedução aparentemente impecável entre as propriedades de um ser e o modo de vida comunitária ao qual ele estaria destinado. O signo no qual se reconhece o animal político, diz Aristóteles, é a palavra. O animal lógico é um animal político porque a possessão do *logos* dá ao homem a percepção ou a sensação do bem e do mal, do justo e do injusto. A comunidade política, portanto, é uma comunidade que só existe em uma *aisthesis* determinada: a *aisthesis* do bem e do mal, da justiça e da injustiça. Pelo contrário, a comunidade animal só percebe e comunica o prazer e o sofrimento. Assim, trata-se de duas *aisthesis* diferentes, de dois mundos diferentes da percepção e da sensação. O fato de portar o *logos* é o signo inequívoco da pertença a essa comunidade que se desenvolve na *aisthesis* do justo e do injusto.[9] Porém, como diz Rancière (1995, p. 44), falta o signo pelo qual poderia ser reconhecido esse signo, o signo que diferencia a palavra que é só voz, que é só expressão de prazer ou de descontento, daquela que articula um discurso

---

8. A tradução para o português das citações da *Mésentente* e de *Aux bords du politique* é nossa.

9. Aristóteles, tanto no que diz respeito à comunidade lógica quanto no que se refere à comunidade fônica, coloca o acento muito fortemente na sensação, na percepção (*aisthesis*): "É que, perante os outros seres vivos, o homem tem as suas peculiaridades: só ele *sente* o bom e o mau, o justo e o injusto; é a comunidade dessas percepções que produz a família e a cidade" (Aristóteles, 1998, p. 55; tradução modificada, grifo nosso). Desse modo, a palavra não é discurso, nem faz aceder o homem ao mundo anestético do especulativo; ela é uma capacidade, um poder cujo uso cria um modo específico (*crítico*) da percepção, um recorte determinado do mundo: justamente, uma partilha do sensível.

sobre o bem ou a justiça. Pois, sem contradição, como sabemos, Aristóteles vai estabelecer, logo após sua célebre dedução do político, que o escravo, mesmo percebendo o *logos* nos outros, não integra essa *aisthesis* do justo e do injusto, mas mostra-se semelhante a uma figura de mediação entre a comunidade lógica e a fônica (Aristóteles, 1998, p. 65).

Daí que Rancière (1995, p. 44) afirme que a dedução de Aristóteles, como em geral todas as deduções da filosofia política, não constitui nenhum fundamento da política, mas é "um objeto do litígio sobre o qual se institui a política". O que separa a palavra articulada pelo livre cidadão do barulho que sai da boca do escravo é justamente essa partilha que faz do *logos* não só a propriedade do ser falante qualquer, mas o signo de uma capacidade política. Assim, "a aquele que não queremos conhecer como ser político, começamos não vendo ele como portador dos signos da politicidade, não compreendendo o que diz, não entendendo que um discurso sai da sua boca" (Rancière, 1998, p. 243). E quando Menenius Agrippa crê ter ouvido o falar dos plebeus, diz Rancière (1995, p. 46), antes de ver nele um traidor da sua própria classe, temos de representá-lo como alguém que "é vítima de uma ilusão dos sentidos". Desordens sensíveis semelhantes constituem o signo dos momentos políticos, dos momentos de emancipação excepcionais, nos quais a razão manifesta-se na história.

Mas há uma dupla condição dessa ilusão dos sentidos. Para que Agrippa possa escutar falarem os plebeus, é preciso, como mostrou *O mestre ignorante*, que ele já seja um homem emancipado, que ele tenha mantido sua opinião da igualdade das inteligências dos seres humanos no seio da desrazão social inseparável da sua função no Senado. É o conhecimento de si próprio como homem razoável que torna possível resistir à arbitrariedade da ordem sensível. Mas, para que Agrippa os escute falar, é preciso também que, com efeito, os plebeus falem. Agora bem, segundo a evidência sensível dominante na república, os plebeus simplesmente não podem falar. E não podem falar porque não têm nome, porque eles são ninguém. Eles não aparecem na imagem que a comunidade faz de si própria, nas histórias que ela se conta e os modos pelos quais ela se simboliza. Segundo a metáfora das partes, que é usada amiúde por Rancière, eles não têm parte na comunidade romana. É por isso que é uma ilusão política escutar um plebeu falar, porque não há, na ordem simbólica romana, nenhum interlocutor plebeu: os plebeus não existem. Mas o que fazem então os plebeus no monte Aventino? Como eles constituem-se como sujeitos políticos?

> [...] eles instituem outra ordem, outra partilha do sensível constituindo-se não como guerreiros iguais a outros guerreiros, mas como seres falantes partilhando as mesmas propriedades que aqueles que lhes as rejeitam. Eles executam desse modo uma série de atos de palavra que imitam aqueles dos patrícios: pronunciam imprecações e apoteoses, delegam um deles para ir consultar seus oráculos, escolhem-se representantes e os rebatizam. Brevemente, eles se conduzem como seres que têm nome. Eles descobrem-se, sob o modo da transgressão, como seres falantes, dotados de uma palavra que não exprime simplesmente a necessidade, o sofrimento ou a fome, mas que manifesta uma inteligência. (Rancière, 1995, p. 46-47)

No trecho citado, podemos separar diferentes elementos significativos, na perspectiva da presente interrogação. Em primeiro lugar, se a "partilha do sensível" da dominação torna evidente que só pode falar quem já tem um nome na cidade, os plebeus precisam instituir outra partilha. Eles precisam, para poder se emancipar, se desidentificar de sua condição: não serem mais plebeus. Mas essa desidentificação[10] tem por condição todo um trabalho do sensível. Um trabalho que, segundo Rancière, é definido tanto por uma imitação – os plebeus comportam-se como patrícios, imitam seus atos e cerimônias – quanto por uma transgressão – os plebeus descobrem em si algo que não podiam imaginar, algo que está fora de qualquer evidência. Por sua imitação dos costumes dos patrícios, eles transgridem a fronteira que separa a comunidade na *aisthesis* do prazer da comunidade na *aisthesis* da justiça. Assim, eles se constituem sujeitos políticos, fazem aparecer a parte do que não tinha parte na partilha da dominação, mostrando a contingência de qualquer dominação, e a igualdade fundamental dos seres falantes. Doravante esse gesto, a política pode se desenvolver como um conflito argumentado.

Mas o que mostra Rancière, com grande força, na análise dessa cena, contra todas as teorias que reduzem a política a uma pragmática da comunicação, é que o conflito não preexiste, mas tem de ser instituído, e para essa instituição é preciso um trabalho especificamente estético de constituição de outra "partilha do sensível". Têm de ser produzidas, por meio de uma encenação sensível específica, de um trabalho específico das aparências, as condições da ilusão dos sentidos naquele que não tem nenhuma razão

10. Pode-se consultar, sobre o tema da desidentificação, em outra das formulações concentradas que Rancière fez da sua compreensão da política, o texto "Politique, identification, subjectivation" (Rancière, 1998, p. 112-125).

para ver o que é invisível ou para escutar o que é inaudível. Em confronto com o regime da evidência sensível de uma situação dada, a irrupção da política é inseparável de um trabalho estético. Antes mesmo de os sujeitos políticos falarem, é preciso criar o mundo sensível no qual essa palavra seria possível, seria audível.

Logos estético: polícia e política

A alteração da partilha já dada do sensível, que é o signo da presença do litígio político, é descrita amiúde por Rancière (1995, p. 49) como o fato de ter "dois mundos alojados em um só". Alojar, no caso da revolta da plebe, o mundo no qual os plebeus são sujeitos falantes iguais a qualquer outro sujeito falante, no mundo onde são o estômago da sociedade que têm de servir e permanecer subordinados aos outros membros. Esses dois mundos, se seguirmos o fio da dedução aristotélica, são, fundamentalmente, o da comunidade fônica na *aisthesis* do prazer e da dor e o da comunidade lógica na *aisthesis* da justiça e da injustiça. E em Rancière, como em Aristóteles, a fronteira entre um mundo e o outro é o *logos*. Mas se, em Aristóteles, o mundo da política é um mundo de uma *aisthesis* determinada pela palavra, em clara separação com a outra *aisthesis*, para Rancière a política é a situação de exceção na qual esses mundos da sensibilidade entram em conflito, em contradição. Ora, é ainda a palavra, o *logos*, que se situa no centro da disputa. Pois cada *logos*, segundo Rancière, efetua uma conta, define uma "partilha do sensível" que inclui em uma comunidade e que reparte nela partes exclusivas. Com Rancière, mesmo o *logos* político é um *logos* em primeiro lugar estético, que desdobra um mundo sensível determinado.

No entanto, haveria, segundo Rancière, duas grandes formas desse *logos* estético. O primeiro é um *logos* policial, que determina um espaço sensível onde cada modo de ser e cada ocupação determina uma parte do comum. É o *logos* segundo o qual não há vazio ou suplemento algum na comunidade, apenas partes exclusivas articuladas em um todo. É um *logos* fundamentalmente tautológico: só há o que há. E há excepcionalmente também um *logos* político ou de emancipação, que acrescenta um vazio ou um suplemento a esse regime do aparecer completo, um nome do que não tem nome (povo, proletariado, nos exemplos habituais de Rancière), e identifica essa parte suplementar com o todo da comunidade. A parte vazia ou suplementar, a parte dos sem-parte, como a chama Rancière, não tem outro fundamento além da verdade anárquica da igualdade de todos os seres falantes. Ora, só há cena política, segundo Rancière, quando há um ponto de encontro entre esses *logos* diferentes ou contraditórios: quando não há só plebeus que criam uma cena comum, um mundo sensível comum com aqueles que lhes negam qualquer parte, mas há também algum homem emancipado do lado dos patrícios que entende que é politicamente importante se esforçar para ver e escutar essa cena. Por isso a política também é tratamento argumentativo de uma injustiça, que resulta habitualmente no fato de produzir uma nova medida da evidência sensível do mundo compartilhado, que tenta dar um lugar provisório aos nomes inconsistentes entre os nomes bem assegurados.

Mas o essencial do "milagre" rancieriano, desse momento de exceção na história das formas de dominação que representa a política, é que ele devolve qualquer ordem social, qualquer partilha já dada do sensível, à sua ausência de razão última e primeira. A política, como subjetivação de uma parte do que não tem parte, mostra que não há fundamento possível para a vida em comunidade: que toda organização social é contingente. Daí que seja impossível deduzir das ocupações sociais, das formas de ser ou de viver, leis correspondentes. Toda a empresa da filosofia política e da sociologia é sem fundamento, nesse sentido. Ou toda dedução semelhante, desde os tempos de Platão e Aristóteles, nada mais faz do que dar uma força maior a uma "partilha do sensível" determinada: tenta levar a razão a um lugar onde a razão não poderia ter nenhum emprego possível. Como diz Rancière (1998, p. 240) nas "10 teses sobre a política", o que importa e é político é o *nemeïn*, ou o fato de distribuir, e não os *nomoï*, ou as leis. Assim, as deliberações legislativas sempre acontecem tarde demais, quando a distribuição do que existe e do que não existe, quando a configuração das partes legítimas na discussão já aconteceu. Por isso a política não pode se confundir com a atividade estatal, e essa confusão recebe o nome de "polícia", que é simplesmente a negação do litígio sobre a "partilha do sensível" que governa uma comunidade dada. Em outros termos: a negação da política.

É justamente porque o ato fundamental da política é o *nemeïn*, a distribuição, a "partilha do sensível" prévia que determina o ser-em-comum antes que qualquer lei explícita, que Rancière vai se interessar, doravante, por práticas estéticas que aparentemente situam-se em um domínio que não tem nenhuma relação com o da ação política e seus atores habituais. Eis também o que explica o fato de, na perspectiva adotada por Rancière desde então, a *Poética* de Aristóteles tenha tido um efeito político bem mais profundo e persistente na história dos homens e da sociedade do que sua *Política*, ou que, para os grandes movimentos de emancipação social da modernidade, *As cartas sobre a educação estética* de Schiller sejam tanto ou mais importantes do que o *Manifesto Comunista*. Rancière, a partir da descoberta de uma "partilha do sensível" determinando o quê e como é dado a experimentar em uma comunidade fatual, tem desenvolvido uma aguda sensibilidade em relação às produções históricas, sejam elas de qualquer ordem formal, desde que tenham deslocado justamente esse sistema *a priori* de evidências sensíveis: mesmo que elas não façam parte da história política oficial. Se, como ele diz nas "10 teses sobre a política" (1998, p. 241), "a política é, em primeiro lugar, uma intervenção sobre o visível e o enunciável", sua atenção progressiva à arte e à literatura não pode ser entendida como um abandono da política, mas como o aprofundamento de uma só interrogação. As diferentes maneiras de dar nomes e de tornar visível, viabilizadas pela arte e pela literatura (mas também pela filosofia e pela política), importam politicamente: e isso especialmente em um tempo em que o monte Aventino é pouco frequentando e que, mesmo entre os militantes da luta social, o regime policial do sensível, sem vazios e sem sujeitos suplementares, é amplamente aceito.

Mas é também pelo fato de o modelo da "partilha do sensível" ser o *logos* político aristotélico, que Rancière vai ser conduzido a privilegiar um exercício do *nemeïn* sempre centrado na palavra, especialmente em seu uso descritivo e distributivo, e nos redobramentos sensíveis que esse uso pode produzir, segundo o que ela faz sentir e perceber. Eis o conceito de *cena*, que a partir da cena desenrolada pela palavra do Aventino, distribuída de um modo conservador por Tito-Lívio, e redistribuída de um modo revolucionário por Ballanche, vai tomar uma presença também central no discurso de Rancière.

Essa última consequência é especialmente evidente no último dos seus grandes livros, *Aisthesis*, dividido justamente em diferentes cenas que na verdade são textos críticos. Segundo as declarações do próprio Rancière (2011, p. 11), no prólogo a esse livro, o modelo no qual ele se inspirou para sua confecção é *Mímesis* de Auerbach. Ora, *Mímesis* desenha certa história da literatura ocidental e de suas representações da realidade, a partir de exemplos dessa mesma história da literatura. No livro de Rancière, os textos não têm o mesmo estatuto: eles apontam a presença de obras e práticas estéticas exteriores a eles, e acolhem o acontecimento sensível mediante uma série de redistribuições simbólicas que alteram certa compreensão dominante da "arte estética", a do modernismo. Talvez as revoltas sociais ou as invenções da arte contribuam para transformar o mundo comum, parece indicar Rancière. Mas há uma função fundamental que só é competência do que tradicionalmente tem-se chamado de crítica: a de redistribuir o que já é distribuído, a de relançar cada vez de novo o *nemeïn*. Isso sob o único fundamento do *logos* da igualdade das inteligências, ou mais recentemente, em sua tradução estética, na comunidade de sensação que ele cria: a da percepção dessa vida do pensamento que se manifesta igualmente em tudo o que é sensível, sem fazer nenhuma distinção. Entendida desse modo, como a prática de redistribuir um mundo já sempre distribuído (e meta-distribuído, pela dedução aristotélica), e mediante a enunciação de um outro *logos*, um *logos* pertencente ao regime estético e não mais ao "policial", a crítica coincide, simplesmente, para Rancière, com o exercício da filosofia.

Referências bibliográficas

ARISTÓTELES. *Política. Edição bilíngue.* Trad. Antônio Campelo Amaral e Carlos Gomes. Lisboa: Vega, 1998.

MAQUIAVEL, N. *Discorsi. Comentários sobre a primeira década de Tito-Lívio.* Trad. Sérgio Bath. Brasília: Editora Universidade de Brasília, 1998.

RANCIÈRE, J. *La mésentente. Politique et philosophie.* Paris: Galilée, 1995.

______. *Aux bords du politique.* Paris: Gallimard, 1998.

______. *O mestre ignorante. Cinco lições sobre a emancipação intelectual.* Trad. Lilian do Vale. Belo Horizonte: Autêntica, 2002.

______. *A partilha do sensível. Estética e política.* Trad. Mônica Costa Neto. Rio de Janeiro: Editora 34, 2005.

______. *La leçon d'Althusser.* Paris: La Fabrique, 2011.

______. *Aisthesis. Scènes du régime esthétique de l'art.* Paris: Galilée, 2011.

O ESVAZIAMENTO DA TRADIÇÃO E O ARRENDAMENTO DA CRÍTICA

Rizzia Rocha[1]

Em 2012, aconteceu a 13ª Documenta de Kassel, na Alemanha. Iniciada em 1955, e com edições quinquenais, a Documenta acumulou a fama de não estar muito contagiada pelas leis do mercado, apesar de alguns equívocos ocorridos em edições anteriores, que acabaram cedendo à tentação midiática. Um desses equívocos foi o convite feito ao cozinheiro catalão Ferran Adrià para participação da Documenta 12, conferindo à exposição uma grande repercussão televisiva, desvirtuando-a de uma de suas leis não escritas: seu desejo de não ter uma forte relação com o mercado da arte.

Essas afirmações são feitas por Enrique Vila-Matas, escritor catalão que integrou a 13ª edição dessa exposição quinquenal. Vila-Matas foi convidado a ocupar a mesa de um restaurante chinês, localizado na periferia de Kassel, todas as manhãs, durante uma semana. O convite deu origem a um relato romanceado que, entre curtas reflexões sobre a arte contemporânea, sobre a Europa e a vanguarda literária, descreve, a partir da experiência do autor, algumas obras que integraram a Documenta 13. O relato foi traduzido do espanhol para o português sob o título *Não há lugar para a lógica em Kassel* e publicado no Brasil em 2015 pela editora Cosac Naify. Desconheço os motivos que levaram a essa tradução do título, uma vez que a tradução literal seria *Kassel não convida à lógica*, tradução que, a meu ver, coaduna-se melhor com a proposta do livro, já que o autor cria uma narrativa desconfortável, cheia de absurdos e ilógica, apoiando-se na ideia de deslocamento, foco da Documenta 13. A diferença na tradução aponta para a disponibilidade de referências à tradição estética passíveis de oferecer um solo estrutural

1. Doutoranda em Filosofia pela UFMG/Bolsista Capes. Mestre em Literatura pela UFES. E-mail: rizziasoares@gmail.com

para a apreensão das obras de arte. Embora disponíveis, Vila-Matas não convida a esse tipo de apreensão. Seu ponto não é oferecer uma estrutura teórica, uma compreensão lógica da experiência com as obras, mesmo que haja lugar para tal realização.

O livro de Vila-Matas organiza-se em torno da árdua tarefa de o autor passar as manhãs escrevendo em público, além de conversar com possíveis curiosos, em um antro chinês na periferia de Kassel, como descreve o próprio Vila-Matas. Esse convite é motivo de desconforto e até de certo pavor, pois o escritor diz cultivar hábitos retirados. Assim, satisfeito com o convite para participar da Documenta, mas infeliz com o modo como essa participação aconteceria, o escritor procura negociá-la com um dos membros da equipe de organização, propondo uma conferência sobre o caos na arte contemporânea. Mas ninguém falou em caos, responde imediatamente, e em tom direto, uma das personagens da equipe de organização. Uma curta e interessante reflexão sobre a arte e o espectador ocupam as linhas seguintes a esse diálogo. Cito Vila-Matas (2015, p. 13):

> Era verdade, ninguém tinha falado de caos e o mais provável era que eu tivesse um preconceito velho e tosco contra a arte contemporânea e fosse um dos que acreditavam que, nos dias atuais, a arte era um verdadeiro desastre ou uma grande piada, ou qualquer coisa do tipo. De acordo, assenti rapidamente, não há caos na arte atual, nem crise de ideias nem impasse algum. Disse isso e logo concordei em ir a Kassel.

Mas a quê o autor se refere quando cita esse preconceito velho e tosco de que a arte atual era um desastre ou uma grande piada? Mário Pedrosa, conhecido crítico brasileiro, nos dá os primeiros indícios dessa já antiga questão retomada pelo escritor espanhol. Em 1959, Mario Pedrosa escreve *Considerações Inatuais*, obra da qual cito o último parágrafo:

> A extrema instabilidade dos padrões perceptivos de nosso tempo, que não têm tempo de se impor porque, como modas, se sucedem vertiginosamente, tornam o julgamento precaríssimo e tiram à noção de obra de arte sua unidade específica. (Pedrosa, 2007, p. 24)

O desconforto do crítico diante da falta de uma espécie de legislação estética que balize seu julgamento é compreensível. Nesse terreno movediço da contemporaneidade, sem ter onde se firmar, a crítica que se constrói com base em uma noção de "obra de arte", cuja unidade específica é forjada a partir da imposição de padrões perceptivos, torna-se precária. Isso, porque a arte abandonou os valores tradicionais e o fez rindo. E para lembrar Walter Benjamin (1994, p. 119), "talvez esse riso tenha aqui e ali um som bárbaro. Perfeito".

Arthur Danto, um dos principais representantes da estética analítica, inicia suas pesquisas em estética e filosofia da arte perguntando sobre a possibilidade de algo se converter em obra de arte num determinado momento histórico, sem que, até então, tenha podido aspirar a esse mesmo *status*. Ou seja, sobre como a situação histórica contribui para que um objeto adquira ou não o *status* de obra de arte (Danto, 2005, p. 16). Tal pergunta conduz o filósofo estadunidense a elaborar uma história da arte, sobre a qual não entraremos em detalhes aqui. Fundamentada nessa história, sua concepção de "fim da arte" sustentar-se-ia por meio de uma forma narrativa que circunscreve o que poderia receber o título de "obra de arte", banindo para além dos seus limites teóricos tudo aquilo que não fosse contemplado pela estrutura histórica nela flagrante. Essa argumentação encontra-se no seu famoso volume *O fim da arte*, no qual Danto descreve como no século XX um conceito único de arte inicia um processo de esboroamento, deixando perdidos, desde então, público e teóricos.

A produção artística contemporânea se organiza exatamente a partir dessa ausência de legitimação de um conceito único de arte. Esse fato resulta em um pluralismo criativo que impossibilita a classificação de trabalhos artísticos por meio de generalizações estéticas. Assim, os critérios responsáveis pela catalogação das produções artísticas perdem sua eficácia, exibindo as fissuras, as fraturas e as lacunas de uma história da arte de cariz legitimador e pretensamente universal. Fundamentado nos valores do iluminismo europeu, esse conceito reducionista de arte é contemporâneo do surgimento das instituições museológicas, as quais são responsáveis por retirar as obras da esfera pública e sua cotidianidade ao encerrá-las em seus salões internos. Mas, na contemporaneidade, essa história fracassa, emergindo como "a quimera de uma cultura global pela qual a história da arte é desafiada como um produto da cultura europeia" (Belting, 2012. p. 18). E nessa narrativa, as minorias não se vêm representadas, reclamando, hoje, sua participação numa história de identidade coletiva.

Embora em declínio, as grandes narrativas da arte ordenaram durante muito tempo a percepção do público e dos artistas. A compreensão do fenômeno artístico que essas narrativas ajudaram a lapidar ainda hoje ecoa com autoridade nas paredes dos museus e nos olhos do público agastado diante das obras contemporâneas.

Luís Claudio da Costa, em seu livro *A gravidade da imagem*, reflete sobre a questão do arquivo, tema e método recorrente da produção artística contemporânea, fortemente marcada pela efemeridade e sua complexa relação com a história.

> Os inventários produzidos a partir de registros da arte efêmera promoveram nos anos 60 e 70 um confronto da arte com o tempo. Interessados no presente, os inventários e as coleções de artistas abriram o atual à ausência do passado, possibilitando à história retornar como questão na contemporaneidade. (Costa, 2014, p. 15)

O questionamento da história tradicional leva a uma mudança fundamental na apreensão do objeto artístico, porquanto essa ação se baseia na cultura visual, que depende da memória e da capacidade analítica e comparativa das obras. Em suma, de uma vivência da arte. No entanto, não é necessário à arte que ela seja sempre compreendida desde o *corpus* de imagens formado pela história tradicional. Consequentemente, não é necessário pensar a arte a partir de um *corpus* conceitual restrito.

A distinção entre uma ideia de arte que se constitui como matéria para uma história normativa da arte e a produção artística como parte das manifestações culturais – portanto, tão plural como são as várias culturas – modifica o modo de apreensão da obra de arte singular habituadas ao conceito de arte como objeto estético segregado da vida. Essa mudança abre caminho para uma reflexão autocrítica da produção, da recepção e do lugar social da arte, exigindo uma nova configuração das relações de conhecimento. Nesse contexto, a postura passiva sustentada pelo espectador em estado de contemplação ou fruição pouco ou nada favorece a apreensão de obras esteticamente banais – cito, como exemplos, a *Brillo Box*, de Warhol, uma obra cara a Danto; a música de John Cage; e a corrente de ar intitulada *The Invisible Pull*, de Ryan Gander. Assim, esse observador passivo deve dar lugar ao observador ativo que tem diante de si não um objeto à espera de um juízo, mas uma obra incompleta que se perfaz no trabalho da recepção crítica. No entanto, como lidar com uma crítica que perde sua eficácia tanto ao procurar estabilidade sobre critérios normativos tradicionais quanto ao procurar estabelecer novos critérios para a arte?

Sem valores fixos de referência e em meio a uma produção artística plural, democrática e livre, a crítica acaba se tornando figura de recriminação injustificada e ingrata por parte de uma sociedade liberal e de generosidade inatacável ou, ainda, sobrevive como mero instrumento de valoração do mercado (Jimenez, 1995). Segundo Ana Letícia Fialho, pesquisadora do sistema das artes e autora do ensaio *Expansão do mercado de arte no Brasil: oportunidades e desafios* (Quemin, 2014), na consolidação dos valores da arte atual - dentre os quais está a "precificação" -, estão envolvidas quatro instâncias fundamentais, com dinâmicas distintas, mas inter-relacionadas: a produção, a reflexão crítica, a instituição (museus, galerias, bienais, feiras...) e o mercado. Contudo, em sistemas mais frágeis, em que a reflexão crítica é escassa, o mercado assume uma função preponderante na definição dos valores artísticos, o que pode limitar a experimentação, provocar certa instabilidade e alimentar modismos que não se mantêm (Quemin, 2014).

Segundo Danto, a arte, em um processo de autoconsciência, no qual sua definição se torna parte integrante de sua natureza, assume uma forma reflexiva comparável à da filosofia. A distinção entre filosofia e arte concerniria, assim, à maneira como a arte incorpora, ou corporifica, seu significado. Portanto, o que diferenciaria arte e filosofia consistiria na forma de apresentação do sentido. E como a filosofia tem se modificado em relação à arte? Segundo Benjamin, a reflexão crítica, engendrada pela filosofia,

> [...] está num mundo em que perspectivas e prospectos vêm ao caso e ainda é possível adotar um ponto de vista. A "imparcialidade", o "olhar livre" são mentiras, quando não são a expressão totalmente ingênua da pura incompetência. O olhar mais essencial hoje, o olhar mercantil que penetra no coração das coisas, chama-se propaganda. Ele desmantela o livre espaço de jogo da contemplação e desloca as coisas para tão perigosamente perto da nossa cara quanto, da tela de cinema, um automóvel, crescendo gigantescamente, vibra em nossa direção. Para o homem da rua, porém, é o dinheiro que aproxima dele as coisas dessa forma, que estabelece o contanto conclusivo com elas. E o resenhista pago, que no salão de arte do *marchand* manipula as imagens, sabe, se não algo melhor, algo mais importante sobre aquelas imagens que o amante da arte vê na vitrine. (Benjamin, 1994, p. 54-55)

Ana Letícia Fialho, em seu ensaio acima mencionado, faz um levantamento de várias plataformas *online* responsáveis por oferecer serviços de informações sobre o mercado de arte, entre eles *Artnet* e *Artprice*. Tais ferramentas propõem ainda indicadores e parâmetros para uma avaliação supostamente objetiva de preços e valores de obras e artistas, assim como ferramentas para monitorar a posição de diferentes países no mercado internacional. Há, ainda, um banco de dados chamado *Artfacts,* o qual traz informações sobre a trajetória de artistas internacionais, medindo seu "valor" e "reconhecimento" segundo o número de participações em exposições "importantes" e textos publicados em revistas especializadas e assinados por críticos renomados. Esse é um processo que movimenta a arte institucional, ou o "mundo da arte", nos dizeres de Danto. Mas, para nós, que tipo de acesso à arte é possível fora desse contexto? Qual a importância do mercado da arte para além de objeto de investimento financeiro? Não é minha proposta procurar uma resposta a essas perguntas neste ensaio. Meu objetivo é, mais uma vez, apontar o arrendamento da crítica pelo mercado, observando o reverberar da pergunta feita ainda por Benjamin (1994, p. 55): "o que torna, afinal, a propaganda tão superior à crítica?".

Referências bibliográficas

BELTING, H. *O fim da história da arte: uma revisão dez anos depois.* São Paulo: Cosac Naify, 2012.

BENJAMIN, W. "Experiência e Pobreza". In: *Magia e técnica, política e arte: ensaio sobre literatura e história da cultura.* Obras Escolhidas, vol. I. São Paulo: Brasiliense, 1994.

COSTA, L. C. *A gravidade da imagem: arte e memória na arte contemporânea.* Rio de Janeiro: Quartet, 2014.

DANTO. A. *El abuso de la belleza.* Barcelona: Paidós, 2005.

JIMENEZ, M. *La critique: crise de l'art ou consensus culturel?* Paris: Klincksieck, 1995.

PEDROSA, M. *Mundo, homem, arte em crise.* São Paulo: Perspectiva, 2007.

QUEMIN, A. (org.). *O valor da obra de arte.* São Paulo: Metalivros, 2014.

VILA-MATAS, E. *Não há lugar para lógica em Kassel.* São Paulo: Cosac Naify, 2015.

Conheça os outros títulos da área de Estética & Filosofia da Arte publicados pela Relicário:

- *Personagens conceituais: filosofia e arte em Deleuze* (2013)
  Autor: Fernando Tôrres Pacheco
- *Varia aesthetica: ensaios sobre arte e sociedade* (2014)
  Autor: Rodrigo Duarte
- *Imagem, imaginação, fantasia: 20 anos sem Vilém Flusser* (2014)
  Organizadores: Alice Serra, Rodrigo Duarte e Romero Freitas
- *Gosto, interpretação e crítica – Volume 1* (2014)
  Organizadores: Verlaine Freitas, Rodrigo Duarte, Giorgia Cecchinato e Cíntia Vieira da Silva
- *Lógica e música: conceitualidade musical a partir da filosofia de Kant e Hanslick* (2014)
  Autor: Ricardo Miranda Nachmanowicz
- *Entre filosofia e literatura: recados do Dito e do Não Dito* (2015)
  Organizador: Luiz Rohden
- *Limites do belo: escritos sobre a estética de Friedrich Schiller* (2015)
  Autor: Ricardo Barbosa

Em breve:

- *Musica Ficta: Figuras de Wagner*
  Autor: Philippe Lacoue-Labarthe
  (Tradução de Eduardo Jorge e Marcelo Jacques de Moraes)

1ª EDIÇÃO [2016]

Esta obra foi composta em Minion Pro e Din sobre papel
Pólen Bold 70 g/m² para a Relicário Edições.